SELF-REG
How to Help Your Child (and You)
Break the Stress Cycle
and Successfully Engage With Life

「落ち着きがない」の正体

スチュアート・シャンカー
Dr.Stuart Shanker
小佐田愛子［訳］

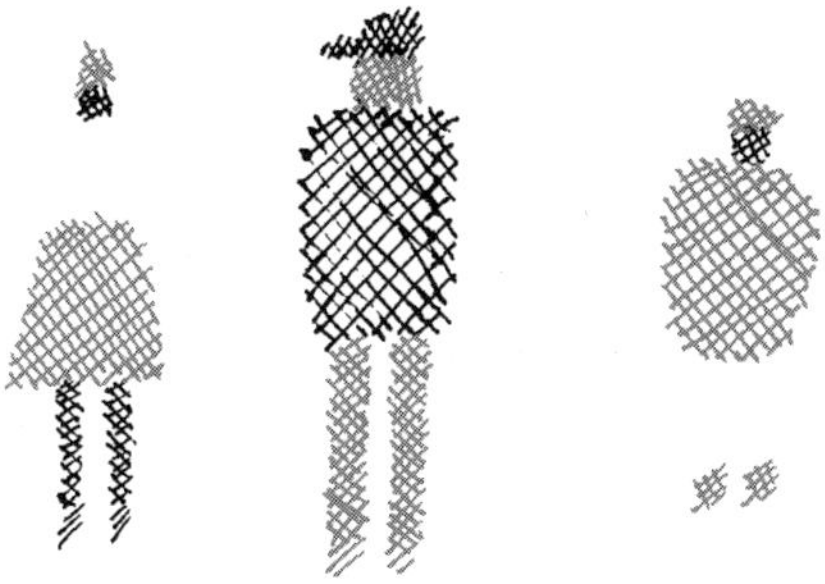

TOYOKAN BOOKS

SELF-REG

How to Help Your Child (and You) Break the Stress Cycle and Successfully Engage With Life

Dr.Stuart Shanker with Teresa Barker

Published in agreement with
the author, c/o BAROR INTERNATIONAL, INC., Armonk,
New York, U.S.A.
through Japan UNI Agency. Inc, Tokyo

もくじ

序章　10

PART 1
脳の仕組みを利用する

第1章　なぜ落ち着けないのか

「頑張れ！」と言っても意味がない　20
自制心と個人の努力は関係ない　22
脳は三層構造――三位一体の脳　25
脳は不眠不休でストレス対応に当たっている　26
ストレス過多の脳は「戦うか逃げるか」　28
脳はどのように覚醒状態を調整しているのか　30

慢性的な覚醒状態を救う「セルフ・レグ」 34
コラム 親も「頑張らないと」に縛られている《オータム・12歳》 38
セルフ・レグ 5つの基本ステップ 40
私たちに必要なのは力ではなく安心だ 44

第2章 セルフ・レグの視点でマシュマロ・テストを読み解く

自己調整VS自己制御 47
マシュマロ・テストがセルフ・コントロール信仰を加速させる 51
ストレスはセルフ・コントロール能力を奪う 58
コラム マシュマロ・テストには予測できない未来《スティーヴン・0歳〜高校生》 61
「どうして、いま?」に答えを出す「リフレーミング」 67

第3章 赤ちゃんに「ささいなこと」などない

ストレスへの反応性は1歳までに決まってしまう 71
誕生とは、刺激の嵐に見舞われること 74
コラム 眠らない赤ちゃんの本音《メラニー・0歳》#1 78

赤ちゃんの睡眠と覚醒の関係 82
へその緒から間脳への移行 83
コラム 眠らない赤ちゃんの本音《メラニー・0歳》#2 88
親と子は、間脳でつながる 91
なにが間脳の交流の邪魔をするのか 95

第4章 絡み合ったストレスをほどく

ストレスの蜘蛛の巣にとらわれた子どもが増えている 98
ストレスは5つの領域に分かれる 101
コラム 家族との食事を嫌がる少年の言い分《ダミアン・15歳》 111
親子でストレスを高め合わないために 115
バオバブの木が教えてくれたこと 118

PART 2 5つのストレス領域を知る

第5章 生物学的領域——食べる・遊ぶ・寝る
「罰かごほうびか」から脱する 122
コラム しつけが招いた悪循環《ロージー・10歳》#1 124
生物学的対応でいらいらを断ち切る 127
生物学的領域におけるセルフ・レグへの道のり 129
コラム 万人共通のリラックス法はない《ロージー・10歳》#2 145

第6章 情動の領域——泣く・笑う・騒ぐ・怒る
「なぜ興奮しているのか」を聞いても意味がない 147
ポジティブな性向が情動を成長させる 149
親の反応が、子どもの情動を形づくっていく 151
情動を調整する「3つのR」 156
コラム 情動が不安定になるサインは「腕」に《ロージー・10歳》#3 158
子どもの情動の広がりを恐れない 162

不安や恐れにも光を当てよう 165
情動調整はふたり一組で 166
「怒り」への対処法 168

第7章 認知的領域——記憶する・注意を払う・集中する

認知的領域の「根っこ」とは 171
コラム 数秒もじっとしていられない男の子《タイラー・5歳〜7歳》#1 174
認知の根っこに働きかけるエクササイズ 178
パターンの学習で、認知的領域が発達する 181
集中力の起点をつくるゲーム 183
集中できない子は怠け者なのか 188
「育児の常識」という思い込みを手放す 190
注意障害における間脳の逆作用 192
抽象的な言葉遣いに頼らない 195
学習する姿勢を支えるのは安心感 197
コラム 〝13歳らしさ〟はひとつじゃない《タイラー・12歳〜13歳》#2 200

「彼らが見ている世界」に寄り添って　202

第8章　社会的領域――友達をつくる・学校に通う・グループ活動に参加する

3人の幼稚園生と社会的スキルの観察　206
脳のシステムが愛着や友情を育んでいる　210
ボディランゲージも社会的脅威になりうる　214
人は他人の脳を使って安心感を得る　217
怯える子どもを社会参加に導くために　220
社会的成長には、OFFの時間が欠かせない　222
コラム　小学5年生からの社会参加訓練《ジェイムズ・9歳〜16歳》　227
すべての子どもたちは社会的スキルを身につけられる　236

第9章　向社会的領域――共感する・思いやる・敬う

向社会性と反社会性　239
向社会的性格は植えつけるものではなく、育てるもの　241
強制は恐怖しか残さない　242

共感の経験が向社会性の基礎をつくる　244
なぜ我が子を傷つけてしまう親がいるのか　245
「他者が抱えるストレス」からの影響　248
人間は、歩く前から共感のやりとりをはじめている　250
挨拶やスキンシップは人類共通の共感の源　251
共感できる環境をつくるのはおとなの役割　254
「私」から「私たち」中心の時間へ　257
親のストレスが、子どもの向社会的成長を阻む　260
親と子はお互いを成長させ合う　263
みんなはひとりのために、ひとりはみんなのために　265

PART 3
思春期と付き合う

第10章　思春期の力と危機

思春期の子どもは「大胆な冒険者」だ　270

思春期のストレスが増大している　273
思春期の不安定さは、人類進化の代償か　277
説明すればわかるはず、は通用しない　281
〝ナイーブな思春期〟は医学的に証明されている　282
社会的つながりがティーンエイジャーに安心を与える　284
「顔を合わせる」時間の大切さ　288
食事と運動と睡眠が育むストレス耐性　290
ティーンエイジャーと親の距離感　293
コラム　過食の引きこもり少女を変えたもの《ニクス・15歳～大学3年》　296

第11章　子どもたちを虜にする刺激

退屈は気分ではなく生理現象　303
ゲームにハマるのは神経科学の必然　305
戦闘ゲームからジャンクフードへ　307
刺激をなだめるための刺激という連鎖　311
コラム　ポテトチップスを食べつづけても満たされない《ジョナ・9歳》　313

自制心との戦いをやめるという合理的な選択　316
「都会化」がもたらすストレス因子　318

第12章　親にもセルフ・レグが必要だ——5つのストレス

（1）子どもが社会生活になじまない　324
（2）子どもの不安の伝染　325
（3）親同士の競争　326
（4）子どもを虜にする刺激との攻防　326
（5）子育てについてのレッテル貼り　327

［まとめ］子どものサインに気づき、セルフ・レグの習慣を育てる12の方法　330

おわりに　342

原註　〈1〉

本文中の＊は、巻末の註番号と対応している。

序　章

カナダ、アメリカ、そして世界中で、私が仕事を通じて出会った子どもは何人になるのだろう。数千人、いや数万人かもしれない。そのなかに悪い子はひとりもいなかった。

子どもというのは、わがままだったり、無神経だったり、意地悪だったりする。こちらに注目しようとしなかったり、すぐに叫んだり押したりすることもある。反抗的だったり、敵意をむき出しにしたりもする。そんな特徴を挙げだしたらきりがない。よくわかる——私も父親だから。だが「悪い子」には、会ったことがない。

子どもたちを「悪い」と片づけてしまう瞬間は誰にでもある。「手に負えない」とか「耐えられない」とか「問題児」とか「ＡＤＨＤ（注意欠如・多動性障害）」や「ＡＤＤ（注意欠如障害）」あるいは「ＯＤＤ（反抗挑戦性障害）」と呼ぶケースもあるだろうが、どんな用語を使おうと、その決めつけは独善的なものになりがちだ。

ある日、通りで、近所の人が４歳の男の子と飼い犬を連れて、散歩しているのに出会った。私が屈んで犬をなでようとしたら、犬が歯をむき出して唸った。その人は申し訳なさそうな笑みを浮かべ、「アルフォンソはまだ子犬でしてね」と犬をかばった。だが男の子が立ち止まって犬を叱り、その鼻先を叩くと、父親は激しく怒った。犬のふるまいは大目に見るが、４歳の息子はだめだというわけだ。誰でもこの父親のように、もっと落ち着いてきちんと考えればしないようなことを、その場の雰囲気でしてしまうことがある。

　こういう子どもの反応は、自分の内部や周囲で起こっているすべてのこと——音や雑音、気を散らすもの、不愉快なもの、情動など——に、「場に応じて」対応する能力が欠如していることの現れだ。だが私たちは、その子の性格や気質そのものに問題があるかのように対応してしまう。さらに悪いのは、子ども自身もそう思い込んでしまうことだ。[*1]

　理解して我慢強く接すれば、すべての子を豊かで実りの多い人生へ導くことができる。だが「問題児」というステレオタイプが、私たちの目にバイアスをかける。親としての期待や夢、失望や恐れが目を曇らせるのと同じだ。誤解しないでほしい。確かにほかの子どもたちよりもずっと手間のかかる子どもたちはいる。だが子ども自体を否定的に判断するのは、えてしておとなの防御メカニズムにすぎず、子どもの「性行」に自分が手を焼いていることを、責任転嫁するものだ。これが子どものさらなる反発を招き、自己防御や攻撃に走らせ、不安にさせ、閉じこもらせてしまう。だがそんな必要はまったくないのだ。

　以前、２０００人ほどの幼稚園の先生の前で、この考えを披露したことがある。すると後ろのほうから声が上がった。「あのう、私は悪い子を受け持っています。父親が悪い人なんです。おまけにおじいさんも芯まで腐った人でした」。みんな笑ったが、私は興味を引かれた。「そうだ、どんなルールにも例外はある。ぜひその子に会ってみたい」と考えた。

そこでその先生に、学校で問題の子どもと会う手はずをつけてもらった（訳註：カナダでは幼稚園は学校に併設されていることが多い）。その子が部屋にもぞもぞと入ってくるなり、その先生が悪いおこないだと見なしていたものが、実はストレス行動であることがわかった。

その子は音に過敏だった。部屋に入る前にすでに二度、その子が廊下で物音にびっくりしているのを見た。それだけでなく、目を細めるしぐさにも気づいたが、それは部屋の蛍光灯の光に敏感なためで、おそらく視覚処理に問題があるのだろう。椅子で落ち着かなそうにしているようすからは、背筋をまっすぐ伸ばしてすわるのが困難なのか、あるいはプラスチックの椅子が彼には硬すぎて、すわり心地が悪いのだろうと思われた。

この子の根底にある問題は生物学的なものだった。こういう状況では、おとなが大きな声を出したり怖い顔をしたりすれば、子どもをさらに追い込み、取り乱させるだけだ。習慣化されたお互いの行動が積み重なり、子どもを反抗的にしたり、挑戦的にしたりする。

子どものおこないは、遺伝的な問題が原因になっていることもある。このケースでも、父親と祖父にも、同じような生物学的過敏さが存在していたとすれば、遺伝的欠陥に基づく性質が原因だと理解するのは簡単だ。

　しかし、私の当面の関心は目の前の子どもにある。この子を連れてきた先生が、その子の問題行動のヒントに気づき、それを理解するのをサポートすることだ。私はそっと教室のドアを閉め、頭上の照明（まぶしい光を放つだけでなく、たえずジーという音を出しつづけていた）を消し、自分の声量を落とした。その子が急にリラックスしたのを見て、先生は表情を和らげ、つぶやいた。

「あら、なんてこと。気がつかなかったわ」

　すぐに先生の少年に対するふるまいが変わった。以前には取りつく島もないようすだったが、いまは目の端に笑みが見える。声の調子は、早口でとげとげしいものから、柔らかく心地よいものになり、ジェスチャーもぎこちないものから、ゆったりとしたものに変わった。私を見るのではなく、まっすぐ子どもの目を見ている。お互いに気持ちが通じるようになると、少年の姿勢も、表情も、声の調子も、先生の変化に呼応して変化した。

　少年の側でも、自分が音や光に過敏だということに、これまでまったく気づいておらず、そのことが事態に対処するのをむずかしくしていた。少年にとってはそれこそが現実で、「正常な」ことだったからだ。少年は今後、先生の助けを借り、いつ、どうして自分が興奮し、取り乱すのかを突き止め、さらに落ち着いて集中し、意識が冴えた状態で学習に向かうために、なにができるかを学ぶだろう。

読者のなかで、子どもを育てていて、同じような経験をしたことがない人はいないはずだ。おそらく一度ならず経験したことがあるだろう。子どもをサポートし、物質的快適さだけでなく、子どもが成功するのに必要なライフスキルも与えようと、親は躍起になる。だがしばしば子どもと気持ちが通じ合わず、その結果、当然いらいらして怒る。

こうした状況への対処法が、本書で解き明かそうとしている「セルフ・レグ（自己調整法）」だ。大学院生だったとき、私の指導教官で、レンブラントのアマチュア研究家でもあったピーター・ハッカーが、レンブラント展を案内してあげようと誘ってくれた。美術館に早めに着いたので、20分ほどひとりで1枚の自画像をじっくり見てみたが、人々がどうしてそんなに大騒ぎするのか合点がいかなかった。

ピーターが到着し感想を聞かれたので、私にはぼやけて見えるだけだと答えた。ピーターは笑みを浮かべて、床を見つめながらその絵から離れていく。小さな印を指さし、そこに立ってもう一度絵を見るようにとアドバイスをくれた。そこに立ってみて驚いた。完璧にピントの合った絵が、目に飛び込んできた。その瞬間に、天才レンブラントの画才のすごさに感じ入った。

それまで、どうしてこの絵が驚嘆すべき美術作品だと考えられているのか、どうしても知りたくて、その絵の来歴を記した説明書きを読んだりしていた。だからレンブラントがその絵をいつ、どこで描いたかはわかった。だがそのままでは、たとえ何年も、連日美術館に通ったとしても、秘密はわからずじまいだったろう。ずっと間違った視点に立ったままであったろうから。

セルフ・レグは、あなたがどこに立つべきかを教えてくれる。どうやってあなたの子どもの行動に焦点を合わせ、要求に応え、子どもが自分で困難を乗り越えるのをサポートするのかを示す。このテクニックは、自己調整を科学的な発見を元に理解した結果、もたらされたものだ。[*2]

「自己調整（self-regulation）」という言葉はさまざまな意味で使われている。[*3] 実際、何百という意味があると思うが、精神生理学で言われていたもともとの意味では、のしかかるストレスに対処する方法のことである。そして「ストレス」というのは、本来の意味では、なんらかのバランスを維持するためにエネルギーを使うよう、私たちに要求するような刺激を指す。私たちがよく知っている心理社会的なストレスだけでなく、仕事の要求や、他人の評価なども指す。[*4]

さっきの少年の場合にはストレスは周囲の環境にあるもので、聴覚や視覚へ刺激を与えていた。また、ポジティブなものであれネガティブなものであれ、情動はストレスになる。

子どもがいつストレス過剰に陥るか、あるいはなにがその子にとってストレス因子になっているかを見きわめるのは簡単ではない。[*5] 今日では、子どもたちがさらされている隠れたストレス因子があまりにも多く、見きわめはさらに困難になっている。子どもに落ち着きなさいと言うだけでいいのではないかと思いたくなる。

だがもちろんそれではだめだ。子どもの自己調整を助けるのに、簡単な処方箋はない。子どもたちはみんな違っているし、その欲求もたえず変化している。先週うまくいったからといって、今日うまくいくわけではない。

プラトンの時代から、自己制御／自制（self-control）は人の性格を判断する材料として賛美されてきた。[*6] この前提が、私たちが子どもたちについてどう考え、そして子どもたちが健全な精神と肉体と性格を備えたおとなにどう成長するかを、根底で形づくってきた。おとなにとっても、誘惑に逆らい、困難や逆境に屈せず目的を貫くには、当然意志の力が必須である。古代の哲学者やそれに続く世代が知らなかったのは、自己制御よりも、もっと基本的な力が機能しているという事実だ。

自己制御というのは、衝動を抑えることだ。[*7] それに対して自己調整は、衝動の原因を認識しそれを弱め、そして必要なときには、衝動に対抗するエネルギーを持つことだ。[*8] この違いはなかなか理解されてこなかった。

あの幼稚園の先生と、私は連絡を取りつづけていた。あの日、あの男の子やほかの子どもたちとの接し方だけでなく、たくさんのことが変わったと、先生は話してくれた。彼女の生活がそっくり変わったそうだ。自分の家族、友人たち、そしてとりわけ自分自身への扱いが変化した。あのほんの一瞬で、すべてがひっくり返ったのだと言う。

どうしてだろう？　以前の彼女は冷淡だったのか。教えることに疲れ、あの男の子に働きかけることにうんざりしていたのか。子どもを見限ろうとしていたのか。そんなことはないはずだ。実際、彼女は深い思いやりのある、熱心な教育者だった。だがそれにもかかわらず、あの子には「なにか悪い性質」があるという結論に至ってしまっていた。そんな結論が正しいはずがない。その子になにかが起こっていることは確かだが、けっして「なにか悪い性質」がそうさせているわけではない。なにかほかのことへの反応だ。この本は、あなたの子どもの場合にはそれがなにかを、明らかにする。

そのために、問題を根本まで掘り下げる必要がある。私が「セルフ・レグ」と名づけているのは、その方法のことである。親や教師にセルフ・レグを教えるために私はメリット・センター（MEHRIT Centre）という機関を立ち上げたが、その成果には目を見張るものがある。この本には、この方法の使い方と、自分の子どもに、その方法をどう教えればいいかが書いてある。

セルフ・レグは、単に、問題を持つ子どもたちを助けるためのものではない。対象はすべての子どもである。これはみんなが学ぶ必要のあることだ。現代ではなおさらそうなのである。

PART 1

脳の仕組みを利用する

第1章

なぜ落ち着けないのか

「頑張れ！」と言っても意味がない

もっと頑張れ！

耳にたこができるほど聞く言葉だ。あなたも口にしているはずだ。*1
このメッセージを私たちは始終受け取っているし、子どもがうまくいくようサポートするときにかける言葉も、同じものばかりだ。だが子どもたちも大半のおとなと同じで、頑張れば頑張るほど、自制を働かすのがむずかしくなり、ゴールはますます遠のいてしまう。自分は弱虫だと、自分をなじる。自分を責めたり恥じたりする気持ちは、学校や生活で子どもに手に入れてほしいと私たちが望むすべてのことに対して、いい影響をもたらさない。

最近の神経科学の進歩により、私たちの行動の秘密が明かされつつある。もっと端的に言うと、なぜ人が、望んだように行動するのはこんなにむずかしいかが、解明されつつあるのだ。自分たちの行動を変える方法がわかり、その結果に自制心はほとんど関係しないこともわかってきた。関係しないどころか「頑張れ！」と自制心を強要すればするほど、その実行はむずかしくなり、ポジティブな行動変化をなしとげにくくなる。

誤解しないでほしい。自制心は重要だ。お手本のような自制心を持っていて、業界のトップに上りつめた人たちのことはよく知っている。だがもっと大事なのは、ストレスが私たちにのしかかっているとき、それにどううまく対処できるか、つまりどのようにうまく自己調整できるかなのである。実際、彼らの「成功談」をじっくり検証すればするほど、彼らがほかの人より抜きん出ているのは、驚くべき自己調整の能力のおかげだとわかってくる。

いつストレス過剰になってしまうのかに自分で気づいていれば、そしてどのようにそのサイクルを断つかを心得ていれば、自己調整はうまくいく。つまり、人生に存在する無数のストレスに対処することができる。自律神経系（ＡＮＳ）は、代謝プロセスを用いてストレスに対抗する。代謝プロセスがエネルギーを消費すると、代償プロセスが動きだし、回復と成長を促す。ストレス負荷が大きくなると、回復の効率が悪くなり、その結果、自制を働かすためのエネルギーも乏しくなり、衝動が激化する。ストレスに対する脳の自然な反応を理解し、セルフ・レグを実践すれば、セルフ・コントロールをおこなう必要は消えてしまうことが多い。

自制心と個人の努力は関係ない

自制心不足と弱さを関連づける考え方は、自制を能力と性格の問題として捉える古くさくて最悪の見解だが、この見解は何千年にわたり支配的だった。自制心が弱いと判断されるのは、口にできない罪悪感や、人格否定の原因となった。現代の科学は、この見解は時代遅れなだけでなく、根本的な欠陥があることを教えてくれる。

大脳辺縁系の機能の発見は、セルフ・レグの科学研究における最近の大発見のひとつだ。ジョセフ・ルドゥーはこの部位を「エモーショナル・ブレイン」と呼んだ。[*2] 大脳辺縁系は、前頭前皮質（PFC）の下部に位置し、主な組織は、扁桃体、海馬、視床下部、線条体である。大脳辺縁系（とりわけ扁桃体と側坐核）は、強い情動と衝動の源だ。記憶の形成と、ポジティブ、ネガティブ両方の記憶に伴う情動の連想の形成において、重要な役割を果たす。愛、欲望、恐怖、恥、怒り、そしてトラウマはここで神経系の大元を共有する。

過去を振り返れば、当初、脳の機能は一種の階層組織として考えられることが多かった。[*3]「上位

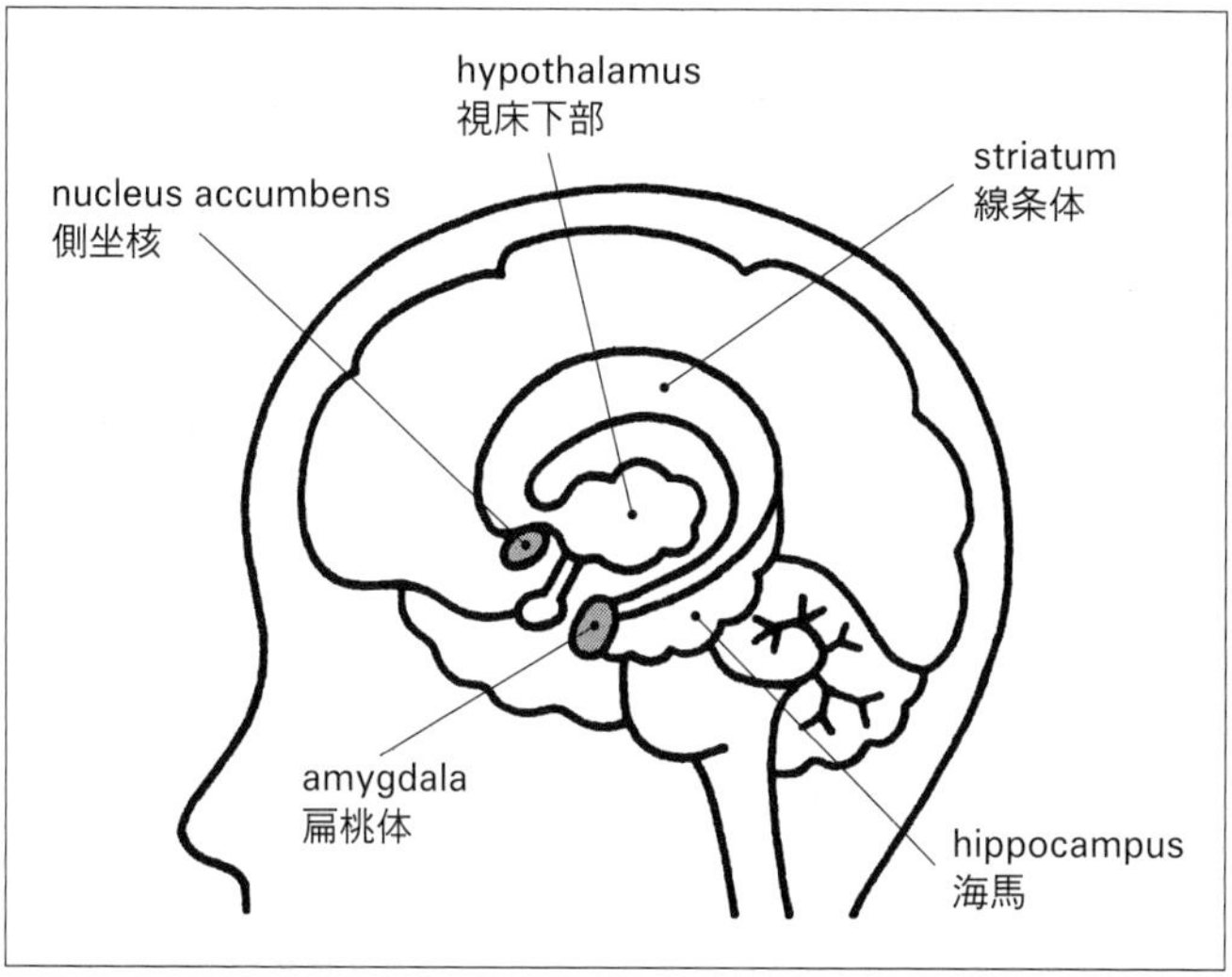

大脳辺縁系

の」前頭前皮質にある管理システムは、「下位の」大脳辺縁系から上がってくる欲求を支配し、管理する。この考えに基づけば、人が欲望に屈するときには、前頭前皮質の働きが弱くて、大脳辺縁系から出てくる強い衝動を抑制できないということになる。

意志の力と自制心を精神的な筋肉のように見なす昔からの揺るがない考え方は、この観点にぴったりだった。[*4] ソクラテスの時代と同じく、改善法は、筋肉を鍛えるのと同じように、厳しい訓練と修養により、自制心を司る管理システムを強化することだと考えられた。その理論に基づき、克己の訓練――誘惑と「大元となる」衝動に抵抗すること――こそが、自制心を鍛える方法だとされた。

けれども、ここ20年ほどの脳科学の進歩により、まったく異なる実態が明らかになった。合理的に抑制する役割をこなす[*5]――たとえば、いますぐもらえるほうびと長期にわたる報酬やコストを秤にかけて判断をくだす――前頭前皮質の能力は、ストレス値が過剰になっているときには、大きく減退するのである。

ここでとりわけ重要なのは、視床下部だ。ここは脳の「主要コントロール・システム」と見なされている。視床下部が調整するシステムはおびただしい数にのぼる。免疫システム、体温、飢え、渇き、疲れ、概日リズム（いわゆる体内時計）、心拍、呼吸、消化、代謝、細胞修復、そして聞いたり、話したり、他人の社会的、感情的ヒントの「読み取り」をしたり、子育てや愛着行動などを司ったりするシステムが含まれる。

そして、このさまざまな機能はすべて、脳のもっとも原初的な反応に結びついている。反応の相手は、比較的小さなストレス因子から極端な脅威――あるいは少なくとも大脳辺縁系が脅威だと「決定した」もの――に至るまで、あらゆるものだ。この反応を鎮めることができたとき、私たちは、ほかの自己調整のプロセスすべてを同調させはじめる。

セルフ・コントロールは重要だが、直接的に、強くて健康な精神や人生の成功をもたらすわけではない。それをもたらすのはセルフ・レグである。

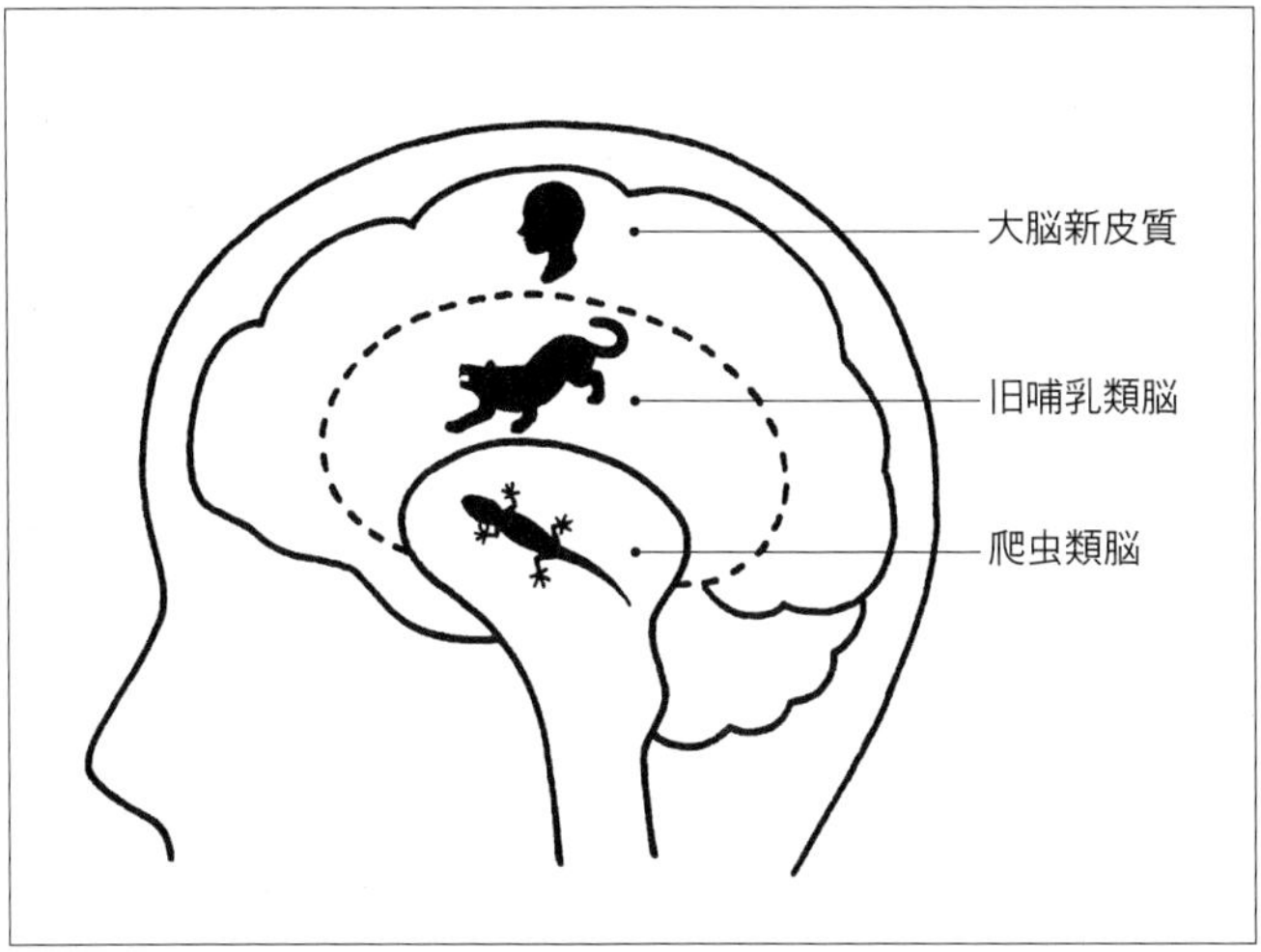

三位一体の脳

脳は三層構造——三位一体の脳

1960年代、イエール大学の神経科学者ポール・マクリーンが、脳の理論上のモデルをつくった。[*6] マクリーンのモデルは、今日では単純化されすぎだと見なされているが、自己制御と自己調整の神経生理学的相違を理解するうえでは、役に立つ。

彼の「三層構造」のモデルによると、脳ははっきり3つに分かれていて、それぞれが異なる時代に進化し、三層に重なっている。

一番上、外側にあるのが大脳新皮質で、名前の通り「一番新しい」脳だ。言語や思考、人の気分を読み取ったり、自制したりといった上位の指令機能を司る。この下にあるのが、より古い旧哺乳類脳で、大脳辺縁系を宿し、強い情動の連想や衝動を司る。最下層にあるのが、一番古くてもっとも原始的な、いわゆる爬虫類脳である。大脳辺縁系と密接に結びついていて、目覚めや警戒に対する姿勢を調整する。

「自己制御」は前頭前皮質に存在するいくつかのシステムに助けられてはいるが、ほぼ大脳新皮質での現象であり、一方「自己調整」は旧哺乳類脳と爬虫類脳深くにあるシステムで機能する。つまり前頭前皮質の機能から独立しており、むしろそれに先立って作用することで、前頭前皮質の諸システムの働きをかなり抑制することが可能だ。

脳は不眠不休でストレス対応に当たっている

視床下部は私たちの内部環境をモニターする。たとえば、体温が摂氏37度前後になっているか、血中のナトリウムとブドウ糖の量は適正か、睡眠中であれば、あるシステムが休んで回復に努めているか、別のシステムは修復し回復を促進しているかを確かめる。気温が急激に下がれば、視床下部は代謝反応を引き起こし、体熱を発生させる。呼吸は速くなり、心拍数があがり、身体を震わせ、歯を鳴らす。こういうプロセスはすべてかなりのエネルギーを消費する。

気温は、自律神経系がモニターし、反応する、環境にまつわるストレス因子の典型例だ。[*7] 通常の情動的、社会的、認知的ストレス因子に加えて、こういう外部の「コスト」が多すぎると、大脳辺縁系は、わずかな危険の暗示に対しても過敏に反応することがある。前頭前皮質がその因子が本当に脅威かどうかを判断するチャンスを与えず、それを脅威だと決めつけ、警報——動きや振動で発動する車のアラームに似ている——を作動させ危険に対処するため神経伝達物質を放出することになる。脳は「戦うか逃げるか」モードになる。それがうまくいかないと、脳は「フリーズ」指令を出す。それは動物が脅威にさらされたときにおこなう「死んだふり」によく似ている。三層のうち一番古い脳、いわゆる爬虫類脳が危険に反応してアドレナリンを放出し、一連の神経伝達物質連鎖を作用させ、最後にはコルチゾール（ストレスホルモン）を放出する。

こういった神経伝達物質は心拍数や血圧や呼吸数を上昇させ、ブドウ糖と酸素が主要な筋組織に運ばれる（肺はふくらみ、喉、鼻は広がる）。[*8] エネルギーは増加する。脂肪細胞から脂肪が、肝臓からグリコーゲンが代謝される。警戒態勢が強化され、反応度が増す。瞳孔が開き、髪が逆立つ（そうすることで祖先の類人はより大きく、威嚇的に見えた）。冷却メカニズムの一環として汗腺が開き、そしてエンドルフィン（脳内麻薬）が放出され、痛みへの耐性が向上する。「戦うか逃げるか」、すばやい決断が要求される差し迫った状況で必要なことばかりだ。

この警戒システムは、少なくとも、現代の生活から見ると非常に原始的だ。このシステムにとっては、本当の敵でも、パソコンのロールプレイング・ゲームにおけるような仮想の敵でも、違いはない。どちらでもアドレナリンの放出が促される。このシステムは野生の爬虫類や哺乳類向きに設計されていて、脅威の厳しさや、その脅威がどのぐらい続くかは判断できない。警戒態勢は続き、システムはずっと「戦うか逃げるか」状態のままで、ストレスホルモンを放出しつづける。それが過剰になると、器官や器官系の通常の機能を混乱させ、発達しつつある脳の部位に細胞損壊をもたらす危険もある。

この高いレベルのストレス反応を続けるのにじゅうぶんなエネルギーを得るために、視床下部は、この危機的状況においては生存に必要ない機能を停止させる。差し迫った脅威に対処するシステムに最大のエネルギーを送り込もうとする、自然の流儀である。生存に必須でないため動きを遅らせたり停止させたりする機能のリストは非常に驚くべきもので、人が一番必要なときに自制心を働かせるのがなぜむずかしいのかを解明するための、大きな鍵になる。

ストレス過多の脳は「戦うか逃げるか」

「戦うか逃げるか」反応においては、エネルギーは、緊急事態においては必須ではないと見なされたシステムから、よそへと回される。たとえば消化システムがそうだ。たっぷり食べたあとの体のだるさは、消化にどれほど多くのエネルギーが必要かを示している。それは体の総消費エネルギーの約15パーセントから20パーセントを占め、脳が日常のすべての機能を動かし続けるのに必要なエネルギーに匹敵する。食物の消化にかかる時間は4時間から2日間までさまざまで、「エネルギー経費が高く」つく。食物を消化するために胃のなかの化学物質のバランスを整え、栄養分を分解し体中に運ぶための酵素を生産するには、多くのエネルギーがいるからだ。ストレス下では減速や停止を余儀なくされる代謝機能は、ほかに、免疫系、細胞修復と増殖、毛細血管への血流（けがをしても、失血死することがなくなる）、再生がある。[*9]

このなかのどれが、あなたが癇癪を起こしたり、皿に残しておこうと決めたケーキを食べてしまったりすることや、子どもがむかっ腹を立てたり暴れたりすること、あるいは算数嫌いであることに関わっているのかとお思いだろう。それは、「戦うか逃げるか」状態が、私たちの前頭前皮質に支えられている合理的で抑制的な機能に影響を及ぼすことで、引き起こされる。

何百回と注意してきたことを8歳の子どもが再びしでかし、あなたがひどく怒っていると仮定しよう。あなたはどの程度うまく話せるだろうか。腹が立つと、人は早口でまくしたてがちだ。それは旧哺乳類脳と爬虫類脳が働いているときには、前頭前皮質の左側は活動を妨げられるからだ。前頭前皮質が司るすばらしい高次の機能はすべて失われる。言語能力、思慮深い考え、ほかの人の気分を読み取ること、共感力、そしてもちろん自制心もだ。

分子生物学者は、「戦うか逃げるか」の状態で停止させられる機能について、いくつか目を見張るような発見をしている。[*10] たとえば、急なストレスは中耳の筋肉に影響を与え、子どもが言語を処理する能力を弱める一方で、低周波の音への感度を増幅する。これは旧哺乳類脳や爬虫類脳にとっては重大な意味がある。低周波の音は、藪のなかに捕食動物が潜んでいる兆候かもしれないからだ。

このことは、なぜストレス下にあったり、気が散ったりしている子どもは、私たちが目の前に立ちはだかるまで、私たちを無視しているように見えるのかを説明してくれる。そして立ちはだかった場合、声の調子からもボディランゲージからも、脅していると感じとられてしまう可能性が大きい。

「戦うか逃げるか」状態では、新しい時代の、言葉を中心とする社会脳は停止し、私たちは実質上、古の前社会的、前言語的状態にただちに後退する。そこでは窮地に追い込まれた動物の原始的な生存メカニズムが作動する。

脳はどのように覚醒状態を調整しているのか

自律神経系（ANS）は覚醒状態の変化を調整する。[*11] もっとも覚醒状態の低い深い眠りから、もっとも覚醒状態が高く、最大限に錯乱した意識状態まである。後者の状態は、子どもが癇癪を起こしているときに見て取れる。

覚醒調整においては、互いに補足し合う力が作用する。交感神経系（SNS）を通じた「活性化」によって覚醒を促す働きと、副交感神経系（PNS）を通じてスピードを緩める「抑制」の働きが作用し合う。つまり、脳が、アクセルを踏んだり、ブレーキを踏んだりするのである。スピードを上げたり、丘を登ったりするためにはアクセル（交感神経系、活性化）を踏む。スピードを落としたり、止まったりするためにはブレーキ（副交感神経系、抑制）を踏む。交通量が多ければ、発進や停止がそれほどなくても、始終アクセルやブレーキを踏むことになる。ひどく困難な状況に直面したときも、同じことが起こる。脳は無意識に、絶え間なく交感神経系と副交感神経系を交替させる。実際、呼吸を1回するだけでも、このふたつのシステムが作動しているのだ。交感神経系が心拍数を増やし血圧を上げ、肺を広げて酸素でいっぱいにする。すると副交感神経系が回復プロセスに着手し、心拍数を減らし血圧を下げ、同時に肺がしぼみ、二酸化炭素が

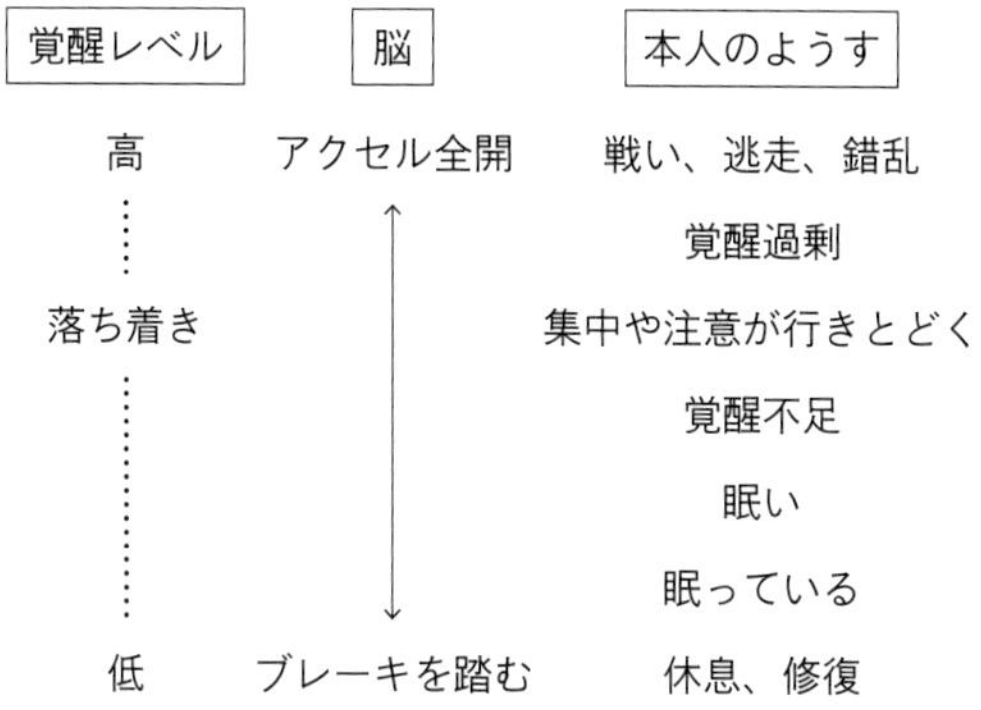

〈覚醒状態と自己調整〉

排出される。

ある仕事にどのぐらいの活性化や回復が必要かは、私たちのエネルギーの蓄えによって違う。毎日ずっと、この覚醒度の目盛りは上がったり、下がったりする。覚醒度が上がると、エネルギー消費も当然増える。覚醒度が下がると、蓄えに回すことができる。

子どもにかかるストレスが大きいほど、覚醒の調整をするのが脳にはむずかしくなる。回復機能が働かなくなってくると、子どもは覚醒不足、あるいは極度の覚醒状態から抜け出せなくなってしまう。[*12] たとえば、ものごとをはじめられない子や、たえず動き回っていてじっとしていられない子は、その状態にある。

おそらく一番困るのは、この「戦うか逃げるか」反応がいつ「点火される」か、あるいは敏感になるのかがわからない点である。そのため子どもは無防備のまま、繰り返し反応を引き起こすことになる。反応が起こると、子どもは私たちから身を振りほどこうとする。親はこの行為を自分に対する拒絶だと受け取ってしまいがちだが、実はこれは脳の別の階層の働きによるもので、脅威に対する本能的で生物学的な反応なのだ。

ストレスの強弱による脳の反応は4段階に分けられる。ストレスが弱い状態から順に、このような段階を踏んでいく。

1．社会参加

2．戦うか逃げるか（交感神経系覚醒）
3．フリーズ（副交感神経系覚醒）
4．分裂（「体外離脱」状態で、自分に起こっていることを誰かほかの人に起こっているかのように眺めている）

この順序は、前頭前皮質にある「もっとも新しい」脳での社会参加から、脅威に反応するための古くからのメカニズムに至る、マクリーンの言う脳の三層構造を反映している。[*13] 社会参加ができなかったり、不充分だったりすると、脳は「戦うか逃げるか」状態に移る。この状態では、社会との交流を控えようとするだけではなく、交流そのものがストレス因子となる。それゆえ、たとえ私たちが子どもにとって一番必要な存在であっても、彼らは私たちから逃げるか、あるいは私たちに攻撃をしかけてくる。危険が長く続くようなら、脳は指令を「フリーズ」に変える。生存をかけた最後の一撃のために、少なくなりつつあるエネルギーを結集するためだ。最終段階の分裂は、生き残りメカニズムというよりも心理的、身体的な痛みを減らすメカニズムである。

慢性的に覚醒不足や覚醒過剰の状態にあると、脳は、いわゆる「学習する脳」から「サバイバル脳」へと大きく変化する。[*14] 周囲で起こっていることはもちろん、自分の内部で確かに起こっていることにさえ、注意を向け、処理するのがひどくむずかしくなる。「機能停止」や衝動性、（他者だけでなく自分自身への）攻撃性の影響を受けやすくなる。慢性的にぼうっとしている、あるいは異常に活動的な子どもたちを、何かしら「弱い」とか、単に一生懸命努力しないだけだと考えるのは間違っている。彼らは過度のストレスを抱えているのだ。

子どもたちに「落ち着く」ように強制はできない。そして、できないなら罰を与えると脅すのは、すでに彼らが抱えている過剰なストレスを、さらに増やすだけだ。彼らが意図して覚醒不足や覚醒過剰になっているわけではないのと同様に、方法がわからないのでは、意図して落ち着くこともできない。セルフ・レグは、それができるようにするための道具と技術を与えてくれる。

慢性的な覚醒状態を救う「セルフ・レグ」

強い覚醒状態が慢性的に続くと、大脳辺縁系の警報はストレスに過敏に反応するようになり、すぐにベルを鳴らしてしまう。[*15] システムが活性化され、(たとえそんなものがなくても) 脅威を探し出そうとするため、知覚そのものも変化する。覚醒不足か覚醒過剰の状態が慢性的に続いているとき、子どもたちは、俳優のニュートラルな表情の写真を、敵意があると見なす確率が高いことが、実験からはっきり見て取れた。

危険な環境下であれば、このことが進化において持つ意味は完全に納得できるものである。問題なのは、警報はいったん鳴りはじめると、ますます活性化、覚醒化し、さらに鳴りだすということだ。残念なことに、警報は頻繁かつ容易に始動するようになり、もはやいつ警報が鳴ったのかに気づかない状態になってしまう。

2500年前からの通念がある。[*16] それによると、私たちは管理機能と衝動とのあいだの一種の「戦争」を経験している。自制心のなさで自分をなじっているとき、これはその状態の完璧なメタファーとなる。自制の背後にある考えは、この戦争に勝利すべく「筋肉」（根性、決意、自己修練）を鍛えれば、子どもやパートナーや仕事と付き合うのがきつくなったときに、それを放棄しようとする衝動を抑制できるというものだ。あなたは基本的に、不快な気分に「負け」ずに、それに対処する方法を学んでいる。だが、戦争のコストは常に高くつき、あなたのエネルギー蓄積に大きな代償をもたらすことになる。

これが大きな代償であるということはいまは感じられないかもしれないが、いずれさらに制御不能でネガティブな情動や利己的な衝動が噴き出してきたとき、あるいは精神的、身体的健康や情動的健やかさの面でより深い問題を抱えたときに、痛感するだろう。実際に、対象者へのストレスを増加させると、彼らの衝動の力が増し、自制心が減少するということを、科学者が証明している。セルフ・レグでは、こういう情動を無視するのでなく、それはストレスが高くなりすぎたサインだと認識する。警報システムは「オン」になったままだ。本当に学ぶ必要があるのは、そのスイッチをどう切るかだ。

だが覚醒は敵ではない。[*17] 私たちが眠りから目覚めへ、白昼夢から明晰な意識へ、遊びから仕事へ移行するときには、覚醒が必要だ。子どもが学習するのにも覚醒が必要だ。覚醒すなわち「上向き調整」は、正常で健康なことだ。上向き調整とは、エネルギーの増大を必要とする状態への移行を繰り返すことを指す。私たちは1日のなかで、そういうサイクルを次々と繰り返す。このサイクルは生物学的な状態を反映するだけであり、行動の「善し悪し」にはいっさい関係しない。

サイクルのギアが、オーバードライブ状態で固まってしまい、シフトダウンできないときには、私たちが介入し、制御不能でスピンしているストレスサイクルに、ブレーキをかける必要がある。

さらに、サイクルにはまった身体的、情動的要素は互いに組み合わさって、お互いを強化してしまう。

たとえば、アドレナリンと関連しているぞくぞくする感じや痛みは、ある情動的連想を引き出す。突然こわくなったり、心配になったりすることだ。だが同じように、急な恐怖や心配を感じることが、不快な身体感覚を引き起こすこともある。自制心を働かせて、このサイクルを強制的に止めようと努力することで、ますますコントロールがむずかしくなる可能性がある。というのも身体、情動両面において覚醒反応が互いに強化され、反応してしまうことで、すでに乏しいエネルギーをさらに枯渇させることになるからだ。衝動性の爆発はしばしば、人が弱っているときに見られる。実はそういう場合、発作はそれまでの身体的連鎖の表れなのである。活性化されていても、非活性化されていても、それらは異なる調整プロセスの積み重ねである。

セルフ・レグは、衝動に駆られて行動しないように、より強く自制しなくてはならないと主張するのでない。むしろ衝動の源を突き止め、そのサイクルを断ち切る方法を教えてくれる。

車にはダッシュボードが備わっていて、エンジンが熱くなってきたり、オイルが減っていたり、残り燃料が少なくなってきたりすると、警告してくれる。私たちにはそのようなシステムはない。ストレスサイクルで行きづまり、燃料タンクが急速に干上がりはじめ、エンジンがオーバーヒートしかけていると教えてくれる計器はない。ネガティブな情動、考え、そしてさまざまな行動をその合図とするしかない。それらこそが、あなたがストレス過剰になっていることや、燃料が空で走っていることを教えてくれる。

子どもたちの状態を調整しようとするときに、このことはとりわけ重要である。困ったことに、子どもたちも、10代の子も、自分の気持ちを伝えることが非常に苦手だ。[*18] 自分の気持ちを、行動、あるいは行動の欠如でしか示せない。だが、彼らの合図の読み取り方を学べば、彼らが自分たちの覚醒を管理するのをサポートできるようになる。けれども親が最初に取り組むべきなのは、自分自身の合図の意味を認識することだ。自分の子どもに一生懸命になりすぎて、親は自分自身の合図を無視し、ときには否定することさえある。

COLUMN

親も「頑張らないと」に縛られている《オータム・12歳》

バーニスは、12歳の娘オータムが問題を抱えているので、私たちのところに相談に来た。だがバーニス自身が非常に悩んでいるようすだった。たえず体を動かしているし、指がヤニで染まっていることから、チェーンスモーカーだとわかる。こういうサインはすべて納得がいくものである。バーニスは、娘が心配で参ってしまっているのだ。

バーニスは、娘のためなら、自分の要求を後回しにしてしまうタイプの母親だ。だが困ったことに、彼女自身がストレスサイクルにはまり込んでおり、しかも重症で、絶え間のない攻撃にさらされている。なかなか眠れず、それがお金の心配や、ほかの子どもや結婚生活、仕事にも影響を与えている。「神経質な負け犬」だと自分で認めている。こんなふうに慢性的な緊張状態にあるため、オータムの機嫌が悪いときの心配の波に、さらに傷つくことになる。心配、緊張、傷つきやすさ、そしてさらなる心配という堂々巡りは、彼女の緊張を高め、さらにエネルギーを減らすだけだ。

バーニスが体現しているのは、「セルフ・レグ／セルフ・コントロール、親としての葛藤」とでもタイトルをつけたくなるような顕著なパターンだ。バーニスは、娘にとってセルフ・レグが大事なことはすぐに理解した。だが、自分自身のこととなると、必要なのはもっと自制心を身につけることだと頑なに信じ込んでいた。それが娘のためだと信じているのだ。生物学的、情動的、社会的なストレス因子の多さから、自分の娘がどれほどストレス過剰な状態にあるかはすぐに見てとった。だが娘の不安の責任は自分にあり、悪いのは自分であると考え、自分自身の不安をもっとうまくコントロールしなければいけないと考えていた。

時間はかかったが、バーニスは娘と同じく自分にも、セルフ・レグが必要であることを理解するようになり、オータムと一緒にヨガのクラスに通いはじめることにした。若いころ、ヨガをやっていて、落ち着くし楽しいとわかっていたからだ。そのうちにバーニスとオータムは、バックパックにヨガマットをくくりつけて、週一度のセッションに姿を見せるようになった。

もちろん、この結果の背後には、ヨガの呼吸法の訓練以外にたくさんのことがあった。たとえばバーニスは、ふたりが心地よく感じることならなんでも試そうと強く思っていた。また、オータムの状態がセルフ・レグのエクササイズで改善してきたことが、バーニスの自分は無力だという思いを取りのぞくのに、驚くほど効果があった。だが最大の要因は、バーニスがオータムと同じように、セルフ・レグをおこなう必要があると認識したことだ。

ふたりが速やかにセルフ・レグを身につけていくのを見るのはすばらしかった。ひとりではあれほどの進歩は見られなかっただろう。

セルフ・レグ　5つの基本ステップ

セルフ・コントロール（自己制御法）という方法論は、どんな努力目標に対しても、ひとつの答えしか用意していない。反対にセルフ・レグ（自己調整法）は、どんな環境でもベストの働きをするべくエネルギーを方向づけるようなオープンで広いシステムを形づくっている。自己調整を知れば知るほど、問題行動を、関与への積極的な機会へとうまく変えることができる。

子どもは、年齢にかかわらず、セルフ・レグのスキルを学ぶことができる。[*19] 私の最初の目標は、あなたに、自分の子どものセルフ・レグをどうサポートするのかを学んでもらうことだ。バーニスのように、子どものサインを読み取り、行動の意味を理解し、ストレス要因を見きわめ、それを減らし、そして子どもをその自己認識の過程に専心させることを学んでほしい。子どもの考えや気持ち、することをおさえつけ、コントロールしようとしないほうがいい。むしろ「落ち着く」というのがどういう気分か経験させ、必要を感じたときに、どうすればその状態になれるのか、子どもが学ぶのを手伝ってほしい。以下のセルフ・レグのステップは、あなたにとっての第二の天性、つまり後天的に獲得された才能となるはずだ。

1．サインを読み取り、行動をリフレーミングする。

2. ストレス要因を見きわめる。
3. ストレスを減らす。
4. 自分と向き合い、自分がストレス過剰になった状態に気づく。
5. 答えを出す。あなたを落ち着かせ、くつろがせ、回復させる手段を見つける。

この5つのステップを、いざというときにひとりで手順通りにできるように学習してほしい。

1. サインを読み取り、行動をリフレーミングする。
これから、いままでやっかいだとか、いらいらするとしか思えなかった行動の意味をどう理解するか、その方法を学ぶ。まず身近なところから、つまりあなた自身のサインをどう読み取り、それがなにを表しているのか、からはじめる。あなた自身のサインを、熱や発疹と同じくらい意味あるものとして認識するやり方を学ぼう。[*20]

2. ストレス要因を見きわめる。
「どうしていま?」と自問しよう。

たいていストレスは仕事、金策、社会的な問題など、やるべきことは多いのに時間がないことを意味する。これらも確かにストレス因子だが、ストレスの概念はもっと広くて微妙だ。おまけに私たちが探しているのは「隠れたストレス因子」である。ある人にとっては、騒音やある種の音が深刻なストレス因子になる。また光や視覚への刺激（過剰でも過小でも）がストレス因子になる人もいる。他によくあるストレス因子として、におい、触感、すわっているか立っているか、待つことなどもある。

注目すべきなのは、環境がストレス源になっている可能性が高いのに、私たちはこの情報を意識から閉め出してしまうということである。しかし脳の深いところ、旧哺乳類脳や爬虫類脳にある監視システムは、この情報を阻んだりせず、ストレスすべてにどう対処するかについて、体内の受容器官とたえず会話している。だからこそ、「どうしていま？」と自問することがストレス要因の見きわめに大切なのだ。

3．ストレスを減らす。

あなたが光に非常に敏感なら、照明のスイッチを調光タイプのものに変え、快適に感じる明るさに調整しよう。ところで、セルフ・レグにおいては、「調光器」は万能の比喩として役にたつ。身体的、情動的、認識的、社会的なストレス要因が存在するが、そのすべてについて調光器を持つことが、あなたの助けとなる。

4. 自分と向き合い、自分がストレス過剰になった状態に気づき、原因を探る。

過度のストレスを感じることに慣れてしまうと、その状態が「ふつう」になってしまう。また、たいていは心が落ち着くと考えられていることが、人によっては逆効果なこともある。

セルフ・レグは自分の内側の状態についての認識を深めていく。その深まりは非常にゆっくりで、その変化は苦痛を伴うどころか、本質的に楽しめるものだ。症状だけでなく、あなたがストレス過剰に陥る原因に気づくことが最終目標である。

5. 答えを出す。あなたを落ち着かせ、くつろがせ、回復させる手段を見つける。

最後に、緊張をゆるめ、エネルギーを補給するための戦略が必要だ。この行程こそがセルフ・レグを完全に個人的なものにしている。ここには万人向けの方策はない。だから5番目のステップを活かすためには、最初の4つのステップが必要だ。

サインを読み取る力があれば、適応できる対処戦略と適応できない対処戦略を見分けることができる。適応できない対処戦略とは、その場しのぎの安心しか提供できず、結局よけいに疲れて緊張することになり、覚醒不足や覚醒過剰に陥りやすくなるものを言う。セルフ・レグの戦略は影響も価値も長続きするものでなくてはならない。

マインドフルネス瞑想が普及しているが、その大きな魅力は、この方法が、煩わしい兆候への対処に効果的で、薬物に頼らないやり方だということだ。だが「モンキーマインド（頭のなかで雑念がサルのように動き回ること）」のような問題兆候が、過度のストレスのサインであるという事実を見逃さないことが大事である。とりわけ子どもの場合には、呼吸や瞑想の練習に取り組むとモンキーマインドになってしまうケースが少なくない。

マインドフルネスの訓練はたいていの場合役に立つのだが、より大きな不安を引き起こすこともある。コントロールするものがひとつ増えることで、セルフ・レグにとって望ましくない結果を生むこともある。リラクゼーションの練習には多くの選択肢があるし、子どもが自分によく合う方法を見つけるのを助けてあげることが、もっとも重要だ。

私たちに必要なのは力ではなく安心だ

たとえば、夜中に目が覚めて心配になり、眠りに戻れないのは、差し迫った問題があるからだとふつうは思う。だがそうではない。

ベッドに入ったときには緊張の度合いが激しかっただろう。しかし、いつしか内なる警報が消え、眠りについた。そして、警報のきっかけはなんであれ、心拍数も血圧も呼吸数も上昇した状態で目を覚ました。そこからあなたを目覚めさせたままにしているのは、アドレナリンの高まりだ。

悩みを再考したほうがいいって、警報システムが知らせている?[*21]　そんな必要はない。放っておけばいい。

この繰り返しのストレス反応を断つひとつの方法は、安らぎを得られる深い腹式呼吸と、マインドフルネス瞑想の実行である。[*22]　シンプルなマインドフルネスの訓練は、脳を休めることが明らかになっている。ゆっくりと息を吸って吐き出しながら呼吸を追い、あなたを確実に落ち着かせてくれる人や物を思い浮かべる。あるいはなにかほかの瞑想でもいい。大事なのは相乗効果をねらうことだ。特効薬としてセルフ・レグを促進する活動をひとつだけするのではなく、あらゆる種類のセルフ・レグの活動を試してみるべきだ。運動、音楽、美術、ほかの瞑想の実践でも、絵を描いても、心が静まると感じる特定の音楽を聴くのもいい。セルフ・レグにおいては、気晴らしや気になることの抑制のために、こういうことをするわけではない。ストレスのサイクルを断ち切るためにするのである。つきまとう考えや悩みをリフレーミングする行為そのものが、すぐにあなたを緊張から解き放ってくれる。そして、あなたの回復機能を作動させ、前頭前皮質をオンにする。

エネルギーレベルが下がり、緊張が高まった状態にいるとき、人はそのことにうまく気づくことができない。[*23]　これにはなにか進化上の理由があるのではないだろうか。そういう状態下では、自分がどう感じるかよりも、脅威に焦点を合わせたままのほうがよいのは間違いがない。問題なのは、今日ではストレス因子が至るところにあり、私たちは知らないうちにストレス過剰に陥っていることが多いという点だ。

セルフ・レグの本当の力は、自分たちの覚醒状態のようすや、緊張から解放される方法を認識し、知るところにある。その結果、私たちが内なる悪魔を征服する力を持つわけではない。そうではなく、緊張が緩和していくにつれ、ストレスは消えていってしまうのだ。

第2章 セルフ・レグの視点でマシュマロ・テストを読み解く

自己調整VS自己制御

8歳の娘の体操教室のある夜だった。めったに見に行けないので、上階にある保護者の見学席から、娘のクラスを見るのをとても楽しみにしていた。

すぐ右のベンチには、若い夫婦が3歳の男の子を連れてすわっていた。その子はとにかく元気いっぱいだった。エネルギッシュで、とめどなく質問を浴びせかけ、部屋中を駆け回り、姉の注意を引こうとガラスを叩き、ほかの子どもたちに、一緒に遊ぼうと必死に誘いかけていた。両親はこの子のふるまいに手を焼いているようだった。

私はつい気になって、この両親が5分間に何度「コラ!」と怒るかを数えていた(14回だった)。両親の叱責がしだいに厳しさを増していく。最初はふたりとも優しくたしなめていたのだが、すぐにいらいらした調子になり、まもなく完全に腹を立ててしまった。ベンチに静かにすわっていてほしいのに、その子にはどうしてもできない。家から持ってきた健康的なおやつをあげたり、ポップコーンを1袋買い与えたり、携帯型のビデオゲームを渡したり、とうとうお金までちらつかせてみたりしたが、どれも1分と効果が続かない。

ある瞬間に、とうとう母親は子どものお尻をぴしゃっと叩き、かなり乱暴にベンチにすわらせた。男の子は少し涙ぐみ、なんとかじっとすわっていようと努力していた。丸々1分間耐えていた。それからできるだけこっそりとベンチから立ち上がり、様子をうかがうように、両親に目をやった。ふたりがほかのことに気を取られているのがわかると、その子は走りだしたが、それもほんのひと時のことでしかなかった。同じ展開が何度も繰り返された。そんな具合に、2時間の体操教室の残りの時間、親子の駆け引きと衝突が延々と続いた。

これを見ていて、私は同情せずにはいられなかった。私自身、自分の子どもたちに手を焼いた経験があったからだ。自分の子どもにいらいらさせられたことがない人はいないだろう。「どうしてご飯に呼んでも、すぐ来ないの?」「どうしてそんな汚れたままにして平気なの?」「どうして親に向かって、そんなことが言えるの?」

ここでちょっと視点を変えよう。この発言を嘆きの言葉ではなく、純粋な疑問だととらえたらどうなるのか。

私の目の前で家族バトルが繰り広げられていた間、おとなしくすわっている、同じ年頃の子どもたちがけっこういた。それでは、さっきの男の子をこれほど落ち着きなくさせているのは何だろう。どうして両親の努力は効果がないのだろうか。どうして、いま？　それこそがここで問いたいことだ。

小さくて混み合った部屋にいるのが彼には耐えがたく、気持ちを落ち着かせるために、部屋をあちこち動き回る必要があったのかもしれない。硬い木のベンチのすわり心地が悪かったのかもしれないし、体操が我慢できないほど退屈だと感じたのかもしれない。あるいは興奮しすぎてじっと見ていられなくて、跳び回らざるをえなかったのかもしれない。まだまだたくさんの「かもしれない」が挙げられる。

だがここではそれが問題ではない。彼の行動がなにより雄弁に語っているのは、抱えているストレスが過剰だという事実だ。パパとママはおとなしくするように注意していたが、なんとかしようとすればするほど、子どもは反抗し、両親はますます必死にならざるを得ない。

実際に、この子の行動も、両親のいらいらと、そのあとの怒りのこもった反応も、意志や自制心が生まれつき欠如していることが原因だとは見えなかった。両親も子どもも、それぞれ疲れていて、行き詰まっていた。その気持ちはよくわかる。子どもに手を焼いたとき、親と子が主導権争いをせず、その場を収める方法はあるのだろうか？

答えはイエスだが、そのためには考え方を劇的に変えなくてはならない。努力の焦点を自己制御（セルフ・コントロール）ではなく、自己調整（セルフ・レギュレーション）のほうに持っていかなくてはならないのだ。

このあと検証するように、自己制御と自己調整の区別は、たとえ専門家であっても、ときに紛らわしいことがある。両親は、子どもの行動や、それに対する自分たちの反応が「コントロール不能」だと感じたとき、欠けているのは「コントロール」だと考えてしまう。それは頷けることだ。だがコントロールのほうに焦点を合わせていると、チャンスを閉め出すことになってしまう。お互いの会話はなくなり、建設的になりえたかもしれない交流はとだえ、持続的に価値を持ったであろう学びの場は、なくなってしまう。セルフ・レグは、その瞬間をすぐにチャンスにつなげてくれる。そのはじまりとなるのは、簡単な質問をしてみることだ。「どうして、いま？」

自己制御と自己調整をはっきり分けて考えることが絶対に必要だ。そうしなければつい、子どもたちを性質の「善し悪し」で説明してしまうだろう。その結果、子どもの遺伝子だとか、性格、学習、人生の可能性について、間違った思い込みが生まれることになる。

マシュマロ・テストがセルフ・コントロール信仰を加速させる

1963年、アメリカの心理学者で、スタンフォード大学の教授、ウォルター・ミシェルが、簡単な実験をおこなった。[*1] その実験は、子どもが人生で成功するための、自制心の重要性を説くときに必ず引用される、アイコン的存在になっていった。

実験に参加したのは、4歳から6歳までの、600人の子どもたちだった。1個のマシュマロを子どもに見せ、もし食べるのを待つことができたら、あとで2個のマシュマロをあげると約束する。ミシェルは、実験で誘惑に打ち勝った子どもたちは、その後も学業で優れた結果を出したことも示した。追跡調査によると、その日、ごほうびをもらうのを遅らせることができた子どもたちは、大きくなってからも、あらゆる面で成功を収めていた。たとえば、高校を修了し大学へ進学する率が高く、健康については、身体面だけでなく精神面でも問題は少なく、無謀な危険行動をとることも、法律上の問題を起こすことも、依存症に陥ることも少なく、「人生への満足度」においても高い数値を示した。

この実験を、他ならぬ、自制心に関する実験だと考えるのは簡単だ。幼い子どもが誘惑に抵抗できるかどうかという荒っぽい測定法が、彼の人生がどういう軌道を描くかを予測するための因子として使われると思うと、多少恐ろしくもある。[*2]「マシュマロ・テスト」は、自制心こそが将来の成功への鍵となるという、古くからある信念を立証したように思われた。さらに被験者となった子どもたちの年齢が、かなり早い段階で子どもたちの自制心の弱さを発見できることの証拠として扱われた。このふたつの仮定の相乗効果によって、幼いころから干渉すれば、子どもの自制心を強くしてその子の人生の成功を確実にできるという期待が膨らむことになった。今度はその期待から、行動の矯正が、子育てや教育の大部分を占めるようになり、さらには専門家のカウンセリングにおいて明らかに過剰になされるようになってしまった。

マシュマロ・テストは、害のないちょっとした楽しみのように思われるが、子どもがストレスにどう対処するかを観察するために、注意深く設計されている。そして大半の子どもにとっては、このテストは非常にストレスがかかるものだ。被験者は机と椅子だけの部屋にひとり残され、すわり心地の悪い椅子にすわり、じっとテーブルに向かい、視線の真ん前に置かれたマシュマロを見つめているしかない。そのうえ、ごほうびをもらうためには、見知らぬおとなが戻ってくるのを、すでにどれだけの時間が経ったかを知る手段もない状態で、待たなくてはならない。このテストを受けている子どもたちのようすを見ていると、彼らにとっては、待っている時間の長さは永遠に感じられることがよくわかる。これは、純然たるストレステストだ。宇宙飛行士が体験しなくてはならない隔離室を、4歳児向きにつくりかえたものと言ってもよい。

現在は科学の進歩によって、この厳しい状況下での子どもの反応は、なによりその子の覚醒状態によることがわかっている。マシュマロが出され、指示が与えられる前に、その子がどのぐらい落ち着いて見えるかが大事な情報となる。より多くのマシュマロをもらうために待ったりせず、ひとつのマシュマロのほうを選ぶ子どもがいるという事実は、それほど重要ではない。大事なのは、どうして子どもはそうするのか。そこから私たちは自己調整の領域に入る。そこでは、ストレスの多い社会で、回復力と成功を手に入れるための生涯を通じた戦略を立てる能力が手に入る。

加えて考えなくてはいけないのは、この「ほうびの先送り」という課題に直面したときの子どもの（ティーンエイジャーや学生、おとなでも一緒なのだが）ふるまいは、操作することができるということだ。*3

何年にもわたって、数え切れないほど、形を変えたマシュマロ・テストがおこなわれてきた。そのなかでとりわけ興味を引く発見は、被験者にかかっているストレスを増加させることで、その成績を操作できるというものだ。あらゆる種類のストレス因子が研究された。たとえば、被験者に嫌いなものを思い浮かべさせたり、それを実際に見るように求めたりする。実験部屋をわざと暑すぎたり、寒すぎたり、あるいは人でいっぱいになるように設定する。課題に取り組むときに、大きな音を立てたり、強い臭いを発生させたりしてみる。あるいは被験者が空腹だったり、睡眠不足だったりするときに課題に取り組むよう、実験の時間を設定する。*4

研究によると、情動的、身体的、あるいは心理的ストレスが大きいほど、子どもはごほうびを先延ばしにするのがむずかしくなった。そこからわかるのは、子どもが衝動に抵抗する能力は、なによりもまず覚醒の問題だということだ。つまり過多なストレスがエネルギーの蓄えにもたらす影響なのである。冷静なときには誘惑に抵抗するのがどれほど簡単かを、思い出してみよう。こう見ると、子どもの行動は生理学的要因と情動的要因の表れである。自己調整の役割が、セルフ・コントロールのそれとはっきり異なっているのは明らかだ。

脳がストレス因子にどう反応するかは、先ほどから確認してきた。エネルギーを消費する代謝プロセスを発動させ、それから最初のプロセスとは反対の働きを持つ、回復を促す代謝プロセスを発動させる。このバランスを取り合うメカニズムが、安定した内部環境を維持するために終始働いている。このメカニズムの作用で深部の体温が保たれ、1日のあいだでの体温の差はおよそ1度に維持される。たいてい朝には低く、午後遅くか夕方に高くなり、摂氏37度に近づけておくようになっている。体温が高くなりすぎると、放熱し汗をかくことで、体はバランスを保つ。寒くなりすぎると、体を震わせたり、歯をガタガタ鳴らしたりする。

こういったプロセスはすべてエネルギーを消費するが、エネルギー面で一番高くつくのは、大脳辺縁系が警報を鳴らすときである。[*5] 大脳辺縁系は、強い情動を支配し、動かす「エモーショナル・ブレイン」だ。私たちはその警報の脅威に反応し、それから回復する。この反応を車のアクセルとブレーキにたとえよう。扁桃体がなにかを危険だと見なしたら、視床下部はアクセルペダルを踏み込む。扁桃体が警報を切ると、視床下部はブレーキに足をかける。困るのは、扁桃体が警報をことあるごとに鳴らすと、視床下部は始終、アクセルペダルとブレーキを交互に踏むことになり、ブレーキパッドが擦り切れてしまうことだ。回復システムは復元力を失ってしまう。[*6] こうなると、問題が起こりはじめる。行動面、学習面、身体面、社会面、そして情動面でも問題が出てくる。自己調整は、エモーショナル・ブレインを落ち着かせ、警報を沈静化させ、システム全体の覚醒を鎮める。そして、アクセルとブレーキの反応と回復システムが、一緒にスムーズに動くようにする。[*7]

ここに大事なポイントがある。もしエネルギーを消耗した状態であれば、おいしそうなマシュマロに手を伸ばすのもそうだし、じっとすわっていなさいと言われているときに走り回ることもそうだが、子どもは衝動に逆らうのがひどくむずかしいと感じてしまう。マシュマロ・テストが自制心に関わっているという結論に飛びつくと、じっと静かにすわっているのに必要なエネルギーに関して、重大な事実を見逃すことになる。それは、ストレス下でじっと静かにしているにはエネルギーが要る、という生物学的な事実だ。ストレスが大きくなるほど、エネルギーは枯渇する。おまけに、自制を目標とすれば、おとなは子どもにかかるストレスを増やすようなやり方で反応しがちになり、事態をますます悪化させてしまう。[*8]

体操教室で見たじっとしていられない男の子は典型的な例だ。静かにさせようという最初の試みが失敗すると、両親は態度を硬化させた。子どもが決まりが悪いと思うように何度も叱責し、それからお尻を叩いた。ところが、これらはすべて男の子のストレス過剰を悪化させただけで、結果的に、その子をますます興奮させただけだった。考えられる最悪の結果は、両親の厳しい行動が、子どもが「戦うか逃げるか」状態にあることを通り越して、その子を「フリーズ（凍りつき）」状態に押しやってしまうことだ。この最後の状態は、服従だと誤解されやすい。両親は「やっと言うことを聞いた」と思う。だが不幸なことに、「フリーズ」状態にいる子どもは、親のいうことをほとんど聞いていない。そして「戦うか逃げるか」あるいは「フリーズ」反応が何度も引き起こされると、子どものストレスに対する反応は、ますます過敏になってしまう。興奮しやすいシステムはすぐに警報を出すようになり、鎮めるのがむずかしくなる。

自己調整と自己制御の違いは、言葉の意味に関しての、つまらない議論を超えたところにある。言葉と観念は、力を持ちつづける。とりわけ子どもたちを捉えるなかで働くときには。こうして、意志力と自制心という間違った観念が長く力をふるい、子どもたちへの理解を歪め、私たちが見守り、いっそ子どもたちに委ねてもよかった可能性を狭めてしまった。その結果たとえば、マシュマロの誘惑に抵抗できないのは、生まれつき意志が弱いせいだと考えてしまったというわけだ。[*9]

罰やごほうびによって自制心を教えるというのは、そもそも考え違いだ。これはいわゆる行動主義心理学者の見解で、1世紀前にアメリカの心理学者ジョン・ワトソンが提唱したものだ。[*10] 科学的な裏づけのある罰と報償のシステムを適切に用いれば、どんな子どもの性格も、思い通りに変えられると彼は主張した。その見解に従うと、赤ちゃんを寝かせるときに、泣き声にどう対応するというところからはじめなくてはならない。泣いている赤ちゃんをあやせば、あなたが変えたい行動に対して、逆にごほうびを与えたことになってしまう。赤ちゃんは自分の不安をみずからコントロールすることを学ばなくてはならない。したがって、あやすのを控えることが、より効果的な教育法だということになる。

この考え方を推しすすめていくと、マシュマロ・テストが4歳児の意志の弱さを示す場合、両親が、すぐにごほうびをもらおうとする子どもの生来の欲望を抑えるか、それを制御するやり方を教えそこなったからだということになる。この誤った理論を楯にして、子どものしつけについて広く信じられている態度が確立されてきた。私たちがこの見解にいかに害があるかに気づくようになったのは、ここ数年のことだ。

まさにこういった心理学的、行動学的、社会的問題を抱えた多くの子どもたちが爆発を起こすのを、私たちは見てきた。そういった問題は、これまで子どもの自制心が弱いことに起因すると考えられてきたが、いまではより的確に、子どもの自己調整に問題があるのだと理解されている。たとえば小児肥満症や糖尿病の増加は、ジャンクフードに抵抗する意志力の欠如以上のものを反映している。[*11]

子どもたちにとってもっと基本的ななにかが、バランスを崩している。自制心の必要性を厳しく叩き込んでも、解決にはならない。それでは自己調整のスキルを修復することも築くこともできない。子どもたちが毎日最良の状態にあり、行動や健康に有意義な変化をもたらすために必要なものは、自己調整のスキルだからだ。これがわかっていないと、子どもたちの自己調整の力を、さらに引き下げてしまいかねない。

ストレスはセルフ・コントロール能力を奪う

ストレス因子は、形もサイズもさまざまである。環境、身体、認識、情動、社会に関わるものがある。そのどれもが、自己調整のプロセスに影響を与える。騒がしい教室の窮屈な椅子に子どもをすわらせ、集中しなくてはこなせない課題を与え、そばには注意をそらさせるクラスメイトを配置する。これだけで、子どもには課題が手に負えなくなるのは間違いない。きちんとした朝食や、じゅうぶんな睡眠を取らせずに学校に送り出せば、その結果子どもにかかるストレスも、エネルギー消費も、ずっと大きくなる。以前あなたの子どもが感情を爆発させ、手がつけられない状態になったときのことを、考えてみてほしい。家に帰ってから部屋で激しくぐずったときのことでもいい。ストレスの原因を探してみれば、きっと見つかるはずだ。

ものごとをさらにややこしくしているのは、このさまざまな種類のストレスが、全部絡まり合っているからだ。これは、子どもの遊び場ではよくある光景だ。なにか、子どもを不安にすることが起こる。不安がその子を緊張させ、緊張がエネルギーを使い果たす。そうすると、自分の周りにある微妙な社会的合図を感じとるのが、さらにむずかしくなる。不安が増し、ふだんなら落ち着くという効果をもたらすはずの友人たちとの交流をおこなうのが、むずかしくなってくる。さらに緊張がエスカレートしつづけ、エネルギーが乏しくなってくると、この子はひどい癇癪を起こす。こういうサイクルは、子どもが過ごす1日の、どのタイミングでも起こる。子どものなかには、このサイクルがほかの子よりもずっと強く起こる子もいる。さまざまなストレス下での反応は、それぞれの子どもの敏感さ、気質、回復力によって違う。

こういう多様な原因からのストレスが過剰にかかっているとき、子どもたちはたいてい言葉では知らせることができない。その代わりに行動や気分、話を聞けないことや、ほかの子どもたちとうまくやっていけないことで、これを表現する。

環境的要因——たとえば、音、におい、視覚的問題、椅子や靴下の触感——によりストレス過剰になり、注意を払うのが困難になったり、あるいはその子を悩ませる誰かが周りにいたりして、かっとなるのかもしれない。また、ふだんは環境的要因に動じず、周りと打ちとけて気楽でいられるのに、両親の離婚や、目下の情動の急激な変化によって、打ちのめされている子もいるだろう。また睡眠、運動、じゅうぶんな栄養の欠如——今日の子どもの生活ではよくある欠陥3点セット

――でエネルギーが不足している子もいる。強調したい原因はどれも同じだ。この子どもたちには、手持ちのエネルギーで対応できる以上のストレスがかかっている。過剰なストレスが、長く険しい1日のためのエネルギーを枯渇させる。

問題はそこにとどまらない。ストレスが燃料タンクを空にすると、子どもたちは前進するために、アドレナリンやコルチゾールに頼ることになっている。そのため極度に興奮し、躁状態になるのだが、これは私たちにとってと同じように、彼らにとってもきつい。けっして子ども自身がコントロールできるような行動ではない。意図的な行動を司る脳の部分は、極度に興奮したり、躁状態になったりしたときには、活動停止してしまう部位なのだ。体育館にいた小さな男の子は、両親の要求していることが、理解できるどころか、耳に入っていたかさえ怪しい。なぜならそのような状態では、脳の聴覚に関する部位もまた、停止するからだ。[*12]

COLUMN

マシュマロ・テストには予測できない未来《スティーヴン・0歳〜高校生》

　スティーヴンは難産のすえ生まれ、新生児の健康を示すバロメーターであるアプガー指数も低かった。人生の最初の4日間を、新生児用集中ケアセンターで過ごした。最初の難題は、彼が光、味、においに極度に敏感だが、接触や声には感受性が低い点だった。聴覚には問題がないのに、言葉を識別するのがむずかしかった。おまけに、疲労やストレスが増すと、この感覚過敏や、感覚鈍麻の症状が強くなった。

　スティーヴンの最初の1年が困難に満ちていたのは、驚くことではない。食事や睡眠にも問題があった。彼はよく泣き、落ち着かせるのは困難だった。担当の小児科医が私たちを推薦し、一緒にスティーヴンのストレス因子がなにかを探し、彼を落ち着かせる対処法を考えた。声を和らげ、話やジェスチャーや動きをゆっくりにすると、彼が落ち着くことがわかった。スーパーマーケットのような環境に連れて出るのも避けた。そういう場所に行くと感覚に負荷がかかりすぎて、彼はすぐにまいってしまうからだ。

　彼は、2歳になるころには、まだ興奮しやすかったが、毎晩同じ時間に眠りにつき、そのまま朝まで眠るようになった。よく食べるようになり、これが一番大事なのだが、両親の存在に対して大きな喜びを表現するようになった。母親の声がするだけでほほ笑み、父親の肩に抱えられたりすると、たいてい機嫌を直した。

続く2年、託児所や幼稚園でほかの子どもたちとの交流がはじまり、新しい障害が出てきた。声への感覚鈍麻のため、話しかけられたときの声のトーンで相手の感情を推し量るといったことがむずかしくなる。彼の反応のなさがほかの子どもたちを混乱させたり、いらつかせたりした。家では、両親が彼のことを理解しているので、彼を会話に引き入れるための、温かくて、助けになる方法を編み出していた。だが社会に出ると、先生やほかの子どもとのコミュニケーションがうまくいかず、彼は癇癪を起こした。

スティーヴンの並外れた運動能力（3歳の誕生日が来る前に宙返りをするほど）も、問題の原因となった。塗り絵や組み立てブロックのような遊びにはすぐに飽きてしまう。そのため通常の社会活動や学習活動が、彼にとっても、周りの人にとっても、ストレスだらけのものになってしまう。

4歳になるとスケートを習い、なによりアイスホッケーをしたがるようになった。スティーヴンはいわゆるセンサリー・クレイヴィング（感覚が情報を欲している状態）だ。自分の体と通じるために、多くの動きと接触を必要とする。ホッケーをすればするほど、彼は落ち着き、食事もきちんと取れ、早い時間に眠りにつけ、ぐっすり眠ることができた。

　しかし、社会生活の場面では問題が絶えないままだった。幼稚園ではおもちゃを独占したがり、思うようにならないと強引になった。母親は、家で一対一で遊ぶ約束をすればいいのかもしれないと考えたが、失敗だった。学校であろうが、家であろうが、おもちゃをめぐる小さな喧嘩がエスカレートすると、スティーヴンはすぐに押したり、叩いたりした。そんなうわさが広がり、誰も遊ぶ約束をしてくれず、誕生日会の招待も来なくなった。

　スティーヴンにとって、みんなで輪になってじっとすわって、出された指示に従うのはむずかしいことだった。そういう場での合図に応じられないことが、しくじりや喧嘩を増やすことになった。5歳になるまでにスティーヴンは、スポーツ教室からも、お絵かき教室からも、サマーキャンプからも、保育園からも追い出された。

　落ち着いているときには優しくて愛嬌のある子なのに、スティーヴンは、問題児として、いつものけ者にされた。両親は、彼の調子がいいときも悪いときも、一貫して温かく手助けをするような応対をしていたのだが、学校や放課後の活動の場では、彼はいつも叱られていた。スティーヴンの愛想のよさは気づいてもらえず、そのためしだいに消えていった。

　したがって、7歳になるころには、彼が自分のことを低く評価する兆候が見えはじめたのも不思議ではない。これと関連して、彼は、してはいけないことをしたときに正直に認めようとせず、そのことが世話をしているおとなたちを、さらに憤慨させることが多かった。

両親は一生懸命に頑張っていたが、スティーヴンの前途は暗いのではと憂うこともあり、新しい問題や挫折のたびに、ふたりの心配は大きくなっていった。だがふたりは、家庭でのストレス全般を減らす方法に集中しつづけた。たとえば、テレビの視聴を制限し、早い時間の就寝を守らせた。スティーヴンが怒りの発作を起こしたときには、我慢強く接し、やがて発作を起こしても、前よりすみやかに立ち直りはじめたことに気づくようになった。

スティーヴンがアイスホッケーをしたがったことは前に述べたが、ここですぐに明らかになったのは、彼はホッケーを非常にしたいと感じているが、同時に、実際にホッケーをすることに対してはものすごく不安に思っていることだった。チームスポーツである以上、チームメイトとの交流や協調に耐え、コーチの話に耳を傾けなくてはならないからだ。だが両親の助けを借り、スティーヴンは努力した。スケート靴の紐を結ぶのには、いつも助けが必要で、彼はそのフィット感に非常にこだわった。きつすぎる、ゆるすぎると、何度も何度も紐をほどかなくてはならなかったが、両親は腹を立てたりせず、そのたびに紐を結び直し、今度はだいじょうぶかと尋ねるのだった。スケート靴が実際に、あるいは想像上で、具合が悪いかどうかが問題なのではなく、それはスティーヴンが感じている不安感の表れなのだと、両親は直感的に気づいていたからだ。

そのうちに、先生やコーチ、さらにはそれ以外の人たちも、スティーヴンが感じるストレスを減らすために協力してくれたり、勉強に集中するのを助けてくれたりすることに、両親は気づいた。ユーモアと目標とによって、彼をリンクにとどめ練習させたコーチがいた。小さな勝利を一緒に祝ってくれるチームメイトもいた。そしてスティーヴン本人のホッケーに対する情熱が、ほかのサポートと相まって、努力しつづける力となった。

幼稚園の先生との出会いもあった。スティーヴンが教室の騒音にまいってしまいやすいのを見抜き、奥のほうに静かな場所をつくってやり、彼が気持ちを立て直すのに必要なときには、いつでもその場所を使えるようにした。

スティーヴンを支援する人たちは、何度も繰り返し、身体的・情動的ストレス因子を減らして彼を助け、大事なスキルを習得できるようにした。そして、彼が学びを必要とし、望んでいることに満足した。彼は注意を傾けることができるようになり、先生やコーチの指示をしっかり聞くようになった。学業やホッケーに効率的なように考えや行動を計画し、ほかの子どもたちの考えや気持ちや、自分の行動や発言がほかの人に及ぼす影響に気づくようになった。

こういう成果すべてにつながった鍵は、単なる意志の力にあるのではない。彼のエネルギーを挑戦と変化へと向けるには自己調整が必要だった。

そのうちにスティーヴンは、自分のストレス因子を認識し、自分の情動に合わせて調節するようになった。スティーヴン自身がセルフ・レグのやり方を学んだのだ。多くの浮き沈みがあったが、やがてスティーヴンは学業面でも、運動面でも成功を収めるようになった。高校のホッケーチームのキャプテンとなり、みんなが期待するような、強い友情、勇気、回復力を備えた10代の男の子になった。

マシュマロ・テストや行動変容モデルからは、こんなことがある、あるいは可能性があることすら予測できなかっただろう。幼いころにみんなが知っていたスティーヴンに、あるいは発達初期の行動に問題があったために見限られた多くの子どもたちに、こんなことが起こりうるのだ。

「どうして、いま？」に答えを出す「リフレーミング」

ある子どもの問題行動の原因はストレス過剰であると認識した瞬間に、あなたとの関係すべてが変化する。セルフ・レグでは、これを「子どもの行動についてのあなたの認識を、リフレーミングする」と捉える。無作法とストレスから来る行為の見分けがつくと、それに反射的に反応するのでなく、少し待って考えることができる。

子どもが……

……なかなか眠らない、あるいはずっと眠っている

……朝はとても機嫌が悪い

……ささいなことですぐかっとなり、そうなるとなだめるのが大変だ

……気分が変わりやすく、喜んでいたかと思うと、沈みこむ

……注意を払うことがむずかしく、あなたの声が聞こえないことさえある

……ひんぱんに腹を立て、異常に悲しがったり、怖がったり、不安がる

こういう行動に対して、子どもを非難したり、辱めたり、あるいは罰したりすれば、事態を悪化

させるだけだ。罰はそれ自体がストレス因子となる。罰を厳しくすると、先ほども言ったように、子どもはフリーズ状態になることもある。ストレスにまいってしまうと、反応システムが壊れてしまうのだ。[*13]

「子どもが自制心を獲得するのは、私たちがまず彼らをコントロールしてからだ」という考えでは、事態の好転は見込めない。いらいらしたり、しつけや説教を考えたりするのでなく、五感すべてを動員して、わけを知ろうとするのがセルフ・レグだ。セルフ・レグの基礎は、「まずはおとなが調整してから、子どもの自己調整の能力を発展させる」というものである。[*14] 子どもの行動を管理するのではなく、彼らの覚醒調整のプロセスに気づき、それを強めるのだ。そのプロセスでは、子どもがひとりで覚醒調整できるようになるまで、「外部の調整者」として、おとなが果たす役割がある。

スティーヴンの話の根幹は、まさにリフレーミングだ。彼の両親がセルフ・レグを、自分たちの子育ての哲学と毎日の子どもとの交流の中心に選んだときの、発想の転換にある。両親は息子の感情の爆発に、彼が幼いときとまったく同じやり方で対応することを学んだ。一度スティーヴンの母親に、このような感情の嵐が吹き荒れるなか、どうしたらそんなに冷静にいられるのかを尋ねたことがある。その返答が、ほかの親や先生と仕事をするうえでの、私の指針となった。

「スティーヴンは自分がなにを言ってなにをしているのか知らないんです。自分が困っていることを私に知らせるのに、この方法しか知らないだけです」

　それがリフレーミングの鍵だ。

　子どもがこういう状態になったとき、親はどうしても、子どもが言ったことを文字通りに受けとめてしまう。コミュニケーションの第一の方法としての言語に慣れ親しんでいるので、つい子どもの言葉に耳を傾け、子どもの声の調子は気にとめない。だが彼の言うことに注意を向けず、どういう調子で彼が話しているのかだけを聞くようにすれば、苦悩のあまり罵っている幼児の声が聞こえるはずだ。すでに10代になっていても、そんなときには、私たちはその子にとっての外部の調整者の役割に戻らなくてはならないのだ。

　スティーヴンは、自分の内面により順応し、特定のストレス因子が自分にどういう影響を与えるかを見きわめられるようになると、疲れや緊張が溜まってきたときにどう対処すればいいかがわかるようになってきた。10代になるころには、大きな試合の前やテスト前にはスティーヴンが外泊やパーティを避けるということが、仲間にも知れ渡っていた。翌日ベストを発揮するには、ゆっくり眠る必要があると知っていたからだ。

　親としての日々は、ありとあらゆる形のストレスに満ちている。赤ちゃんには愛が必要で、時をわきまえずに泣く。赤ちゃんがいて、睡眠不足でなく、エネルギー不足で頑張っていない親などいない。子ども時代も思春期もずっと、子どもたちの気分や、たえず変化する好みに親は対処する。

でなければ、ひどいときには、子どもは癇癪を起こして泣き叫ぶ。そこが公共の場所であろうがおかまいなしだ。神経はずたずたになり、それらにただ対処するだけで、使用可能なエネルギーはすべて、親子とも枯渇してしまう。その状態は、火をつけられるのを待っている焚きつけのようだ。小さなことが重なり、ついには怒りや不満が、情動に点火させてしまう。子どもが先かもしれないし、親が先かもしれない。

科学と臨床医学が、気分や行動についての生物学や、自己調整の基本的役割、セルフ・レグの助けとなるスキルや習慣といった手段についての明確な理解を提供するようになったのは、ここ数年のことだ。セルフ・レグを学ぶのに遅すぎることはないし、早すぎることもない。事実、自然は、セルフ・レグをおこなうように私たちを設計している。セルフ・レグは、私たちが誕生するとともに、自然にはじまるものなのである。

第3章　赤ちゃんに「ささいなこと」などない

ストレスへの反応性は1歳までに決まってしまう

偉大なアメリカの生物学者スティーヴン・ジェイ・グールドは『ダーウィン以来』のなかで、人間の赤ちゃんはすべて未熟児で生まれると言っている。[*1] 文字通り、赤ちゃんは、人生の最初の段階では「子宮の外にいる胎児」なのである。「ヒトの赤ちゃんは生後約9カ月は胎児のままでいる」（『ダーウィン以来』早川文庫ＮＦ・１９９５年・１０９ページより）と彼は書いている。この考えは大変革をもたらした。保護者への講演をこのことから切り出すと、必ず息をのむ声が聞こえてくる。だが動物王国のほかの仲間と比べると、誕生時の人間の脳は著しく未発達で、それが著しく長いあいだ続く。[*2]

私たちは無力で生まれる。自分で食物を摂れない状態で世に出てきて、1年近く歩けず、生きていくために必要な簡単なタスクさえこなせない。赤ちゃんがひっきりなしに激しく泣いて訴えかけているように、自己調整の能力はまだ始動したばかりでうまく働いていない状態だ。だがこれが、私たちの種を決定づける特徴なのだ。どうして自然は、生まれたばかりの脳にとって大事な仕事を、未完成のまま残しておくのだろう？　そしてそれが今日の子育てにどう関係するのだろう？

理由は、ふたつある。そのどちらもが、初期の人類を、ほかのあらゆる種に比べ有利にしている。ひとつめは2本の足で歩くこと（二足歩行）で、もうひとつは大きな脳を持っていることだ。直立することは、エネルギー効率の面から多くの利点が望める。これによって両手が使えるようになったことも大きな利点で、やがて私たちの先祖は、狩りや家事のために労力を節約する道具をつくれるようになった。二足歩行はまた、さまざまな解剖学的変化をもたらすことになった。なかでも重要なのは脳の成長と、この成長が可能にした技術的、社会的な発達だ。

ひとつだけ問題があった。女性はこれほど大きな脳を持った赤ちゃんを産まなくてはならず、さらに直立歩行ができなくてはならない。そこで、自然は巧妙な解決策を採った。40週に及ぶ懐胎期間では、産道を通り抜け、女性の組織を大きく損傷しないぎりぎりの頭の大きさにして、誕生後に脳をどんどん発達させるのだ[*3]（この考えを聴衆の前で披露したら、後ろのほうから声があがった。

「自然はやり過ぎたわ！」）。

おとなの脳がしだいに大きく進化していくにつれて、進化中の人類の種はそれぞれ、発達したおとなよりは小さめの脳を持つ赤ちゃんを産んだ。今日新生児の脳の大きさは、おとなの脳のおよそ4分の1だ。誕生により神経系が爆発的に成長し、その速度と広がりは一生のなかでも類を見ない。神経突起（軸索）や樹状突起――神経ネットワーク・システムの根と枝にあたる――は枝分かれし、脳のさまざまな部位とのつながりを形成する。[*4] この根と枝とのつながりはシナプスと呼ばれ、生まれてから一年のあいだに、毎秒数百の新しいシナプスがつくられる。このプロセスは学名でexuberant synaptogenesis（溢れんばかりのシナプス形成）と呼ばれているが、それがすべてを表している。このシナプスのあいだにどのようなつながりが形成されるのかは、赤ちゃんと保護者との交流に大きく依っている。

8カ月前後で、脳は過剰なシナプスを刈り込み、重要なつながりを強化しはじめる。手足をばたさせることは減り、自分の世界を探検しながら、もっと戦略的な動きが多くなる。はったり、手を伸ばしたり、つかんだり、引っ張ったりする。この力強いシナプス成長と刈り込みの時期は、4歳の誕生日あたりまで、驚くべきペースで続く。そして6歳半になるころには、およそ95パーセントの脳の発達を終えている。脳の初期発達におけるこの成長と刈り込みのプロセスは、ほかの面での発達の土台になっている。シナプスの成長が減ると、身体と精神面でのさまざまな健康が損なわれる。

一生を通じたストレスへの反応性は、実際には生まれてから最初の一年で決まってしまう。[*5] 言語的、情動的、社会的発達、思考、そして行動に基礎を与える神経系と連結部は、初期の親と子どものやりとりという試練のなかで、形成されていく。[*6] 親として、私たちは新生児の差し迫った身体的、実用的欲求に注意を集中しがちである。だが、この初期の子育てが、進行中の、さらに深く、より複雑な神経学的プロセスの重要な一部を占める。誕生以来、赤ちゃんの脳が未完成で課題を抱えているということが、親としての私たちの役割を明確にする。赤ちゃんの脳は未熟であるというこの理解と、いまも続く脳科学の進歩は、次のことを示す決定的な証拠となる。すなわち、赤ちゃんと親あるいは養育者とのあいだの親密で持続的な交流に刺激され、脳は劇的に成長し、形を整えていくのである。自然は人間の親に、子どもと親密な養育者としての役割を果たさせようとするだけではなく、実際にそれをおこなうように、私たちに託しているのだ。

誕生とは、刺激の嵐に見舞われること

システムを襲う衝撃について話そう。居心地のよい子宮のなかでの、比較的静かで落ち着いた9カ月間のあと、胎児は突然、保護された環境から窮屈な通路に入り、押しつぶされ、あざをつくっ

たすえに、産み落とされる。[*7] そこでいままで経験したことのないような種々雑多な感覚に襲われる。光、音、空気、冷たさ、手の感触、そして肌に当たる乾いたタオルや毛布。それからつつかれ、針を刺され、体重や身長の計測、心拍、筋緊張、反射行動などさまざまなテストを受け、目薬が眼に落とされ、ビタミンKとワクチンを注射され、踵から採血される。

新生児はまた、さまざまな新しい、なじみのない、ときには不愉快な内部感覚にも対処しなくてはならない。呼吸ひとつとっても、まったく新しい経験だ。子宮では酸素も栄養もへその緒を通って直接血流へと運ばれた。へその緒はまた、あの狭い空間で胎児の体の周りに溜まっていく老廃物や二酸化炭素を排除してくれた。

これらのプロセスを稼働させるため、新生児にはいくつかの反射行動が備わっている。だからといって、それらの行動をしようとすることが、生理的に過酷でないということではない。どれもエネルギーを消耗させるものだし、それに加えて、新生児の最初の主な行動は「泣くこと」と決まっている。胎児は胎内での最後の3カ月、声を出さずに泣いていることを示す証拠がいくつか出ている。それでも、今度の新しい泣き方は、声を出し、けたたましくて、まったく疲れ果てるものだ。

内外の環境に、このような急激な変化があるにもかかわらず、新生児の基本的欲求は、子宮のなかにいたころと変わりがない。暖かさ、安全、安定を求め、栄養も必要だ。そして自分の要求を別の人間に伝える方法を、考え出さないといけない。この間ずっと、赤ちゃんが調整し、激しい活動から回復する能力は限られたものである。子宮にいる胎児と同じく、外に出た最初の1年間は、親（あるいは養育者）が注意深く見守り、赤ちゃんの要求に応えなくてはならない。

赤ちゃんをなだめるのは、初期の世話において大事なことだ。赤ちゃんは驚きやすく、そのたびに神経システムが多くのエネルギーを使うからだ。驚くという反応は、子どもの「戦うか逃げるか」反応であり、頭から足の先まで筋肉を緊張させることになる。手足をばたつかせ、背中を反らせ、心拍と血圧、そして呼吸が激しくなる。このエネルギー消費を埋め合わせるために、脳は蓄えてある神経ホルモン（神経系で形成され、血液循環を介して標的器官へ到達する種々の物質の総称）を放出する。ところが、ストレスレベルが高すぎると、今度はエネルギー使用を抑え、かなりのプロセス（そこには免疫や成長のシステムが含まれている）を止めなくてはならない。たとえば、常時ストレスの多い環境にいると、消化システムの動作がゆっくりになり、子どもは丈夫に育つのに必要な栄養を奪われかねない。

おとなの場合、外部のできごと以外にも、思考、記憶、情動がストレス反応を起こしうる。赤ちゃんの場合は、内部と外部の刺激が第一の関心の対象である。そこには恐怖とか怒りといった原初的な情動回路が含まれている。この反応は危険——現実の危険もあれば、感知しただけのものもある——に対する脳のもっとも原始的な反応で、旧哺乳類脳や爬虫類脳にあるシステムに統御されている。このふたつの脳は、妊娠最後の3カ月間で活性化し、けっして「活動停止」することはない。子宮のなかでも、赤ちゃんが眠っているときでさえ、脅威がないかどうか、環境を監視している。

驚愕反応は莫大なエネルギーを消費する。そのため、赤ちゃんがあまり頻繁に驚かないようにし、驚いたときには回復するチャンスがあるようにする必要がある。生理学でいう「覚醒」は、赤ちゃんが自分の内部および外部の感覚に、身体的、情動的に、どのぐらい意識を向け反応するかを指す。*8 赤ちゃんが驚き、そのあとに回復のチャンスがないと、すぐに「覚醒過剰」（生理学上と心理学上でひどく緊張した状態）になり、ますます驚きやすくなる。赤ちゃんのなかには覚醒過剰になると動きが緩慢になり、本能的に自分を守ろうとして、内にこもる子もいる。「逃げる」反応の乳児バージョンだ。怒りっぽくなる赤ちゃんもいる。これは、「戦う」反応の乳児バージョンだ。

COLUMN

眠らない赤ちゃんの本音《メラニー・0歳》#1

レイチェルとサイモンの相談内容は、生後3カ月の娘メラニーが、自宅でなかなか寝ついてくれず、睡眠時間が1日せいぜい6時間から8時間しかないというものだった。ふつう、この月齢の乳児は1日15時間ぐらい眠る必要がある。ふたりの提案で、私たちは彼らの家の近くにある人気のビストロで会うことにした。

てっきりメラニーはベビーシッターと家に残るものだと思っていたのだが、夫婦はメラニーを連れて現れた。私が驚くと、ふたりは笑いながら、ビストロが唯一メラニーがおとなしく寝てくれる場所なので、毎日連れて来ているのだという。ビストロの扉をくぐるとすぐにメラニーは眠りにつき、そこにいるあいだは眠っていてくれる。私たちが会った日もその通りだった。

両親がメラニーをレストランに連れて来たくなる理由は、よくわかった。泣いたりあやしたりといった家で続く大騒ぎから、しばし休憩が取れるチャンスだ。おまけに娘を眠りにつかせるための手軽な方法でもあった。おまけにすばらしい特典がついている。ゆっくり食事ができ、それが中断されるとしても、喧噪のさなかで眠っている娘に、「なんてかわいいの」というお誉めの言葉を賜る場合ぐらいだ。

レイチェルとサイモンの話では、ふたりはなんと、メラニーが早く寝て、朝まで眠りつづけてはくれないかと、彼女が昼間に眠る時間を減らそうとしてきた。寝かしつけるときにはベッドサイドで心の安まる音楽をかけ、これが効かないときには、赤ちゃんを眠らせるノイズを出すサウンド・マシンを試したりもした。自分たちの近くにいればいいのかもしれないと、ベビーベッドをふたりのベッドの隣に動かしもした。ところが、いままでしてきた対策で、効果のあったものはなかった。

新生児の脳の未成熟さを知っていれば、この状況を新しい視点から捉えることができ、いま起こっていることが見えてくる。おそらくこのビストロの音とざわめきに、メラニーは圧倒されているのだ。眠ってしまうのは、過剰な刺激から自分を守ろうとする、原初的な防衛メカニズムによるものである。つまり、メラニーは心地よく眠りについているわけではなく、この状況が自分にとってあまりにも負担が大きいと感じているのだ。つまりビストロでの昼寝は、問題の一部だということになる。メラニーは、急速に発達している幼い脳と体が必要とする、回復のための良質の睡眠が取れていない。交感神経系は加熱状態になっている。

メラニーは眠りにつくのがむずかしいだけでなく、眠りたがらないように見える。これは幼い子どもにはよくあることだが、なぜそうするのかは、しばしば誤解されている。両親から見ると、メラニーは疲れているのに違いないのに、なんとしてもむちゃくちゃな状態――覚醒過剰の状態で起きていたがるように見える。

なぜ、メラニーの眠りに抗う行動がパターン化してしまったのか。そして、そのパターンをどうやって打ち壊せばいいのか。

ここで、グールドの、赤ちゃんの脳は未成熟であるという考えが、セルフ・レグと一対となる。この戦いの解決策は、私たちが思っているのと反対のものであると教えてくれるのだ。

メラニーの両親は、多くの親と同じように、午後の昼寝が娘が夜に眠ろうとしない原因だと考えた。子どもは夜のあいだは眠らなくてはならないという考えは、強迫観念のようになっている。その結果、必死になった両親は、遅い時間まで赤ちゃんを興奮させておき、寝る前にたっぷりミルクを飲ませ、夜のあいだ起きないようにする。でも実際には、メラニーがもっとよく眠るためには、昼寝をたっぷりさせる必要があった。だがどうしてそうなるのか？

このケースを「睡眠問題」として捉えると、従来からの解決法は、本来の睡眠と昼寝、そして就寝時の日課に限られてしまう。セルフ・レグは問題の焦点を、睡眠時間の確保から、覚醒過剰による疲労困憊（エネルギーの使い果たし）という悪循環を断ち切ることへと、移動させる。

メラニーがもっとエネルギーを得るためには、より多くの睡眠が必要だが、逆もまたしかりで、良質な睡眠をたっぷり取るためには、就眠時に落ち着けるように、もっとエネルギーが必要なのである。

自己調整を必要とする、根本的なエネルギー問題は、さまざまな行動の外皮をまとって現れる。メラニーのケースでは、睡眠が両親の関心を引きつける問題となったが、赤ちゃんが眠りすぎていたケースもあるし、泣きすぎ／まったく泣かない、両親が抱こうすると緊張する／ぐったりするというケースもあった。ヴァリエーションは尽きないし、そういった場合でも、必ずしも、赤ちゃんが安心していないというわけではない。だが私たちが真剣に捉えるべき問題のヒントが必ずある。

赤ちゃんの睡眠と覚醒の関係

1日のうちに、赤ちゃんは多くの異なる覚醒状態を移行していく。[*9] 交感神経系と副交感神経系というシステムの働きは、エネルギー消費の必要を満たすと、次に回復とエネルギー補充の必要を満たそうとする。睡眠は覚醒レベル（下図参照）がもっとも低い状態で、健康と治癒に関する基本的機能を維持するのに要求されるエネルギーだけを燃やしている状態である。錯乱、あるいは圧倒されている状態は、覚醒レベルが最高でもっともエネルギーを要求する状態だ。癇癪は、圧倒された状態のサインのひとつだ。

だが神経システムが制御不能状態にある子どもが、内にこもることもある。防御とし

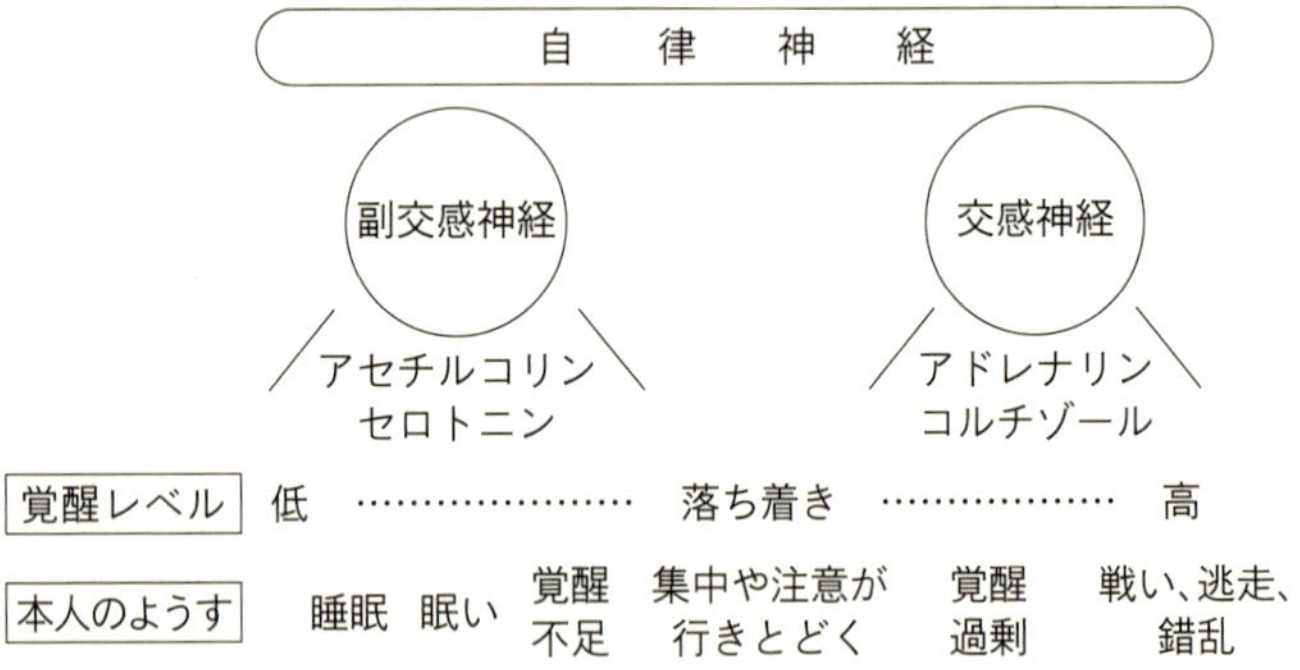

交感神経はアドレナリンとコルチゾールを放出し、エネルギーを活性化させ、上向き調整する。副交感神経はアセチルコリンとセロトニンを放出し、下向き調整する。

〈交感／副交感神経系〉

て、刺激を閉め出し、自分自身の反応を鈍らせるのである。これがメラニーに認められた状態だ。天秤の両端で、覚醒を上向き調整するか、あるいは下向き調整するか、神経系は平衡を保つ中間点をめざして動く。

へその緒から間脳への移行

赤ちゃんが神経学的に「子宮の外の胎児」であるなら、なにがへその緒の代わりになり、調整プロセスで果たす役割になるのだろう？ Bluetoothやワイヤレス接続のようなものを想像してみよう。それが覚醒調整のために、保護者の脳と赤ちゃんの脳をつなぐ。このコミュニケーションのための、共有された直感的なルートは、間脳と呼ばれる。これは接触や、見つめ合い、声、そしてなんといっても情動の共有により確立され、維持される。間脳には、共同調整のための神経学的、心理学的、そして感覚的回路があり、子どもが成長するにつれ、この回路も進化する。*10

覚醒調整のためには神経および神経細胞の接続が必要なのだが、新生児の脳ではそれは未発達なので、間脳が連絡用のルートを提供する。これは脳から脳へと直接つなぐルートである。赤ちゃんの脳と、覚醒調整の能力を持つ高次の、保護者の脳をつなぐ。

赤ちゃんが自己慰撫のためにできる行動は限られている。大事な行動として「しゃぶる」があり、ほかには、ぼうっとしている、視線回避（よそを見ること）、閉じこもりがある。ストレス負荷の度合いにより、ただひたすら閉じこもる、つまりベッドに寝たまま空を見つめる場合もあれば、反応過剰になり、長いあいだ泣き喚き、なだめられなくなる場合もある。赤ちゃんの脳が原始的なものであることを考えれば、驚くことではない。覚醒状態の移行がぎこちなく、ひとりでは覚醒のレベルを上げたり、下げたりがスムーズにできない。放っておかれると、すぐに行き詰まってしまう。覚醒状態を移行するには私たちが必要で、遊びや食事のときには「上向き調整」をし、休息すべきときには「下向き調整」をしなくてはならない。

高次の脳は――ここからはママかパパと呼ぼう――表情や姿勢、動き、音といった赤ちゃんのサインを読み取り、それに合わせて自分自身の行動を調節する。食事や遊び、世の中のことを学ぶ、あるいは休息し眠りにつくなど、必要に応じて赤ちゃんを調整する。新生児は本能的に乳首を探すのと同様に、私たちが連絡をつけやすくし、ひとりではうまく扱えない内部の調整を私たちに委ねるよう、生まれつき準備ができている。[*11]

赤ちゃんは好奇心を持って生まれてくるが、新生児を、必ず保育者と相対するように促さなくてはならないし、保育者は赤ちゃんを促すやり方を学ぶ必要がある。ミルクや社交の時間なのに、赤ちゃんが無関心で反応がないときには、ママやパパは自分たちの笑みや声の調子、しぐさなどの強度を上げて、赤ちゃんを上向き調整する必要があるだろう。就寝時間なのに覚醒過剰で、急な動きをし、眼を見開いているようなら、下向き調整する必要があるだろう。たとえば、お風呂に入れたり、子守歌をうたったり、話を読み聞かせたり、優しく揺すったりといった日課をこなすのがよい。ここでむずかしいのは、どんな種類の感覚がエネルギーをもたらし落ち着くと感じるか、反対にどんな感覚が不愉快でエネルギーを吸い取られると感じるのかは、赤ちゃんによりまちまちだということである。[*12]

一般的には、赤ちゃんは声に感情的リズムがあり、優しく触れられ、満面の笑みと輝く目に出会うと、関心を向ける。親や保育者からのこういう合図が、赤ちゃんの覚醒を誘い、赤ちゃんが大事な社会的交流に参加するためのエネルギーを集めるのを助ける。この相互作用を通じ、赤ちゃんは情動を発達させ、表情や、声を出すこと、ジェスチャー、言葉などの意味を学ぶ。同様に、赤ちゃんがストレス過剰になり回復の時間が必要なのがはっきりしているときには、親のなだめる声や愛撫が、赤ちゃんを下向き調整する。[*13]

親として赤ちゃんの必要性に応えるのは、自分の必要性に応えるのと同じようなものである。実際に、赤ちゃんの必要性に応えることで、親は自分の必要性に応えてもいる。というのも、間脳は双方向に作用するからである。保育者の反応は、赤ちゃんがどう感じているかを、意識するだけでなく、それを感じてもいる。赤ちゃんが困っていると、あなたも困り、赤ちゃんが怒り怯えていると、あなたも怒り怯える。そして赤ちゃんを落ち着かせることで、あなたも自分を落ち着かせている。

間脳は、最初は親と赤ちゃんのあいだの「右脳から右脳」へのコミュニケーション経路として、働きはじめる。[*14]「左脳／右脳」理論は、脳のふたつの領域が、異なる思考のモードを司っていると主張する。左脳は論理的、合理的、客観的思考、なかでも話す能力に関係している。右脳は、直感的、主観的思考と関係し、たいていは無意識に拾い上げたヒントに基づいて動く。たとえば誰かのボディランゲージや表情、声の調子、姿勢、動きなど。ふたつの脳は、以前考えられていたよりもはるかに統合されているのだが、左脳／右脳モデルは、セルフ・レグが利用する、コミュニケーションの異なるモードを説明するのには、簡単で都合がよい。

右脳から右脳へのコミュニケーションは、触れること、音、まなざし、においを通しておこなわれる。1歳になるころには、左脳が仲間に入りはじめる。言語が出現してくるからだ。ほんの2年のあいだに、話し言葉が子どものコミュニケーション・モードでもっとも有力な地位を占めるようになる。だが初期のコミュニケーションにある右脳モードは、実はずっと「水面下」で機能しつづけ、子どもが他者をどう感じるかを決め、他者への反応をつくり上げる。

この密接なやりとりが、子どもの覚醒の基準状態をどこに置くかを決める手助けになる。その基準状態というのは、子どもの脳の「アイドリング回転数（無負荷回転数）」のことだ。エンジンのアイドリング回転数は、コアシステムと付随するシステムを円滑に動かしつづけるのにじゅうぶんなパワーを生成するように、設定されている。アイドリング回転数は、エンジンによってさまざまだ。ひとつに決まってはおらず、さまざまな環境要因に応じて設定が調整されることも多い。たとえば季節による気温の変化や、そのエンジン特有の機械的内部応力への対応によって、変わるものである。

あなたの赤ちゃんの「アイドリング回転数」は、免疫システムと、成長と回復に必要な代謝と細胞のプロセスを動かすのにじゅうぶんなパワーを生成しなくてはならない。だが、基準値は、長時間のストレスに対応できるように、上向き調整されがちである。このストレスのなかには、空腹感や睡眠不足、あるいは生物学的過敏さなどの生理学的ストレス、恐怖や怒りやネガティブな経験といった情動的ストレスがある。子どもにかかるストレスが大きいほど、基準値は高くなり、「休息状態」で燃焼するエネルギー量は増え、ストレスに対する反応は大きくなる。高い基準値への反応も、赤ちゃんによって非常に異なっている。ストレスが長引くと、赤ちゃんは引きこもるか、興奮しやすくなるか、あるいはふたつの反応のあいだを、ときにはあっという間に、移行する。

赤ちゃんの覚醒基準値は、生物学的な仕組みと経験との相互作用の結果、あなたの反応と、赤ちゃんとの関係の状態によってしっかりと形づくられ、間脳という容器のなかで発達する。[*15] だが赤ちゃんのなかには、高い覚醒状態を受け入れることができる生物学的素地を持っていて、落ち着かせるのがひどくむずかしい子どももいる。メラニーのケースがそうだ。

COLUMN

眠らない赤ちゃんの本音《メラニー・0歳》#2

メラニーの両親は、自宅の環境と、メラニーの活動と休憩のパターンを再検討してみた。彼女の生まれついての過敏さと、慢性的に睡眠の度合いが低く、ストレスの度合いが高いというパターンが合わさって、覚醒基準を押し上げ、彼女はますます驚きやすくなり、「戦うか逃げるか」反応を引き起こしやすくなっていると考えるのが、理にかなっていた。

そうなると、眠っていても、呼吸も心拍も数を増し、心臓は常に、乳児にしては激しく動いていることになる。おまけに、ストレス因子があると、心拍数はますます上がり、ストレスがなくなっても、心拍数は上がったままとなり、今度は爬虫類脳と旧哺乳類脳に、厳重警戒状態のままでいるように、シグナルを送りつづけることになる。すべての兆候が、この行きすぎた覚醒状態が、メラニーにとっての〝ふつうの状態〟になっていることを示していた。

メラニーは、いわゆるリラックスしているとか落ち着いた状態を、本当に嫌っているようにも見えた。それは、高ぶった状態が習慣化していることによるのかもしれないし、あるいは旧哺乳類脳が、「ガードを緩めたくない」とか「慣れていない状態は怖い」と主張したいのかもしれない。残念なことに、危険を拾い上げる態勢になっている神経系は、どこでも危険を嗅ぎつける。実際にはそんなものはなくても、探し出すのだ。慢性的なストレスが、いつもメラニーのエネルギーを消耗させている。エネルギーを燃やしすぎると、回復はますますむずかしくなる。

一日中ずっと、不眠と、すぐに驚いてしまうことを繰り返すというメラニーのパターンは、「昂じた覚醒性（heightened arousability）」と呼ばれる典型例だ。覚醒過剰に陥りがちな赤ちゃんのストレスを減らすためのセルフ・レグの戦略は、どんな赤ちゃんにもそうするように、家の環境を静かにし、牧歌的なお腹のなかにできる限り近づけることからはじまる。レイチェルとサイモンはこの模様替えという課題に全身全霊で取り組み、リビングルームをリビングウーム【訳註：ウームは子宮の意】に変えようという私の提案を、賛同の声とともに迎え入れた。

まず彼らは、テレビをつけっぱなしにするのをやめた。グラフィック・アーティストのレイチェルは、テレビの音を聞きながら仕事をするのが好きだったのだ。テレビをオフにする時間をつくってみると、コマーシャルに切り替わったときに急に上がる音量や、テレビで流れるサイレンの音や怒った声に、メラニーが反応することに気づくようになった。音への反応を気にしていると、掃除機やミキサーやインターホンのような、よくある電気器具の音にもメラニーは驚いていることがわかった。

また、においも刺激になっていた。レイチェルとサイモンには旅行の記憶を思い出させる松の香りも、メラニーを悩ませているようだった。

2〜3週間で、メラニーは、朝と午後の長い昼寝も含め、1日に16時間も眠るようになった。もちろん、だからといって、みんながわざわざ、リビングルームをリビングウームに変えなくてはならないというわけではない。どういう環境が落ち着き、なにによって動揺させられるのかは、それぞれの赤ちゃんによって違っている。レイチェルとサイモンにとって鍵は――ここはどの親でも同じだが――いつメラニーが驚き、ストレス過剰になるかを認識し、彼女が覚醒過剰になっている兆候を読み取ることだった。

メラニーの不眠は、両親にとっての目覚ましとなった。[*16] 娘がいつ覚醒過剰となり、落ち着くために助けを必要としているかを認識する助けとなったのだ。

間脳による親密な相互連絡は、ある意味で、セルフ・レグのための相互連絡の主要なツールだと考えられている。私たちはそれを、子どもがその日1日の浮き沈みを乗り切り、時間をかけてセルフ・レグを学ぶのを助けるという目的で、意図的に活用することができる。共有した経験や情動における親密さは、親と子どもの関係を豊かにするだけでなく、健全な関係を築き、社会参加する子どもの能力を高めさえする。

親と子は、間脳でつながる

私が間脳の力を知ったのは、アメリカの小児精神科医・スタンレー・グリーンスパンのもとでトレーニングを受けたときのことだ。グリーンスパンは私に、母親と父親、自閉症の4歳の娘、そして彼が映っているビデオを観せた。映像の最初では、女の子はぶらぶらと部屋を歩き回り、両親や周囲の状況など気にもとめていない。ぼんやりと玩具をひとつ手にすると、しばらくそれで遊び、放り出して別の玩具を手に取る。こんなことが数分続いたあと、ビデオのなかのグリーンスパンは、少し交流してみようと言いだした。母親がどう反応したかというと、霊長類学者なら「恐怖の笑顔」と呼ぶ表情を浮かべた。喜びよりもむしろ、心配そうな表情だった。

ここでグリーンスパンはビデオを止めた。この子の発達レベルを推測するよう私に問い掛け、この先の見通しはどんなだと思うかを尋ねた。私はビデオを観ているのがつらく感じていた。母親は子どもと心を通わせたがっているのにそれができず、一方カウチにすわった父親は、身体的にも心理的にも、こういった状況のすべてに対して我関せずといったようすで、このプロセス全体を耐えがたく思っているのは明らかだった。この状況には救いがないように思われた。したがって、グリーンスパンの質問には悲観的に答えるしかなかった。私の教え子たちにも何年来この同じトレーニングをさせているが、みな同じ悲観的な反応を見せる。

それからグリーンスパンは、ビデオの続きを再生した。私は、彼が、両親に簡単なアドバイスをするだけで、この交流の力学全体を、まるで催眠術をかけたかのように変えたのを目にした。そのアドバイスとは、話しかける声としぐさをゆっくり、優しくし、娘の反応をじっくりと待ちなさいという指示だった。

私の目の前で、女の子は初めて両親を意識し、それからすっかり夢中になった。かくれんぼ遊びをしては溢れんばかりの喜びを示し、なんと言葉まで出はじめた。もっとも心を打たれたのは――いまでもビデオを観るたびに涙ぐんでしまうのだが――このビデオの最後の場面だ。遊戯療法に疲れ、母親も子どもも休憩が必要になり、ふたりの息が完全に合って、ハグとキスをしたところだ。

母と娘の交流を収めたその映像が、間脳の力を示していた。つながっていなかったふたつの脳が、突然シンクロし、お互いに深い喜びを経験し、そのあとお互いを落ち着かせていた。すべてがその関係のなかで起きた。これは単なる関係以上のものだ。愛着反応や愛情の芽生えなのである。そのとき私は、自分がこれまで長年勉強してきた科学が全体として持つ、深い意味を理解した。科学は、間脳によって起こる現象を完全に説明することを強く求められている。だが少なくとも、グリーンスパンや、私たち、あるいはほかの人たちの研究は、覚醒調整における間脳の大事な役割を浮かびあがらせ、そのさまざまな側面を記録してきた。

ビデオ映像を詳細に分析する高性能の機器を使い、科学者は、ママやパパが溢れんばかりの、愛情たっぷりの笑みを浮かべたときには、これが子どもの喜びを刺激し、子どもにすばやくエネルギーがチャージされることを明らかにした。赤ちゃんのポジティブな反応は、赤ちゃんの満面の笑みを通じてすぐに親に伝えられ、ふたりは「昂じた覚醒の共生関係」にあると言われる。*17 お互いの嬉しさが、お互いを高揚させているのだ。

逆の場合もある。私たちの時代でも有名な心理学実験だが、著名な発達心理学者エドワード・トロニックは、母親の表情が赤ちゃんの情動面にどういう影響を与えるかを研究した。実験では母親と赤ちゃんがまず数分間遊び、赤ちゃんは楽しい覚醒状態にいざなわれる。それから母親はしばらく赤ちゃんに顔を背け、振り向いたときには表情のない虚ろな顔をして、しばらくはそのままでいるように指示される。

最初の実験の赤ちゃんたちは生後8カ月である。その月齢だと、コミュニケーションのスキルはかなり身につけているが、まだ話はできない。どの母子でも、赤ちゃんは、最初は母親の「動かない顔」に同じように反応する。なんとかママをもとに戻そうと、使える限りのかわいい笑みやしぐさを総動員するが、母親が知らん顔をしたままだと、やがてしだいに動揺してくる。*18

こういう科学的発見の積み重ねが、なぜ間脳が私たちの生活にとって大きな力となるかを、教えてくれる。なぜ私たちはお互いをこんなに強く必要とし、それも単に情動の面で必要なだけでなく、神経生物学的に必要なのか。なぜ子どもが苦しんでいるとき、私たちが経験する苦しみもこんなに鋭いのか。なぜ子どもと調和したときに感じる喜びは、このときだけの特別の喜びなのか。私たちの脳はこういう瞬間に反応し、赤ちゃんの脳も反応する。そのとき「快感を感じる」神経ホルモンがどっと放出される。これと同じ効果を持つものは他にはない。子どもとつながることができたときの喜びは、私たちを深く満足させてくれる。間脳は子どもの深い欲求に応じるだけでなく、私たちの欲求にも応えてくれる。[*19]

へその緒とは違い、間脳の必要性がなくなることはない。親と子どもの愛着が強固なときには、間脳は常にふたりのあいだをしっかりと密接につなぎ、安心感と、励まし、そして心を落ち着かせる作用をもたらし、ストレスを緩和する。間脳は永久に親子関係の中心であり、多くの点で、他者との密接な関係を築く基礎となる。

トロニックの「動かない顔」実験で、赤ちゃんの誘いかけに対して母親から当初反応がないことは、赤ちゃんにとって、社会参加のシステムでの根本的挫折となる。内にこもって感情を表さなくなる赤ちゃんもいるし、怒って攻撃的になる赤ちゃんもいる。ママがまた関わってくると、赤ちゃんはすぐに調整された状態に戻る。もし戻らなければ、それはより深い問題の重要なサインかもしれない。

私たちはお互いからエネルギーを引き出し、お互いを通じてエネルギーを蓄えるようにデザインされている。羊のように一緒に草をはむだけの社会ではない。狩りの獲物や収穫物を分け合うのはもちろん、まなざしや、触れ合い、会話、そしてなだめるような声の調子を通じてお互いを支え合い、守り合う社会的生き物なのである。

このような養育を経験していない赤ちゃんは、授乳や睡眠において問題を抱える場合が多い。さらに、運動やコミュニケーションでも遅滞が認められ、心臓血管や自己免疫の障害があることすらある。こういう赤ちゃんは、警報を非常態勢に設定しており、常にアドレナリンとコルチゾールを放出している。こうして絶え間ない反応と、そこから回復を促す要求が、休みなく神経系に対してなされ、細胞レベルでの微細な変化が発動する。このことが、子どもの心身の健康を損なうことになる。

ガス欠で走っていると、爬虫類脳が反応し、ほかの活動をシャットダウンするか、あるいはエネルギーの蓄えをもっと引き出そうとする。だからこそ間脳の力が、子どもたちの健康と幸福に絶対に不可欠なのだ。自然は私たちに、おとなという形で、爬虫類脳を落ち着かせるための高次の脳を与えた。それは子どもたちが自分でストレスに対処できるように、導き見守るためなのである。

なにが間脳の交流の邪魔をするのか

間脳の円滑な活動を妨げうる要因はたくさんある。たとえば、重い病気のせいで、この進行中の精神から精神への双方向の「会話」が生み出す激しい要求に、母親ないしは父親が対処できないこともある。実際に子どものそばにいなければ、この関係を培う機会は、少なくとも一対一の取り組みで期待できるよりは、限られてしまう。

親のストレス値が高いことも、間脳の調整する働きを混乱させうる。家族を交えた実践や、クリニックでの実践で、自制心にこだわることが親のストレスの最大の要因だということが判明するのは、いつものことだ。クリニックに来る親御さんの多くが心配しているのは、たとえば、赤ちゃんの泣き声に「負けて」しまったら、子どもの今後の自制心をむしばみはしないかということだったりする。子どもは泣いているとき、意図的に親を操ろうとしているのではないかと心配する人までいる。自分の子どもの行動で不安になることこそ、ストレスの元だ。

私たちが間脳の力に注目するのは、子どもが自分のストレス負荷に対処する能力を培うのを手助けするためで、「自制心を教える」とか、子どもを社会に適合させるためではない。自己制御／自制というのは、社会のつくったものだ。文化が異なっていても望ましいと見なされるような行動である点から見ても、いつ、どこで子どもたちが自制することを期待されるかという点から見ても、そう思われる。子どもたちには制限が必要だ。実際、制限がないこと自体がストレス因子であり、自己調整における問題につながる。自己制御は、社会がうまく機能するためには必須の考え方なのは確かだ。だがそれは、自己調整と同じものではない。

セルフ・レグにおいても、間脳を理解するうえでも、生物学が中心に据えられる。子どもは多くの生物学的問題を抱えているからだ。それらの問題が、苦痛を伝える手段の限られている乳児や幼児が、この密接な双方向交流をおこなうことをむずかしくしている。感覚過敏を抱える乳幼児は、ふつうはポジティブな覚醒の源になりそうな刺激、親の目の輝きだとか、ハグ、優しく触れることと、このすべてに耐えられない。あるいは特に過敏ではないが、睡眠が足りていないとか、空腹だとか、ほかの活動で消耗している場合、子どもは、関わり合いを持とうとする努力を受け入れたり、反応したりすることが少ない。

親がこういうむずかしさをひどく気にしてしまうのは、当然のことである。セルフ・レグで大事なことは、こういう事態になったときに、自分を非難したり苦しめたりすることから自由になり、赤ちゃんの要求と、そして自分自身の要求を、客観的に観察できるようになることだ。なにが赤ちゃんのエネルギーの蓄えを消耗させているのかをきちんと理解できれば、その緊張を減らすために交流をうまく調整することができる。セルフ・レグは、この作業をしている親を助け、そうすることで、親子の関係は強まっていく。

親が子どもと結ぶ関係は、親子がともに変化し、成長する環境のことである。[*20] この考えが、今日の、子どもの発達に関する科学的研究の基礎となっている。神経画像検査や最先端の精神心理学のテクノロジーが、親子という関係が持つ、ほかに類を見ない力の理解を劇的に押し進めている。

第4章

絡み合ったストレスをほどく

ストレスの蜘蛛の巣にとらわれた子どもが増えている

5歳になったばかりのジョナサンは、幼稚園に入ってまだ1カ月だ。母親に電話がかかってくる――まただ。ジョナサンは園長先生の部屋にいるという。母親が幼稚園に着くと、ジョナサンは部屋にしょんぼりしたようすですわっていた。涙をためて、不安そうに。

受け持ちの先生の話では、集会で園のマーチングバンドが演奏を披露しているというのに、ジョナサンはそのあいだずっと、めそめそ泣き言を言っていた。演奏のあと教室に走って戻ろうとして友だちをつまずかせ、そのあと、教室ではクラスのどの活動にも参加しようとしなかった。おやつの時間には、自分の分を食べようとせず、ほかの子どもたちの分をひったくっていた。さらには外で遊ぶから上着を着なさいという先生の言葉に従おうとせず、けんか腰になり、机にぶつかって痛いと喚きちらしていた。先生が話しかけようとすると、視線をそらし、先生の言葉をまったく聞こうとしなかった……。

そのあとすぐ、私は幼稚園にジョナサンを訪ねた。こんなに驚きやすい子どもを見たのは初めてだった。ジョナサンは、廊下にいる誰かがくしゃみをすると、それだけで飛び上がるほどびっくりしている。ほんのわずかな音をも警戒しているようすは、私の飼い猫のうち、一番臆病なやつにそっくりだ。母親のナンの話では、ジョナサンはほかの子と比べていつも音に敏感なようだった。

聴覚が過敏ということのほかにも、問題があった。体の内側の身体感覚が、彼を怯えさせていた。たとえば、心臓の動悸がすると、複数の情動が暴れだし、手に負えなくなる。腹を立てても、あるいは悲しいときでも、情動はいつでも全開になる。調節が利かない。社会的交流や他人の要求も、彼を混乱させる。だから最初の一歩は、もちろん彼のストレス因子をすべて突き止めることだった。

しかし、原因と思われる要素をリストにし、それをひとつずつ検討していくことは不可能だ。子どもはみんなそうだが、ジョナサンのケースでも、各要素の間で相乗効果があるため、自己調整がいっそうむずかしくなる。たとえば混み合った部屋に入れられると、音と光にさらに過敏になってしまう。いらいらすると、痛みを感じる閾値《いきち》がぐっと落ち込み、ほんの少しどこかをぶつけただけでも喚くことになる。教室に戻ると、次から次へとストレス要因が押し寄せ、まもなくどうにもならない状態に至る。こうしたことは私たちみんなに当てはまるが、とりわけ子どもたちにおいては顕著に現れる。子どもたちは、人生の経験も浅く、それについて回る浮き沈みにも慣れていないからだ。

セルフ・レグを、学校教育のシステムに組み入れ、大規模にはじめることになり、ストレスの問題と戦っている子どもたちの人数を調べて、私たち研究チームは驚いてしまった。臨床的問題を示している子どもたちの数が爆発的に増加しているのを観察したわけではない——だが、健康に関する統計はそう示している。いずれにしても、人生において多くのストレスを抱えている世代の子どもたちを、私たちが目の前にしているのは確かだ。

もちろんストレスは以前から学校にはつきものだった。もうすぐ数学のテストだ、先生の怒った声、友達とのいざこざ……。しかし、校内の競争化が増し、ソーシャルメディアは複雑な、友情と交流のアリーナをつくりあげた。そして休養と回復のための多くの機会、たとえば外で遊ぶことと か、名ばかりでない休み時間とかが子どもたちの生活から消えてしまった。ストレスの源は複雑に絡み合っているため、トゲを抜くときのようにひとつのストレス因子を探すのでなく、子どもたちが捕らえられているストレスの蜘蛛の巣を解きほぐすのが、課題となっている。

ストレスは5つの領域に分かれる

ストレス因子は千差万別だが、ほとんどのものは5つの基本範疇、領域に分類することができる。[*1] この5つの領域は、子どもの行動を誘発するストレスの種類を見きわめるための、道案内となってくれる。これによってストレス因子とその源について掘り下げると、ストレスを緩和する方法を見つめることができる。それは、子どもが自分自身でストレスを緩和できるようにする手助けになる。

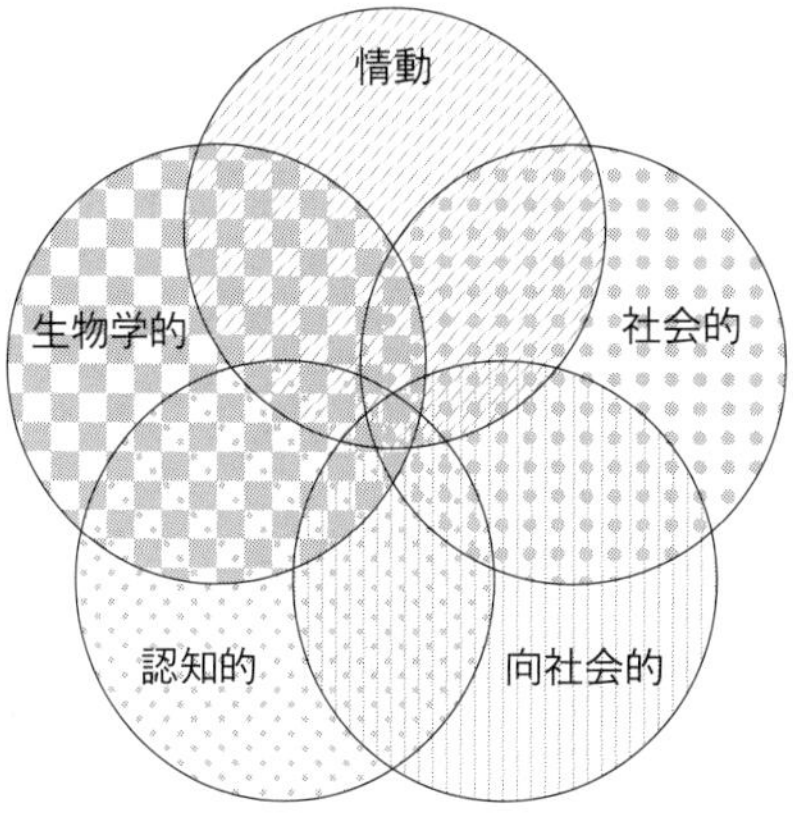

重なり合って影響し合う５つの領域

〈5つの領域のストレスサイクル〉

自己調整はこういった複数の次元に関わる〝ダイナミックなシステム〟だ。[*2] つまりシステムのどこかでなにかが起こると、それはほかの場所にも影響を及ぼし、システム全体を安定させるか、ぐらつかせるかにつながりかねない。５つの領域すべてがお互いに影響し合いながら、複雑だがなだらかな一体化したシステムを形成している。同時にそれぞれの領域が、エネルギー消費においてはそれぞれ独立したシステムとなっていて、各システム内でエネルギーと緊張が常に作用している。

①生物学的領域

この領域は神経系と生理的なものに起因する。

《ストレス因子》

・不適切な栄養摂取
・睡眠不足
・運動不足
・身体の運動および感覚の運動の障害（たとえば子どもが、手すりをつかまずに階段を駆け上がったり、降りたりするのをむずかしいと感じること）
・聴覚（音）、視覚（光）、触覚（肌触り）、嗅覚（におい）、味覚（味）
・環境汚染
・アレルゲン
・極端な暑さや寒さ

《ストレス兆候》[*3]

・低エネルギーあるいは無気力
・活動過多（活動が活発な状態から活発でない状態に移行するのが困難）
・慢性的胃痛あるいは頭痛
・騒音や音に過敏（音量と調子の両方が関わってくる）
・硬い面にすわることや、1分以上じっとすわっていることが困難
・細かい動き（鉛筆を持つなど）が、技術的にうまくできない
・一般的には正常な範囲とされる刺激やストレスに、圧倒されがちなこと

「落ち着いている」という身体的感覚がどんなものか、あるいは過剰にならずにエネルギッシュでいることがどんなものなのかを、知らない子どもが多い。彼らを手助けし、自分たち自身の体の状況を確認することを学ばせるのは、私たちの仕事だ。落ち着いて、意識が冴えていて、なにかに没頭しているとき、体はどういう感じなのか。低エネルギー／高テンションの状況ではどうか。そして気分を向上させるためにはなにができるのだろうか。

②情動の領域

情動は毎日の生活のなかで非常に大きな存在だ。とりわけ子どもたちはゼロから出発し、（ポジティブなものであれ、ネガティブなものであれ）大きな情動を経験しながら、自分の情動を効果的に伝えるために言語を発達させる。それだけでなく、子どもの場合、神経結合が非常に強固なので、情動が身体的感覚に影響を与え、生物学的ストレス因子を多少とも過敏にする。そのうえで、雨の日に気分がふさぐか、あるいは水たまりができそうだと喜ぶかは、子どもの気質（個人の性質）が影響するのだ。

《ストレス因子》

・激しい情動
・新しい情動
・混乱させる情動
・情動のもつれ

ネガティブで激しい情動は、子どもでも親でも、かなりのエネルギーを消耗させる。ポジティブな情動はエネルギーを与えることが多いが、ときにはそういうものによって圧倒されることにもなる。親の仕事は、子どもが自分の（あるいはほかの誰かの）情動が高まりつつあるときを知り、情動の言いなりにならず、もっと落ち着いて冷静でいられるよう、自分で対策を施すのを助けることだ。

③認知的領域

考えたり、学んだりすることに関わる領域のことである。具体的には、記憶、注意、情報処理、推論、問題解決、そして自己認識といった知的プロセスがある。よい思考をするためには、注意の集中が必要だ。この領域における最適な自己調整とは、子どもが、気を散らすものを無視し、注意力を維持し、必要なときには方向を転じ、ゴールをめざして計画を立て実行できることだ。

《ストレス因子》

- 自分の内部と外部の両方／いずれかからの刺激に対する認識が制限されていること
- その子にとって感じとりにくい感覚情報（視覚や聴覚、あるいは触覚など）
- パターンがわからず子どもには理解しにくい感覚の経験
- 複雑で処理できない情報
- 提示が速すぎるか遅すぎる情報

・抽象的すぎる話
・理解するために、まだ習熟していない基本概念を必要とする情報
・能力以上の集中時間を要求されること

《ストレス兆候》
・注意力散漫
・学習困難
・自己認識の低さ
・タスクの切り替えがうまくいかない
・フラストレーションへの対応ができない
・モチベーションの不足

認知的領域において問題に直面している子どもはほとんど、生物学的領域や情動の領域でもストレスを抱えている。したがってそれらのストレスに注意を向けることが、さらなるストレスの解放を助け、子どもは認知的なタスクにもっとエネルギーを注げるようになる。

④社会的領域

この領域は、社会的状況のなかで、妥当な行動と考え方を選ぶ能力のことを指す。社会的知性や人間関係のスキル、社会に受け入れられる行動を培い、おこなう能力を含む。この領域において最適に自己調整された子どもは、表情や声の調子というような人が言葉に出さないものも含め、社交的な合図に気づき、その合図を理解し、それに対して適切に対応することができる。会話のキャッチボールができる、気まずいムードを「修復」できる、そして情動がほかの人の行動にどのように影響するかを理解できる。

《ストレス因子》

・紛らわしいとか要求過剰である社会的状況
・人間関係の軋轢
・攻撃的行為の被害者や目撃者になること
・自分自身の行動や発言が他者へ与える衝撃を理解しないことから来る社会的対立

自分たちの期待や意見、あるいは子どもの社会生活や友人への関心が、わが子のストレスを増やしているのだと知って、驚く親は多い。

《ストレス兆候》

・友情の形成と維持の困難
・グループ活動や会話がむずかしいこと
・社交的な合図を理解できないこと（子どもたちからの合図の場合も、おとなからの合図の場合もある）
・社会参加から閉め出されていること
・社会参加に尻込みすること
・いじめられること
・他人をいじめること

⑤向社会的領域

この領域は、共感、無私無欲、内部規範と価値、集団的関与と行動、社会的責任、他人が必要としているものを考える能力、あるいはより高い目的を自分の目的に優先させる能力を含む。

この領域で最適に自己調整された子どもは、「私」中心の時間から「私たち」中心の時間へスムーズに移行できる能力を持つ。他者とのつながりを持つことができ、言外のヒントを読み取り、他者が何を必要としているかを認識し、そして必要なら、他者の必要性に基づいてよく考えてから行動するために、個人的な欲望の満足を遅らせることができる。こういった力は、向社会的領域での成功のサインでもある。

《ストレス因子》

・他者の強い情動に対処しなくてはならないこと
・自分のことは後回しにして他者の要求を通すように求められること
・個人の価値観と仲間の価値観とのあいだの緊張
・道徳的な曖昧さ
・罪悪感

向社会的領域では、子どもが対処しなくてはならないストレスは急激に増える。問題になっているのは、自分自身の神経系を攻撃しているストレス因子だけでなく、その子の周りの人たちに影響するストレスや、グループ全体が戦っているストレスだったりもする。

自分だけでなくみんなが落ち着いて集中し、ストレスへの対処に取り組めるように、手助けする必要があるのだ。

《ストレス兆候》

・共感の欠如（集団という社会的状況で明らかになる）

・グループ内での不安感、排除感、孤独感

・グループ内の支配的パーソナリティ（自身の行動規範と相容れない考え）に流されてしまう

5つの領域はいずれも、人々にとってストレス因子になる可能性がある範囲を表している。ここで強調しておきたいのは、可能性のあるという点だ。あるものがストレス因子になるかどうかは、それが私たちにどう影響し、それに対して私たちがどう対応するかにかかっている。ほかの要因しだいでパターン化することも、変わることもある。

エネルギーの枯渇や緊張の高まりの際によくある行動の、領域を越えたサインは、不機嫌や、注意散漫、引きこもり、躁状態、落ち着きのなさ、攻撃性、移り気などを含む。子どもの行動が、明らかにひとつの領域を、ストレスの特定の発生源として指し示していることもある。そのパズルのピースがどこに来るかがわかれば、残りの絵が見えはじめてくる。最初のピースが隠れているのは、目につく場所であることが多い。ダミアンの家族のケースがそうだった。

COLUMN

家族との食事を嫌がる少年の言い分《ダミアン・15歳》

感謝祭の夕食で、ダミアンの両親は、もう我慢の限界だと思った。ダミアンの祖母も招き、みんなが席に着いたところで、15歳のダミアンが突然、自分の部屋へ走っていってしまった。彼はしょっちゅうこんなことをしている。学校から帰ると、まっすぐ自分の部屋に向かい、夕食のために降りてくるのを拒む。両親は彼の部屋に食事を運び、ダミアンはコンピューターに張りつきながら食べる。行儀作法や、夕食は一緒に食べたいこと、その他諸々を彼に説明するのを、両親はずいぶん前にあきらめてしまった。

一家は、私たちの研究所のクリニックチームに相談に来た。心理療法士のユーニスは、前の晩になにをしたかについて会話をはじめた。彼らは夕食を食べにレストランに行った。そしてユーニスがなにを食べたのかを訊いたとき、ダミアンは、ハンバーガーを食べたけれど、本当はステーキを食べたかったと答えた。ユーニスは、どうしてステーキを注文しなかったのかと尋ねた。

「だってね、これがね」

と、ダミアンはナイフとフォークを使って肉を切る真似をした。

「切るのが嫌だからステーキを注文しなかったの？」

「そうさ」

「どうしてステーキを切らなくてはならないのが、そんなに嫌なの？」

「だって、皿でナイフが音を出すだろ」

ユーニスの脳で電球が点くのが見えるようだった。

「感謝祭のディナーの席から逃げ出したのも、それが理由？」

「ああ、もちろん」

「いつもテーブルにつかないのも、それが理由なの？」

「いつもつかないわけじゃない。ママがサンドイッチや手で食べられるものをつくったときには、すわっているよ」


ダミアンは、通常の音がとても耐えられない状態をいう「音嫌悪症」と呼ばれる障害を抱えていたのだ。ナイフ類の音はよくあるケースだが、もっと小さな音のこともある。誰かがガムをかんでいる、ため息をついている、なにかを飲んでいる。音嫌悪症の状態は、神経生理学ではまだ完全に解明されていない。しかし聴覚の過敏症と身体的かつ情動的覚醒、社会的ストレス、そして過去の経験が組み合わさることで、通常の音が激しいストレス因子になるのは明らかだ。その際の反応は、動揺し非常に不安になるという程度から、「戦うか逃げるか」モードが全開の状態まで、さまざまな段階がある。

だがなぜ、ダミアンは両親に、ナイフ類の音がすごく気になることを言わなかったのだろうか。ダミアンに訊いてみると、「言ったよ、何度も言ったんだ」と答える。実際にはひと言もいってないのかもしれないが、心のなかで言ったのだろう。過度のストレスがかかっていると、子どもたちはしばしば、体や行動を通じて私たちにそれを訴える。しかし、私たちがそのメッセージに反応しないと、彼らは自分で抱え込んでなんとかしようとするのだ。

子どもたちにとってなにより苦しいのは、あるものが彼らにとってはストレス因子であっても、彼らがそれを訴えかけているおとなにとっては、そうではないときだ。ストレス下での子どもの行動にはさまざまなバリエーションがあるので、おとなは子どもがわざと面倒を起こしていると思いがちだ。

音嫌悪症のおとなは、神経症だと片づけられるが、子どもの場合は「問題児」と決めつけられる。私がもっとも気になるのは、実際には防御のための行動をとっているのに、こちらに対して「敵対的」な行動をしていると評価された子どもたちのことだ。

このセッションのすぐあと、私は妻と子どもたちを連れて、同じチェーンレストランに行った。田舎で育ったうちの子どもたちは、レストランの騒音を耐えがたいと感じた。私たちはみんな逃げ出したかった。そのときダミアンのことを考えた。どうやってあの子は、食事のあいだずっと、ここにすわっていられたのだろう？

そういえば、ダミアンは朝食では、同じ問題を示さないようだ。すべての食事のたびに問題があるわけではない。そこで考えられるのは、彼の音への過敏症は、ある状況下では耐えられないものになるが、違った状況であれば、なんとかできるのかもしれないということである。

子どもが問題に対処する能力は、５つの領域を横断する多くの因子によって決まる。ダミアンのケースでは、私たちと会った前日、彼がレストランから飛び出さなかったのは、おそらく街中へ行くのがちょっとした冒険で、さらにレストランにいるのが楽しく、そのふたつが彼の情動の状況を改善したのだろう。その日ダミアンは、学校を休んでトロントまで旅行するのを許されていた。おそらく、騒々しくてひどく疲れる学校環境から逃れることができ、旅行はありがたい気晴らしに思われたのだろう。

ダミアンが直面したような問題をどう解決するか。家族全員が、手でつまむ料理しか食べないように生活を切り替えるというわけにはいかない。５つの領域を越えて彼に降りかかっている複数のストレス因子を明らかにし、これらの因子がどう作用し合っているのか把握することが必要である。セルフ・レグにおいて私たちが見るのは、システム全体だ。もっとも目立っているストレス因子だけを見るのではない。

親子でストレスを高め合わないために

幼稚園児のジョナサンが、マーチングバンドの演奏から逃げ出したとき、彼の「戦うか逃げるか」警報は、脳内のほかの領域でも鳴り響いていた。ほかの園児を押しのけ、先生にけんか腰になり、テーブルにぶつかった痛みに過敏になり、ついには圧倒されてまったくどうにもならない状態になり、ずっと泣きながら園長室に向かうことになった。ダミアンにとってナイフ類の音は、逃走を促す触媒だった。突然、さまざまな領域からのストレス因子が飛んできて、お互いにぶつかり跳ね返り、それぞれの影響を強め合うのである。

さまざまな家族と一緒に進めてきた研究のなかで有効だったツールは、次のページに図で表したストレスサイクルの概念だ。5つの領域のどこかでストレス過剰になりはじめると、ストレスの増大が、覚醒過剰の上昇サイクルの引き金を引き、外部のブレーキシステムがないと、サイクルから抜けだせない。

どの領域のどんなストレス因子でもストレスサイクルのきっかけになりうるのだが、子どもが低エネルギー／高テンションの状態のときには、反応が起こりやすい。一度ストレスサイクルにはまってしまうと、ほかのどの領域でもストレスへの感知閾《いき》が下がる。つまり、子どもはストレスにますます敏感に反応するようになり、その子の覚醒反応を押し上げるトラブルの数が、急激に増加する。セルフ・レグでもっとも重要なポイントは、ここにある。

しかも、子どもが低エネルギー／高テンション状態に陥るほど、ストレス因子がどの領域にあるかを見つけることができなくなる。領域を見つけるのがむずかしくなるほど、子どもの蓄えているエネルギーの総量は、枯渇していくことになる。

親が、落ち着いて冷静に「ブレーキ」を調整するという与えられた役割を果たすのは、いざ事が起こると、むずかしいかもしれない。子どもがかっとなっているとき、その子の言動は、親の覚醒過剰のきっかけになりがちだ。そういうときには、子どもの5つの領域のストレス因子だけではなく、親のストレス因子や、間脳を通じて伝え合っている覚醒過剰も、その争いに参加しようとする。子どもがストレスにやられたときに、助けようとする親の試みが、結果として争いをもたらしてしまうのは、こういうわけだ。

親子が、ストレスを上昇させるサイクルに陥ってしまうと、間脳までもが同調からはずれてしまう。間脳は、覚醒を鎮めることでストレスの影響を調整する役割を果たす代わりに、覚醒を強めてしまう。叫び声、涙、脅し文句、仕返しなどが飛び交い、純然たる消耗によってすべてが終わる。

私たちはクリニックで、ストレスサイクルを断ち切る戦略を培うための研究をおこなっている。覚醒過剰のサイクルを断つためには複数の介入ポイントがあるのだが、最初にするべきことは決まっている。子どもも親も、エネルギー／テンションの均衡を取り戻すことである。

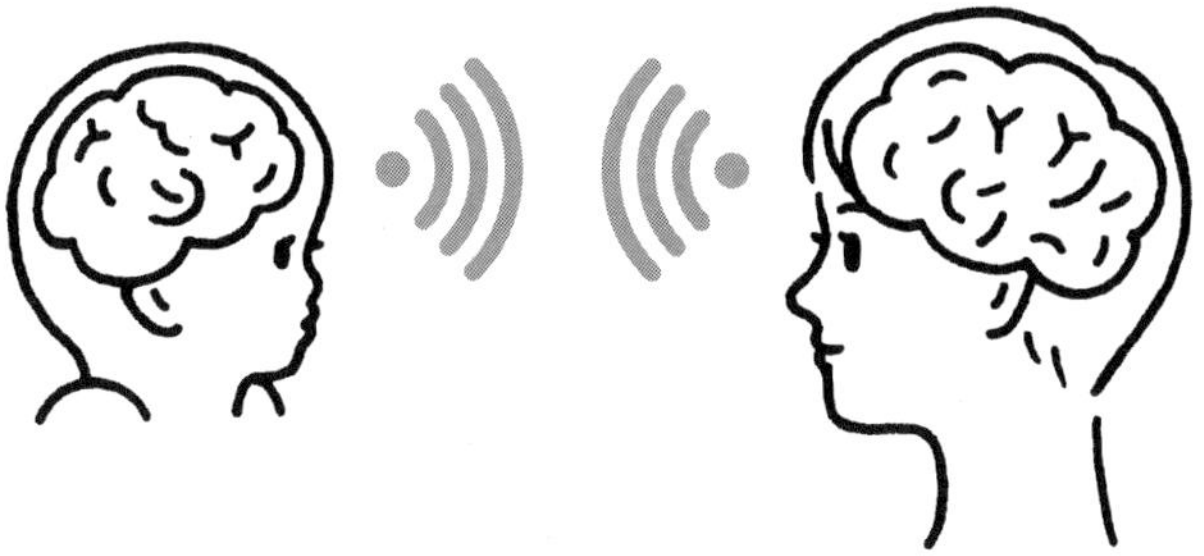

親子のあいだのコミュニケーションが、
お互いの覚醒過剰を上昇させうる

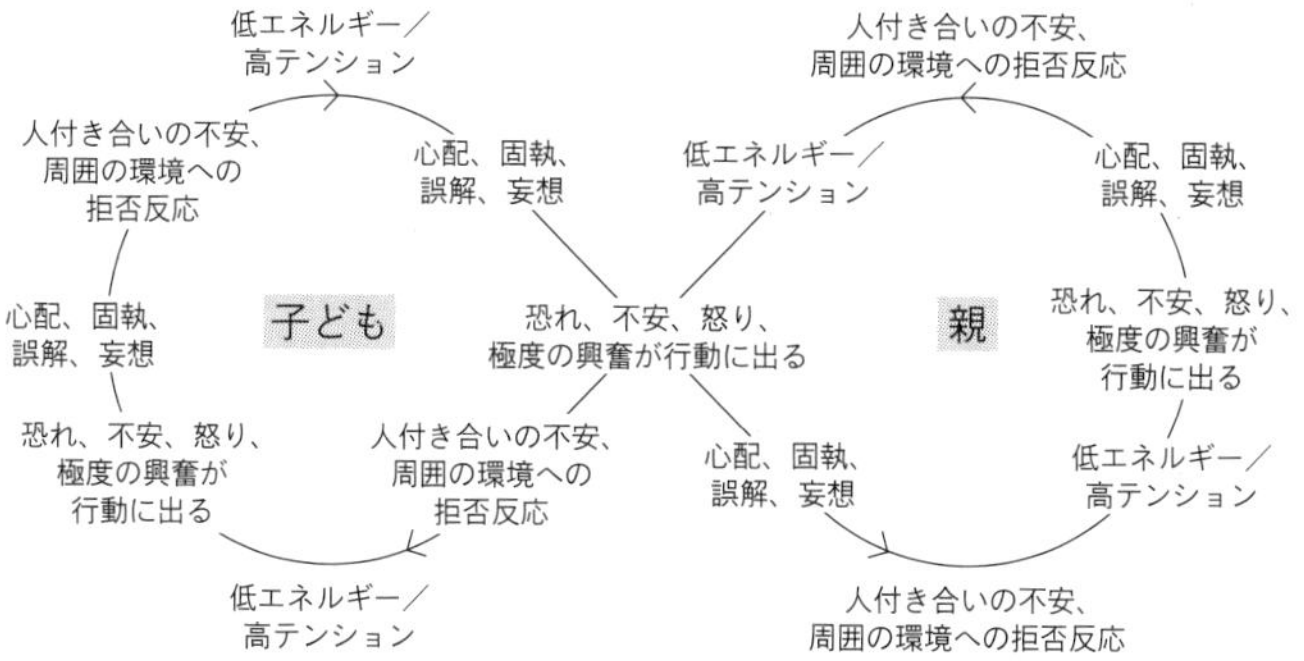

間脳の交流によって共有される、ストレスサイクル

そのためには、実際どうすればいいのだろうか。

バオバブの木が教えてくれたこと

どのようにストレスサイクルを断つかについて、一番ためになったのは、オーストラリアへの旅での体験だった。私が西オーストラリア州のピルバラに行ったのは、州でコミッショナー・フォー・チルドレンを務めるミッシェル・スコットが、さまざまな子どもたちの組織と共同で取り組んでいる仕事を見るためだった。ピルバラは広大な地域で、インド洋に面した広い浜辺があり、内陸部には、息をのむような岩石層と峡谷がある。4〜5万年前に、最初にアボリジニが定住したのはこの地域だと考えられている。手つかずの自然環境が残り、力強い存在感を示している場所だ。

滞在の最初の夜、大きなディナーの席で、私はスタンと会う手はずになっていた。彼はアボリジニの治療師で、問題を抱えたティーンエイジャーたちに関わる仕事をしていた。翌日私たちは、人口1000人に満たない小さな町の学校で会った。

スタンは熊を思わせる大男で、年齢は60歳ぐらいだった。落ち着きと思いやりに満ちている。しばらくの間、彼が世話をしている子どもたちのことを話した。そして、川に沿って、鳥や野生動物が豊かな場所を20分ばかり歩き、彼のクリニックへ向かった。

クリニックは建物ではなかった。古いバオバブの木がそびえる小さな空き地だった。樹高は6メートルほどと、そんなに高くはないが、幹回りは巨大だ。おとなが最低でも10人手をつないで広がって輪になり、やっと届くぐらいだ。人里離れているだけでなく、異世界のような、自分たちがこの地に初めて足を踏み入れた人類のような気にさせられる場所だった。静かではない。ワライカワセミやサギなどの鳥の喧騒に包まれている。だがいままで、これほど平和を感じさせる場所には行ったことがない。

スタンと私は、花が満開の木の下に並んですわり、話もせず、平穏に包まれ時間も忘れていた。しばらくすると私は、いままで試したことのない新しい方法を思いついていた。急に活力に溢れ、頭も冴えわたり、この新しい考えを検討したくてたまらず、長い1日の終わりとは思えなかった。この考えをスタンに伝えると、それこそ彼が、閉じこもったり、動揺したりしているティーンエイジャーたちを相手におこなっていることだと答えた。

すなわち、彼らが話したくなるまでじっと待つだけ。そのうちに必ず心を開いてくれるが、なかには丸1日かかることもある。それから、彼らを悩ませていることについて静かにふたりで話し、生活を管理するやり方を探っていく。その木はおそらく樹齢1500年以上である。いったい何千人の若者がここに来て、このような賢い年長者と静かにすわるなかで、この平穏さを感じてきたのだろうか。

何というクリニックだろう。何というレッスンだろう。子どもが困っているときに、私たちはほとんど反射的に、理屈で説こうとする。残念ながら、覚醒過剰の状態では、理屈を処理するのに必要な脳のシステムは、作動していない。なにを言っても相手には通じない。

一番初めにしなくてはならないのは、そのシステムを回復させることだ。どの子も、バオバブの木の下でふたり並んで体験したような時間を、過ごさなくてはならない。

これが間脳の働きを回復させるのに、もっとも重要なことだ。子どもたちがエネルギーを補給するために必要な、この情動的な安心感を浸透させること。ジョナサンは幼稚園で落ち着く必要があった。ダミアンが食事時に部屋から出ていくのは、静かで安全に感じられる場所が必要だったからだ。そうやってストレスサイクルを断つことができる。そのあとようやく、セルフ・レグをはじめることができる。子どもだけでなく、親自身もそうなのである。

PART
2

5つのストレス領域を知る

第5章 生物学的領域——食べる・遊ぶ・寝る

「罰かごほうびか」から脱する

生物学的領域の扉をくぐるということは、子どもの行動、ひいては親自身の行動をどう見るかを、この先ずっと変えることになる。行動管理という「上から下へ（監督する親と従う子ども）」方式から、行動理解という「親子並んで」方式のセルフ・レグへと変えるのだ。親子の覚醒状態が共有されるように、親子のコミュニケーションは相互的でなくてはならない。マリーとロージーのケース（次コラム参照）はその好例だ。

セルフ・レグにおいて最初に問うべき問いは、これは本当にしつけの問題なのかどうかだ。私たちが対処しているのは、不作法なのか、ストレス行動なのか。この区別はきわめて重大だ。

不作法という概念は、基本的に意志や選択、自覚といった概念と結びついている。[*1] 子どもが意志によってそういう行動を選んだと見なしている。一方、ストレス行動は、身体的な要素に基づいている。その子はわざとそういう行動をとったわけではない。なぜなら脅威の感覚にあおられて、神経系が「戦うか逃げるか」モードにシフトして理性的な判断力を失っているからだ。

その行動が不作法かどうかを判定する簡単な方法がある。その子にどうしてそんなことをしたのかを尋ねてみるのだ。あるいは真顔で、自分のしていることは悪いことだとわからないのかと、尋ねてみる。なにか説明が返ってきたら、その理論的な解釈の是非はさておき、その子は自分のしていることがわかっている可能性が大きい。

混乱や恐怖や怒り、あるいは深い苦悩が顔に浮かんでいたら、あるいはその子が目をそらしたり、こちらの目を見つめることさえむずかしかったりするようだと、それは覚醒過剰の兆候であることが多く、ストレス行動だとわかる。

ストレス行動と不作法な行動の区別は非常に大事である。というのは、ストレス行動に対して、行動修正を促す「飴と鞭」テクニックを用いると、子どものストレス負荷を増やすことになり、事態を悪化させかねないからだ。そしてその子がセルフ・レグのために非常に重要な、自己認識を発達させる大事な機会を、逃してしまうことになる。

COLUMN

しつけが招いた悪循環《ロージー・10歳》#1

10歳の娘の問題を私に相談するとき、マリーは涙をこらえていた。ロージーに道理をわからせるのは、とてもむずかしかった。マリーがなにを言っても、最後にはお互いに「怒鳴り」合うことになり、ロージーは怒って部屋を出ていき、そのあと何時間もふくれ面をすることになる。一度マリーは、ロージーがぶつけてくる言葉に自分がどんなに傷ついているかを説明しようと手紙を書いてみた。しかしながら、引き裂かれた手紙が、キッチンのテーブルに残されていただけだった。

きっかけはたいてい、ささいな事柄だ。とりわけ就寝前に爆発することが多い。先日もロージーは、母親が部屋を掃除して、自分のものを動かしたと言って彼女を怒鳴りつけた。マリーはその日、ロージーの部屋に入ってさえいないのに。

私はマリーに、どう対応したのかを尋ねた。「こんなの、もう耐えられないといいました。私に向かって怒鳴るのをやめなければ、その週は iPad を使わせないと言いました。1カ月たちました。それでもやめようとしないので、iPad を店に返しに行くと言いました」

マリーに、実際に翌日 iPad を取り上げたのか訊いてみると、彼女はおどおどと私を見上げて答えた。「あのう、娘がとてもいい子にしていたもので、返してやりました」

マリーがやり通さないのが問題だったのだろうか？　母親は口だけだと知って、ロージーはやりたい放題するのではないか。中身のない脅しは、ロージーの行動を変えたりしない。おだてても頼んでもだめだ。どんな形の罰やごほうびも効果がない。ふたりの関係はうまくいかない。

次に怒鳴り合いになりそうになったときには、罰を与えるような脅しはいっさいやめ、とりわけ道理を説くのはやめるように、私はマリーにアドバイスした。これが、セルフ・レグの基礎となる。

「なにも説明しようとしてはいけません。説明する代わりに大きく深呼吸して、首と肩をリラックスさせなさい。明かりを消して、娘さんの枕元にすわるか、そばに横になって、髪や手や腕や背中を、優しくさすってあげなさい。どうしてもなにかいいたいのなら、どんなに愛しているかを言うだけにしなさい。翌日、娘さんが落ち着いたら、前夜にいいたかったことを伝えればいいのです」

２日後、マリーはこのアドバイスを実行することになった。ロージーはクラスのほかの女の子がみんな持っている赤いスウェットを買ってほしいと頼んだのだが、マリーが店に行ってみると、ロージーに合うサイズの在庫が切れていた。そこでマリーはグレーのスウェットを代わりに買って帰った。

学校から帰宅してスウェットを見たロージーは、初めはなにも言わなかった。しかし、数時間後、就寝時間になると、ロージーはマリーを怒鳴りはじめた。「なんでこんなの買ってきたの！　ださすぎる。ぜったいに着ない。頼んだことをしてくれた試しがない。大嫌い！」

マリーはプツンと切れそうになった。だがいまは我慢と、ゆっくりと深く腹式呼吸をした。グレーのスウェットになってしまったいきさつを説明するのもやめた。明日話し合いましょうと優しく答えた。

お互いに対する怒りが上昇しないように、マリーはいったん部屋を出て、自分を落ち着かせてから、ロージーを寝かしつけに戻った。ロージーのそばに横になり、ロージーの好きなやり方で背中をさすってやった。数分すると、ロージーは落ち着きはじめた。眠りに落ちる直前、ロージーは母親をハグして、ささやいた。

「マミー、大好きよ」

翌朝、放課後に別の店に行ってみようと娘に提案するつもりで待っていると、ロージーがグレーのスウェットを着て下りてきた。

生物学的対応でいらいらを断ち切る

マリーとロージーの就寝時の争いのあいだに、ふたりを脳スキャンにかけることができたら、前頭前皮質（PFC）と大脳辺縁系とのなかほどにある脳のごく小さな部分で、驚くべきものが見えただろう。ここは、前帯状皮質（ACC）といって、一方（吻側）が前頭前皮質につながり、他方（腹側）は大脳辺縁系につながっている。私たちの神経科学ラボで覚醒過剰の子どもたちの脳をスキャンすると、大脳辺縁系側がクリスマスツリーのように輝き、前頭前皮質側はかなり働きが弱かった。つまり大脳辺縁系が支配的な状態にあり、理性的で合理的な前頭前皮質は、意見を言いにくくなっていることがわかる。ロージーの脳もスキャンすれば同じ状態だったはずだ。そして、まったく同じ現象が、マリーの前帯状皮質でも見られたはずだ。*2

これはどうしてかというと、大脳辺縁系共鳴と呼ばれる現象があるからだ。大脳辺縁系は、他者の覚醒した大脳辺縁系と直面すると、覚醒がポジティブであろうがネガティブであろうが、同じように反応するようにつくられている。だから笑いは伝染力を持ち、誰かが怒って怒鳴りつけると、すぐに怒鳴り返したくなる。運転中のドライバーが追い越しや割り込みに対して過激な報復をしようとする行為や、メールによる議論がすぐに過激になることは、このことによって説明できる。

大脳辺縁系システムは、認知された脅威の源が、最愛の娘かどうかは気にしない。脅威は脅威だからだ。マリーのなかで、この大脳辺縁系反応が、ネガティブな情動を引き起こし、溢れださせた。彼女は、怒っただけでなく、拒絶され、感謝されておらず、好かれていないと感じていた。

これまでマリーは、かっとなったとき、ロージーの言い分に反論せねばと感じていた。だがいまは、こういうときにはロージーの前頭前皮質が機能しておらず、明晰に考えることも、合理的に話すことも、冷静沈着に言葉や行動を管理することもできないことを、理解している。

まずマリー自身が冷静になることで、大脳辺縁系共鳴の影響が消え、自分自身の前頭前皮質が働くので、よりよい状態でロージーを手助けできる。それは、間脳を制圧しているストレスサイクルを断つことを意味する。

大脳辺縁系システムが落ち着くにつれ、社会参加の能力も戻ってくる。ロージーには慰めてくれるマリーの存在がどうしても必要で、いまはそのことをよく理解できる。こういう落ち着いた状態だと、大脳辺縁系は、原初的なネガティブな情動の虜である状態から、幼かったときの情愛深い、守ってくれる存在としての母親の温かい記憶を呼び起こす状態へと、モードを切り替える。ロージーの体全体がリラックスし、安らかな眠りへと誘われる。そして、母親への深い愛を感じ表現することができた。しかし、娘をどう落ち着かせ、眠らせるかを学ぶだけでは、答えにならない。これは答えのはじまりに過ぎない。

生物学的領域は、残るすべてのストレス領域の中心に位置している。神経系の内なる働きを理解するとやっかいそうだが、誰しも自分の子どもをあやすためにおこなったであろう試行錯誤のことだ。子どものストレス因子が何であるか、すぐわかることなどめったになく、あれこれ可能性を探ったことだろう。セルフ・レグのために、あなたが親としておこなうのは、いわば〝探偵仕事〟なのだ。

生物学的領域におけるセルフ・レグへの道のり

ステップ1　サインを読み、行動をリフレーミングする

スウェット騒動のあと、再びマリーと話し合った。彼女はロージーが食ってかかったとき、怒鳴り返さずにいるのがひどくむずかしかったと認めた。マリーは、苦しい立場にいるとき、娘の行動をコントロールするための新しいテクニックが必要だと考えていた。しかし本当に必要なのは、サインを読み取り、行動をリフレーミングする能力だ。

ロージーの行動は、右脳による苦悩の表現である。マリーがロージーを素早く落ち着かせることができたのは、マリーのほうも、右脳コミュニケーションによって反応したからだ。明かりを消し、声を和らげ、娘の髪をなで、優しく背中をさすってやることで、マリーはメッセージを送った。ロージーの、コミュニケーションに対してオープンになっている脳の部分、つまり情動の覚醒

に関係する神経系に直接つながっている、脳の部分に送ったのである。

これが、セルフ・レグが「並んで」方式であるとされる理由である。マリーの右脳は、ロージーの右脳が送っているメッセージ「怖いの。困っている。こんなことやめたいけれど、方法がわからない」をしっかり受け取った。今度はマリーが娘にメッセージを伝える。「ママがいるわ。守ってあげる。大好きよ」

セルフ・レグをはじめてから、マリーは娘の行動は不作法というよりストレス行動なのだと結論づけ、それに応じて、親としての反応を調整することができるようになった。それは、大脳辺縁系同士の衝突のさなかではブロックされてしまう右脳のメッセージを、活用することである。大脳辺縁系が覚醒過剰状態のとき、多くの機能が停止されてしまう。そこには、微妙な差異に経験的に気づくという機能が含まれている。実をいうと、これはたいてい最初にオフにしてしまう機能だ。

加えて、マリーが10歳の娘に見ている行動は、ロージーが乳児のときに覚醒状態で現れていた問題を思い出させた。マリーの説明によると、ロージーは生後3週目ぐらいから毎夜6時になると泣き出し、2時間以上も泣きつづけていたらしい。時間ぴったりに泣き出すので、時計が合わせられるくらいだったそうだ。10歳のロージーの就寝時バトルは、乳児のころ大泣きしていたという彼女の就寝行動に驚くほど似ている。

ロージーの覚醒にまつわる問題は乳児期からあったのだが、彼女が10歳になると、手に負えないとか不作法だとか思われるようになった。乳児のころ、ロージーは音やにおい、ざらざらした感触に非常に敏感だった。いま、10歳のロージーは、レストランでは音やにおいに不平を言い、洋服はひどくえり好みし、とりわけ布の触り心地には敏感だ。

セルフ・レグの一環として、マリーは身体的不快さや敏感さのヒントを読み取る方法と、ストレスがかかったときの感情の爆発を理解する方法を身につけた。ロージーの行動をリフレーミングするときに大事な点は、問題は実際には「晴天の霹靂のように」勃発したのではないということだ。

私が知っている感覚過敏の子どもたちは、肌に当たるシャツの感じだとか、ソックスの内側の縫い目だとか、天井付けのファンの回る音だとか、時計のカチカチいう音だとかに反応していた。その対極には、感覚的ヒントに気づかない子どもたちがいる。自分の周りで起こっていることだけでなく、内部で起こっていることに気づきにくいという場合もある。幼い子どもたちはしばしば、エネルギーが少なくなってきたので一眠りする必要があるという、彼らの内部の助言に気づかない。だがもっと大きな子どもやティーンエイジャーでも、寒かったり、疲れていたり、空腹であったりすることにさえ気づかないケースは、たくさん見て取れる。

マリーの挑戦は珍しいものではない。わが子の行動に生物学的ヒントを読み取ることは、生まれたときからはじまる。しかし、子どもの行動が覚醒過剰ではなく「不作法」に分類されていると、ヒントは簡単に誤読されてしまう。多くの親にとって、乳児のときや幼いときの子どもに、覚醒や自己調整の問題の兆候らしきものを認めるのは、数年後に、あとから振り返ってみてからだろう。「なるほど」と思う瞬間がやってくるのは、親が子どもの行動を理解する新しいやり方「リフレーミング」を見つけたときだ。

あなたが子どもの行動をリフレーミングし、セルフ・レグのステップを使い、対処の方向性を定めるのが早ければ早いほど、子どもは早くセルフ・レグのプロセスに没頭し、やがてそれを身につける。あなたが可能だと思っているより、ずっと早いケースがたくさんある。

ステップ2　ストレス探偵としてストレス因子を捜査する

20世紀初頭に、ウォルター・ブラッドフォード・キャノンが発展させた、科学における古典的な定義によると、ストレス因子というのは、恒常性を混乱させるものすべてを指す。[*3] 恒常性とは、成長、再生、免疫系、組織修復など、ある有機体が、外部からの挑戦に対処し、内部の要求を満たすために必要とする、内部のバランスを指す。生物学的領域では、暑すぎるのも、寒すぎるのもストレス因子だ。大きな音、まぶしい光、人混み、強い臭い、新しい光景や音、驚くような光景や音、ある種の動き、そして逆にある動きをすることができないことも、ストレス因子となりうる。なにがストレス因子となるかは、子どもにより異なる。

「気配りのある子育て」とは、赤ちゃんがストレス過剰になっているサインを見抜き、たいていは試行錯誤によって、なにが子どもを落ち着かせる効果があり、なにがその反対かを学ぶことを意味している。[*4] 息子が生まれたとき、妻と私は、彼の幼く活発な脳の発達を促進しようと、できることはすべてやろうとしていた。ベビーグッズの店を訪れ、1時間かけてあらゆるモビールを検討し、「神経科学者により、赤ちゃんの脳への刺激を最大限にするように設計された」品物を選んだ。ベビーベッドのうえでゆっくり幾何学模様が回転するようになっているものである。

それを据えつけた瞬間に、息子から嫌いだという意思表示があった。息子はくるりと横を向くと、クッションに頭を埋めた。私は「芽吹きつつある脳の接続を刺激しよう」と決心していたので、息子を仰向けに戻してみた。今回の反応は、目を固く閉じることだった。そこで店に戻って、今度はもっと高性能なモビールを持って帰った。音と動きと光を組み合わせ、回転速度の強弱をつけて、「赤ちゃんの脳を最適な」状態にするというものである。

今度は、息子から抗議のうなり声を引き出せただけだった。どうやらこの刺激は強すぎると思ったらしい。私たちはあきらめた。モビールをクローゼットに突っ込み、昔ながらのテクニックに頼り、おかしな顔をつくって、息子の興味を引くことにした。これは魔法のように効いた。

ふたつのモビールはクローゼットの奥で埃をかぶっていたが、3年後に娘が生まれた。私は科学者としての好奇心から、娘が息子と同じような反応を見せるのか、試してみることにした。娘は喜びの声を上げ、さまざまな色や音が気に入ったようだった。しばらく眺めたあと、彼女は満足そうにくつろぐようになった。ある子にとってはストレス因子だったものが、別の子にとっては、実際に落ち着かせる効果があるのだと思われた。

自分の子どもが、心配になるような、ときにはいらいらさせるようなふるまいをするとき、私たちは自問しなくてはならない。この行動を引き起こしたストレスは、どこから来たのだろうか？　モビールの場合は、息子の反応ですぐに原因がわかった。マリーとロージーのケースでは、ストレスの理由は、グレーのスウェットを着ていると、ほかの子どもたちにからかわれそうだからかもしれない。だが、それだけが理由なら、翌日の朝、彼女が嬉しそうに着て降りてきたのが解せない。

このことをセルフ・レグの視点で見れば、ロージーが乳児のころ、これといった理由がないのにほぼ毎晩不機嫌になっていたことが思い出される。これはロージーが1日の終わりに覚醒過剰に陥り、その状態でなにか特定のストレス因子を見出しているか、あるいはそれに固着しているかが考えられる。だが問題なのは覚醒過剰に陥った原因だ。ことによると学校で経験している情動的、社会的ストレスのせいかもしれない。といっても、セルフ・レグをするときには、生物学的領域からはじめて、必ず5つの領域を検討していく必要がある。

この問いに答えを出すために神経科学者である必要はない。しかし、少しばかりストレス探偵になる必要がある。

子どもがなにかをしたあとに、決まって動揺しているのに気づいたことはあるだろうか？　たとえばビデオゲームをやったあととか、糖分の多い食べ物をドカ食いしたあととか。体操教室から戻るときは満足そうか、あるいはいらいらしているか。それとも、体操教室を避けるために、なんとか口実を見つけようとしているのではないか。特定の友人と過ごすと嬉しそうに、あるいは不満そうになりがちだろうか。その子について話すだけでも、動揺が少し落ち着くのか、あるいはさらに動揺するのか。

ロージーの最悪の感情暴発が就寝時に起こるという事実は、その日のあいだにストレスが鬱積したことのサインになる。次にマリーは、ロージーが夜に感情暴発を起こした日になにか違ったことがあったかしらと考えはじめ、それから反対に、感情暴発を起こさなかった日々についてなにか違うことがあったかを見直してみた。そして自分自身の反応になにかパターンが認められるかも考えてみる。ロージーの行動に簡単に腹を立てたりした日や時があっただろうか？

生物学的領域は、脳や体の主要なエネルギーに関わる。したがって、エネルギーや回復の源をチェックしたい。エネルギーが少ないと、生物学的ストレス因子となる。子どもの自己調整の能力は、その日の必要に合わせて、上向き調整や下向き調整に求められるエネルギーを持つところからはじまる。生物学的に考慮すべき基本項目は以下の通りだ。このうちのどれかが不足すると、脆さの引き金となる。

・睡眠
・栄養摂取と食事習慣
・活動と運動
・身体に対する意識
・健康状態、あるいは特別の配慮事項

視床下部は、なにか子どもを驚かすものに反応するだけでなく、疲労にも反応する。[*5] そうなると子どもは、すぐに上昇するストレスサイクルのループにはまり込んでしまい、5つの領域すべて、つまりシステム全体で、反応を誘発することになる。乳児のころから、睡眠がロージーの行動を著しく左右していたのは明らかだ。睡眠が足りていないと、彼女は一日中、ささいなことで大騒ぎしていた。睡眠が足りていれば、騒ぐことが少なく、回復性もあるようだった。

10歳になっても同様だ。癇癪を起こした理由が何であれ、ロージーが感情を暴発させた前夜には、彼女の睡眠時間は2～3時間少なくなっていた。この睡眠不足が翌日彼女を疲れさせ、ストレスに対する耐性を引き下げていたのだろう。そういう夜がしばらく続くと、睡眠不足と覚醒過剰という消耗のサイクルに簡単に押しやられてしまう。そしてそのサイクルに一度はまってしまうと、断ち切るのはむずかしい。

また、睡眠の質が高いか、あるいは回復の力があるか、という問題もある。[*6] ビストロで眠る赤ちゃんのメラニーの例で見たように、眠っているあいだの緊張状態の具合は、睡眠時間と同じくらい重要なのである。眠りにつく直前に光（とりわけブルーライト）を浴びていると、睡眠中のリラックスした状態を促進する神経ホルモンの分泌を妨げる。

マリーはいつも、明かりを消すまで、ロージーがiPadで遊ぶのを許していた。そのことが、ロージーが眠りにつくために気分を和らげ、くつろぐのを助けるだろうと誤解していたからだ。

ステップ3　発見した犯人（ストレス因子）を弱める

子どもが音に敏感なら、「音量を下げる」ことだ。家のなかや、あなたの願いが聞いてもらえる環境なら、これは可能だ。

だが学校となると、音でもほかのストレスでも、そのレベルを管理することは、それほど簡単ではない。感覚のストレスについていえば、学校では騒音が大きな問題である。教室でも、カフェテリアでも、体育館でも、廊下でも、音量と残響時間の両方で、騒音は抜きん出て高い数値を示す。遊音に敏感な子どもにとっては、これは神経系を消耗させ、集中力や行動や気分に影響を及ぼす。遊園地からショッピングモールやレストランまで、人で混み合った公共の環境は、同じような難題をもたらす。音を避けるのは、ほとんどの人にとって現実的な選択肢とはいえない。

学校では、子どもたちが感覚過敏をやり過ごすのを助ける技術、たとえば耳栓や音を遮断するヘッドホンがある。さらに、大音量のベルやブザーを、チャイムやメロディーに変えることができる。座面や椅子を変えることで、硬い面に過敏だったり、落ち着くためには体をたくさん動かす必要があったりする子どもにとっては、顕著な違いが生まれる。

学校や家を視覚的により「うるさくない」環境にすると、視覚の刺激を効果的に調整できる。子どもの感覚過敏を心に留めておけば、ある程度までは、レストランやほかの目的地を選ぶことも可能になる。[*7]

だが子どものストレス負荷をかなり軽減できる方法は、ほかにもある。前項と重なるが睡眠に代表されるエネルギーチャージをきちんとおこなえるようにすることだ。

たとえばロージーはじゅうぶんに休息を取っているときには、エネルギーを使い果たしたときであれば圧倒されるような不快さや失望にも、対処することができた。子どもが、その前の週になんともなく我慢できたことができなくなっていると、気まぐれや不作法だと考えてしまいがちだが、実際にはストレス因子に対処するためのエネルギーが足りていないだけなのだ。

ステップ4　子どもの自己認識をサポートする

次にめざすのは、子どもの自己認識、つまり、子どもが自分の状態を正しく把握できる力を養うことだ。どんなときに低エネルギー／高テンションの状態になるのか、自分で気づけるようにする。それを可能にするためには、落ち着いているときとはどんな状態なのかも知っていなくてはならない。困るのは、「過剰」の状態しか知らない場合、それがその子の「基準」になってしまうことである。残念なことに、ギアの回転数が上がっている状態に慣れている子どもたちは、瞑想など一般的に落ち着くとされていることをするのを嫌がる。

落ち着くことと、落ち着くのを楽しむことは、同じコインの表と裏だ。マリーは、廊下に出て深呼吸をしたとき、「なにかスイッチが入った」ような気がしたと、語った。実際には彼女が経験したのは、脳の活動の大きな転換を誘発する、小さな変化だった。神経科学者はこれを「非線形変換」と呼ぶ。このケースの場合、マリーの前頭前皮質内で、上側（dl-PFC）から下側（vm-PFC）への変換を誘発している。前者は、反芻するとき、つまり頭のなかで思い返すときに関わる部位で、後者は、自分の内部や周囲でなにが起こっているかに気づくときに関わってくる部位だ。この深呼吸という簡単な行為が、反芻のための神経ネットワークから、内的・外的環境へのもっと広い気づきを生むネットワークへと、脳の活動の変換を促す。

「いまここにいる」ことに集中すればするほど、dl-PFC から vm-PFC への変換は容易になる。*8 まるでふたつのシステムをつなぐ神経伝達物質の通路がさらに深く刻まれ、意識して「スイッチを入れる」のを容易にしているようだ。子どもに「落ち着きなさい」と言うときに、私たちが望んでいるのはまさしくこのことである。

だが子どもたちがそれを実際にできるようになるには練習が必要だ。覚醒の基準が過剰なものに設定されている子どもの場合には、親の忠告では、ポジティブな影響を望めそうにない。

私たちは、覚醒過剰な子どもたちにもマインドフルネスのテクニックを楽しんでマスターできるように、[*9] 5つのメソッドをつくった（P．144参照）。

自己認識は、子どもが自己調整をおこなう能力の中心をなす。[*10] 自分がなにを感じているかを認識していなければ、それを改善しようにも、打つ手がない。私たちにしても同じことがいえる。しかし、親としてのプレッシャーから、私たちは、もっとも自己破壊的な行為をすることがある。

うちの子どもたちが小さかったころ、家から車で半時間ほどの、小さな町の「子ども向きの」ピザ・レストランによく連れていっていた。うちの子どもたちは、田舎の静かな生活に馴染んでいたので、レストランに足を踏み入れた瞬間、よその子どもたちに負けまいと、よく大騒ぎした。その後は子どもたちに自分のピザを食べさせるのに一悶着あり、それから遊び場の喧騒から引き離すのにまた一悶着だった。そして帰りのドライブは、いつも悲惨そのもの。車に乗ったとたん、つまらないことで子どもふたりが言い争いになったり、過度な興奮状態で感情のコントロールが利かなくなってしまったりしていた。

「嬉しい」と「覚醒過剰」の区別は、「不作法」と「覚醒過剰」との区別とまったく同じくらい重要になる。妻はついにこの外出をやめることに決めた。そのあとで妻の言った言葉が、ステップ４の簡単に見過ごされそうな性質を、意識するきっかけになった。あの店が嫌でたまらなかったと振り返る妻に、なぜ我慢していたか訊いた。

「そうね、子どもたちがとても楽しそうだったから」

子どもたちが本当に楽しんでいたのなら、どうしてあの外出は、いつも家族喧嘩で終わっていたのだろう？

ここでの教訓は、親は子どもたちの低エネルギー／高テンションという状態を引き起こす原因だけでなく、どんな活動がその状態を誘発するのかにも、気づく必要があるということだ。子どもとまったく同じように親も、低エネルギー／高テンションのときには、落ち着いてリラックスしているときよりも、子どもの言動にかっとなりやすいことに気づく必要がある。

ステップ５　反応して子どもが落ち着くことを見つける

セルフ・レグをおこなうなかで、親も子どもも「おとなしい」と「落ち着いている」を区別できるようにならなくてはいけない。飛行機や自動車で移動するときに、どうやって子どもを落ち着かせればよいか、アドバイスを求める親がたくさんいる。だが実は彼らが求めているのは、子どもをおとなしくさせておく方法なのだ。

ビデオゲームには確かに、子どもをおとなしくさせる効果がある。遊んでいるあいだ、子どもはたいてい動かずにすわっているし、あまりしゃべらない。だがこういったゲームが、彼らの落ち着いた状態を促進していると勘違いする人はいないだろう。ゲームの電源を切ったときに、子どもがどう反応するかを見ればわかる。薬にしても同様で、活動過多や衝動性を抑えるだけで、落ち着きを促進するためには、ほとんど役に立たない。

落ち着いているというのは、映画やビデオゲームに没頭しているのとは、まったく違った状態である。子どもは落ち着いているとき、リラックスしていて、自分の内外でなにが起こっているかに気づいており、自分の状態を楽しんでいる。身体的、認知的、情動的、この3つの要素が、「落ち着き」の特徴を明確にしている。

親子にとってこの部分が、セルフ・レグでの探偵仕事のなかでも最難関だが、楽しめるところだ。というのも、子どもがなにを落ち着くと感じるかには、万能の答えは存在しないからだ。子どもにただ「落ち着きなさい」と言うだけではこの効果が得られないことは、強調しておこう。「落ち着きなさい」と厳しく言えば、きっと「おとなしく」はなるだろう。

このとき、子どもは見た目には静かにじっとしているが、大脳辺縁系、前頭葉、頭頂葉、視床、そしてほかの神経ネットワークでは、おびただしい量の活動がおこなわれている。どれも「モンキーマインド」（目移りしがちな状態）になったときに活発に活動する部位だ。子どもが「落ち着いて」いるとき、こういったシステムは鎮静化している。

それだけではない。このふたつの状態では、脳の活動もまったく違う。子どもがおとなしくしていても、覚醒のサインとなるベータ波が出ていることもある。だが落ち着いていると、ゆっくりとしたリズミカルなアルファ波、シータ波、ガンマ波が見られる。これは深い安らぎのサインである。

あなたがリラックス状態になれるものが、子どもに効くとは限らない。ここでも、ロージーとマリーのセルフ・レグの行程が、有益な洞察を授けてくれる。

私たちがおこなってきた発見のうち、もっとも興味深いことのひとつは、この5つのステップはあらゆる年代のすべての子どもに使えるということである。かなりの期間、自己調整の問題に苦労してきたティーンエイジャーたちは、これだと思うリラックスできるテクニックを見つけるためには、幼い子どもよりも、いろいろなことを試してみる必要がある。自己調整がどのような作用をするか、セルフ・レグのメソッドについて、さらに細かい説明が必要だろう。だが子どもの年齢にかかわらず、どんな形のトレーニングをするとしても、通るべき5つのステップは同じなのだ。

子どもたちがマインドフルネスをマスターできるように導く手順

	SAMPLE 呼吸の練習
1．あなたのしていることがどのように自己調整を促進するのかを説明する。	1．子どもの年齢や注意力に合わせ、まずは鼻から肺に続く通路について話す。肺の下にある大きな筋肉がどのようについていて、どうやって新鮮な空気を吸い込み、古くなった空気を押し出すか。肺の周りにある肋骨は、呼吸するごとに広がったり縮んだりする肺を守っていること。息を吸うと、一気にエネルギーが増し、思考や感覚が鋭敏になること、そして息を吐くと、落ち着く効果があることを説明してみよう。
↓	↓
2．子どもがくつろげるようにする。	2．息をしている感覚を味わいやすくなるようにサポートをしよう。床に仰向けに寝るか、リラックスしつつ背筋を伸ばして椅子にすわるのが最適だが、子どもの背中に手を添えるだけでも助けになる。
↓	↓
3．子どもが自分のしていることに集中するのを手助けする。	3．呼吸に集中させる。鼻から吸って口から吐く。息を吸うときには冷たい空気が鼻を通るのを感じ、そして息を吐くときには口のなか、あるいは口にかざした手に、温かい息を感じとれるかを訊いてみる。肺と腹が風船のように膨らむのが、感じとれるだろうか。
↓	↓
4．行動と、心と体に起こることとの関係に気づく手助けをする。	4．呼吸に集中することが心に及ぼす効果に気づくように、助言する。子どもがなにか心配事を抱えていると仮定しよう。呼吸を10回ほど続けさせてから、悩み事が軽くなったか、消えてしまったかを尋ねてみよう。悩み事を思い出してしまうようだったら、呼吸に注意を戻すと悩みがとぎれるかを、試してみよう。そのうちに悩みは軽くなり、消えてしまうかもしれない。
↓	↓
5．最初は短い時間にして、練習を日課にする。	5．最初は2～3分からはじめて、だんだん長くしていこう。タイマーをセットして時間を明確に区切るのも効果的だ。

COLUMN

万人共通のリラックス法はない《ロージー・10歳》#2

グレーのスウェット事件のロージーとマリーの話の続きだ。

ストレス探偵となったマリーとロージーは、覚醒過剰に陥ったロージーへの対処から、ロージーが自ら「落ち着く」活動を見つける段階に進んでいた。

マリーはずっと前からヨガをやっていた。日曜の朝のヨガのクラスは、1週間のうちでも楽しみな時間だと言っていた。だからロージーに自分と一緒にヨガをさせるのは、彼女にとって、これ以上ないほど当たり前のことのように思われた。しかも、ヨガは多くのケースで、子どもたちに対して効果があると認められている。だがロージーはヨガが嫌いだった。リラックスするとされているポーズはみな嫌いで、見ていられないぐらいもじもじするのだ。

そのほか、一般的なストレス対策のアイデアが2～3あったが、ほとんど役に立たなかった。だが、いまは真剣にストレス探偵の任務についているロージーは突破口を見つけた。自分を落ち着かせてくれるものは、ビーズボックスの製作だと感じた。これだと何時間も集中でき、落ち着いて過ごしたあと、すんなり眠れたからだ。

だがロージーは、セルフ・レグの5つのステップの5段階目にいることを忘れてはならない。セルフ・レグの戦略としてビーズボックスが適切かどうかを知るには、まず落ち着きがどういうものか、言葉の意味だけでなく、自分の感じ方としてきちんと体験していることが重要だ。[*11]

第6章 情動の領域――泣く・笑う・騒ぐ・怒る

「なぜ興奮しているのか」を聞いても意味がない

子どもの情動がジェットコースターのような動き方をするのを、多くの親が同じような言葉で説明する。「わけがわからない」だ。「うちの子は親がなだめようとすると、ますます腹を立て、当たり散らすんです。まったくわけがわからない」

親が一番よくやるのは、子どもとそれについて話し合うことだ。腹を立てても事態は悪くなるばかりだと説明するか、子どもに自尊心や自信を積み上げさせようとする。子どもが動揺しているとき、親が持つ最初の衝動は、この場に対して合理的な解決方法を示したいという思いだ。ところが残念なことに、強い情動に圧倒されている子どもには、理性はたいした助けにならない。

　確かに、子どもたちに心配やほかの感情を声に出して言わせるのは、重要なことである。[*1] だが子どもにとってそれはむずかしいことだし、彼らが覚醒過剰の状態にあるとき、それは不可能に近い。この状態では、情感がすべて一緒くたになっている。彼らが感じているのは、たとえば、単なる怒りではなく、怒り／恐怖／恥ずかしさ／興奮がないまぜになったものだったりする。だからまずは、子どもがさまざまな感情を解きほぐすのを、手助けする必要がある。

　ここで注意すべきことは、子どもたちの情動の発達を、純粋に左脳の現象だと決めつけて取り組まないことだ。つまり、ためになるような本を読ませることや、映画を観せることで教えたり、説明したり、促進したりできると思ってはいけない。

　情動に誘発され、一気に放出される神経伝達物質——それらが生み出す緊張や不安感や痛みやほかの身体感覚——それに由来する記憶や連想。こういったものが子どもの情動的経験や行動を形づくる力となる。同じように、こういう記憶や連想の結果、緊張や不安感や痛みやほかの身体感覚が情動を誘発することもある。身体的、情動的経験はからまってしまい、ほどけない。私たちはまずここからはじめなくてはならない。そのあとで、子どもたちが自分の感じていることを言葉にするトレーニングに取りかかろう。セルフ・レグは、生物学的・情動的要因が交わる場所に根を張っている。そこには身体と情動のつながりがあるのだ。

ポジティブな性向が情動を成長させる

哲学者は２５００年以上にわたり、情動とはなにかを論じつづけてきたが、まだ根本での合意には至っていない。[*2] 科学者や心理学者、精神科医がその探究に加わっても、泣いたり、すねたり、騒いだり、怒ったりしている子どもを扱う親の仕事を簡単にしてくれるような、情動についての説明はひとつもない。定義がどのようなものであれ、情動は身体に強い影響を与え、またその反対の作用も同じようにある。一般的に、ポジティブな感情はエネルギーを高め、ネガティブな感情はエネルギーを枯渇させる。じゅうぶんに休んでいれば、ポジティブな情動を経験することが多くなり、消耗しているときには、ネガティブな情動の影響を受けやすくなる。幸せで、好奇心いっぱいで、楽観的な子どもは、学習の面でも、社交の面でも、問題に取り組むのを簡単だと感じる。怖がっていたり、怒っていたり、悲しんでいたりする子どもは、社交や学習の面で、そして身体面だけでも、一日中課題に取り組むのが、不可能ではなくても、むずかしいと感じるだろう。[*3]

「ポジティブな性向」があると、情動の成長を促す能力はより大きなものになり、さらに次のような能力も伸びる。

・強い情動に対して調整（上向き調整や下向き調整）を促す

・失敗、失望、困った状況、困惑などから立ち直り、自信を持って前向きに進む
・ひとりで挑戦し、学ぶ
・ほかの人と協力して挑戦し、学ぶ
・個人的努力や成果を誇りに思う
・ほかの人の努力や成果を評価する
・共にした経験と情動的な理解により、親とのあいだにさらなる親密さを経験する

「ポジティブな性向」は、こうした認知的、社会的、そして情動的な問題に対処するエネルギーを持つことだけにとどまらない。複雑な心の動きを獲得することも可能にする。すなわち、意欲的に自己主張でき、快活に決断を下し、誠実で思いやりのある人間になることができるのだ。

ネガティブな情動は反対の効果を持つ。すなわち、新しい情動の領域に向かうのに必要なエネルギーを、排除するのである。ネガティブな情動もまた「成長」する。初めはつきまとう不安や悲しみだったものが、すぐに、疎んじられた、気詰まりだ、厳しく当たられた、バカにされた、がっかりした、否定された、といった感情につながってしまう。

「ネガティブな性向」は、子どもが情動の揺れから回復し、欲求不満や挫折に対処し、温かい人間関係を維持するのを困難にする。ポジティブな性向のある子どもは、性格を形づくるような挑戦

や危険に興味を引かれる。反対にネガティブな性向のある子どもたちは、感情に乏しい活動や気晴らしに引きつけられる。ポジティブな性向は、子どもをさまざまな情動に触れさせるが、ネガティブな性向は、子どもを自分の情動を押し殺す方向に誘う。新しい情動体験のうち、とりわけ恐ろしさから自分を引き離す。ここでは、友情、愛情、情動的密接さも、恐ろしさに含まれてしまう。

ポジティブな性向とネガティブな性向のこういった違いが、マシュマロテストで進行する事態に、重要な要素を加える。ネガティブな情動は、子どもが課題に対処するのを可能にするポジティブな情動の邪魔をする。ここでいうポジティブな情動とは、子どもがごほうびをもらうのを遅らせることを可能にする自信のことである。ここでいうネガティブな情動、「頭のなかでする小さな声」は大脳辺縁系によるものである。それは、マシュマロの誘惑には抵抗できやしない、ちょっと食べてみたら、と誘うことが多い。

セルフ・レグは、子どもをネガティブな状態からポジティブな状態へと変化させる。ネガティブな性向へと傾けるストレスを私たちが認識し、改善することを可能にする。

親の反応が、子どもの情動を形づくっていく

情動調整は、生まれたときからはじまる。とはいえ科学は、赤ちゃんに「本物の」情動がいつ出

現するのかを、正確に突き止めてはいない。生まれて3週目の赤ちゃんが、いつ幸せを感じているかぜったいにわかる、と言いきる親はたくさんいる。だが、科学的根拠から確かだと実際にいえるのは、最初の数カ月のあいだ赤ちゃんは、ふたつの基本的状態、すなわち困っている状態と満足している状態のあいだを揺れ動いている、ということぐらいだ。

生後3カ月から6カ月のあいだのどこかで、子どもたちは、本物の情動と考えられているものを持ちはじめる。自分がどう感じているかを、あらゆる手段を用いて私たちに示すようになる。嬉しさなどのポジティブな情動のはっきりとしたサインを笑顔で、さまざまなネガティブな情動をさまざまな泣き方で示す。初期に感じはじめるのは、恐れや幸せ、怒り、興味、好奇心、驚き、悲しみだ。だがこのどれもコントロールはできない。主要な心理学者たちは、この最初の情動は一種の反射行動で、人類がサバイバルのために用いてきた機能で、遠い祖先から受け継いだ遺伝子によって支配されている、と説明する。[*4]

「恐怖反射」は、養育者の行動を引き起こすために発達したと考えられる。喜びは、乳児と養育者との絆を固める。怒りは、子どもの欲求に、すぐに応えたほうがいいということを、親に伝える。好奇心は、親の言動に赤ちゃんを釘付けにさせ、赤ちゃんを取り巻く環境を探る動機付けをする。驚きは、親たちが「いないいないばあ」をする大きな動機となり、この遊びは赤ちゃんの脳のさまざまな部位を統合する意味でいろいろと非常に有益である。

この進化論的な視点は役に立つ。だがときには私たちを迷わせることになる。というのは、「基本的情動」を反射行動として扱うことで混乱が起き、調整と制御（コントロール）を混同することにつながるからだ。[*5] こういう情動がただの反射行動ならば、なにかが目に入ったときにまばたきしてしまうように、反応を変えることはできないはずだ。まばたきしない唯一の方法は、意志の力によるしかなく、もし情動が反射行動ならば、同じことが当てはまるだろう。そう考えると、子どもの「情動コントロール」に問題があるなら、それは子どもがじゅうぶんに努力していないからに違いない、ということになる。だが情動において問題を抱えている子どもたちは、努力が足りないわけではない。むしろ、いくつかの情動に蓋をしようとして、努力しすぎている場合が多い。

ここで重要なのは、こういった反射が、情動調整の発達に関係する情動の経験と、緊密に結びついているという点だ。[*6] ママとパパは、乳児が泣くのをなだめようとして、コントロールを押しつけたり、赤ちゃんの感情について、説明したりはしない。びっくりしたり、お腹が空いたり、ストレス過剰になったりすると、恐れや怒りが誘発されるんだよ、と語ったりはしない。そうではなくて、赤ちゃんをなだめ、自分たちの顔や体でリラックスしていることを理解させ、なにも怖いことはないと示して、赤ちゃんの恐れを軽減しようとする。目を輝かせ、面白い顔をしてみせ、声を出したり、笑ったりして、赤ちゃんの喜びや好奇心を強めることもある。これは「右脳から右脳への」コミュニケーションであり、赤ちゃんが自分の情動を調整するためのその後の能力にとって、なくてはならないものだ。

赤ちゃんはちっとも気づいていないだろうが、彼らの直感力を備えた右脳は、親の顔や姿勢や動きに表れる情動の流れを感じとっている。間脳の双方向の直感ルートを通じて、親とコミュニケートしているのである。赤ちゃんの情動に反応することで親は、赤ちゃんが身体と情動の繋がりを形作るのを手助けしている。

たとえば、赤ちゃんが激しくむずかると、平静を保てなくなる親がいる。身体的にはそばにいても、情動的にはその場から逃げようとしてしまう。幼い子どもは、たとえ赤ちゃんであっても、親の反応と自分の行動を結びつけるため、親が自分に恐れや緊張を示すと、赤ちゃんは気持ちを押し殺そうとしはじめる。逆に、親が喜びをいっぱいに表し、笑いながら手を打って子どもに反応すれば、赤ちゃんは、喜びに満ちた、エネルギーをもたらす関係を発達させようとする。[*7]

こういう交流すべてで、情動が身体的感覚と密接につながるようになる。ポジティブな情動が非常に弱かったり、ネガティブな情動が非常に強い子どもたちがいるのはこれが一因だ。たとえば子どもが活気づくことに動揺する親がいて、彼らが子どもを抑え込もうとして緊張してしまうと、子どもの右脳は自分の楽しい気持ちを、親の緊張に結びつけてしまう。すると、知らないうちに、子どもは高揚感を感じはじめると、それを自ら遮断してしまう。あるいは怖かったり、寂しかったりしたときに、ひとりで放っておかれた子どもの例でもいい。彼らが大きくなったときに、こういう感情が、アドレナリンの増加や、胃や胸や頭の痛みを引き起こすことさえある。

身体的感覚が、個々の情動とつながるようにもなる。たとえば、子どもが空腹で泣き声を上げているのに、それが顧みられないとき、筋肉が緊張し、それが不快な感覚と結びつき、やがて怒りという明確な感情が現れはじめる。もし養育者が、子どものこの最初の怒りのサインに対して、叱りつけ、冷たく立ち去るような反応を示せば、子どもが経験する身体的感覚と発生期の怒りの感情は、さらに絶望感と結びつく。子どもが成長するにつれ、同じ身体的感覚――たとえば胃痛――が、怒りや絶望感といった感情を誘発し、親をまごつかせる。根深い身体的／情動的連想がどのようにして犯人となったのかにまったく気づかず、不思議に思うだけだ。一瞬前まであんなに嬉しそうだったのに、「どうして急に変わったんだろう？」。

子どもの情動にどう対応するかで、その情動が形成する連想を弱めたり、強めたりできる。そしてこのようなプロセスを調整するために私たちが使うエネルギーの量は、赤ちゃんによってまったく異なっている。現在明らかになっていることは、なだめたり活気づかせたりするのが、やりやすい子とやりにくい子がいることだ。それにはさまざまな要因が関係している。遺伝的な環境、ウィルスや激しい腹痛の影響。だが子どもの体質がどんなものであれ、大事な点はどの年齢でも同じだ。子どものポジティブな情動こそが、エネルギーで「タンクをいっぱいにし」、人生の山や谷を乗り越えることを可能にする。あなたが子どもと喜びを共有することが、子どもの喜びを増大させる。だから子どものネガティブな感情を無視したり小さくしたりするのではなく、やり過ごすのを手伝うと、子どもの神経系の負荷を劇的に減らすことができる。

情動を調整する「3つのR」

「情動調整」はふつう、「自分の情動を監視し、評価し、変更すること」と定義されている。[*8]子どもたちは、いつ自分が過度に不安になったり、怒ったりするかを認識し、自分の情動がその場にふさわしいかを考え、ふさわしくなければ自分を落ち着かせる必要がある、ということである。親たちにこの定義を読んで聞かせ、自分たちの子どもがこなせると思うかを尋ねてみると、必ず彼らはげらげら笑う。これはまさしく、子どもたちに身につけてほしいと思うスキルなのだが、それらを教えるのがどんなにむずかしいか、彼らはよくわかっているからだ。

行動や気分の問題を抱えるたくさんの子どもがいる学校で、簡略化した「情動ボキャブラリー」チャートを使った例がある。先生は1日のうち何度か、生徒の作業を止めて、彼らがいまチャートのどこにいるか質問した。自分の情動を探るように合図を出されることで、子どもたちは自然に、自分がいつ不安になったり、腹を立てたりするのかをよりよく認識するようになった。そうなれば、落ち着くための戦略を利用できる（たとえば、深呼吸して10を数えるとか）。

このやり方は、社会性と情動の学習（SEL）プログラムとして広く実践されている手法と似ているが、どちらも同じ限界を抱えている。[*9]それは、子どもが自身の情動を調整するうえでの困難は、自分が不安だとか怒っているというのをわかっておらず、まして否定することなどできないという点だ。

それに、とりわけ子どもが怒っていたり動揺したりしていると、言語や分析、熟考といった左脳のプロセスは、覚醒過剰にある子どもが放出しているアドレナリンの作用で、オフラインになっているかもしれない。子どもが最初にすべきことは落ち着くことであり、親（あるいは先生）が優先すべき事項も同じである。

子どもたちはかなり長い期間、この調整機能を親に果たしてもらう必要がある。特に子どもが幼いときには、しょっちゅうその必要がある。彼らの情動の反動は突然やってきて、それがこの世のすべてのように感じられる。子どもに落ち着きなさいと「教育」しようとする前に、なだめなくてはならない。

子どもが自分の情動を監視、評価、修正する方法を学ぶのを助ける前に、情動調整の「3つのR」に焦点を当てよう。Recognize（確認する）、Reduce（緩和する）、Restore（回復させる）の3つだ。ストレスが上昇するサインを認識し、ストレスを緩和し、エネルギーを貯蔵するのだ。

COLUMN

情動が不安定になるサインは「腕」に《ロージー・10歳》#3

一緒にセルフ・レグに取り組むようになってすぐに、マリーは最近の難題を報告しに来た。数日続けて、午後になるとロージーは、自分の部屋の家具を並べ替えはじめた。だが夕方になると、新しい配置が原因で、彼女は涙を流す。これは彼女が本格的な強迫性障害（ＯＣＤ）になりつつあることを示しているのではないかと、マリーは本当に心配している。しかし、ここまで繰り返し学んできたように、マリーが口を出したりすると、事態は悪くなるばかりだ。

ロージーの苦悩の根は、単なるインテリアのセンスの問題ではない。とはいえ、強迫性障害ほどの極端さを示す行動パターンは見られない。ほかのストレス因子は何だろう？　姉へのライバル心だろうか。確かに、姉より自分の部屋のほうが小さく、しょっちゅう不平を言っている。加えて、ロージーは姉よりも1時間早く寝なくてはならず、自分がベッドに入ったあとにおこなわれる、家族の「楽しいこと全部」から締め出されてしまうのを恨んでいた。ただ、これはいまにはじまったことではない。どうして急に情動の激化が起こったのだろう？　どうして、いま？

セルフ・レグでは、いつも生物学的領域からはじめる。マリーに、ロージーの睡眠、食事、身体的活動、全般的健康について訊くと、彼女はすぐに要因になりそうなストレス因子をいくつか挙げた。もっとも注目すべきなのは、ロージーがひどいインフルエンザにかかったばかりだということだ。実際、こんな事態になる4日前の夜に、ロージーは吐いていた。つまり今回の危機が勃発する直前に、彼女の体はひどく消耗した状態にあったわけだ。学校も休み、宿題も溜まっており、さらに友人の輪から抜けていたため、仲間はずれの気分になっていた。

ここで大事なのは、身体と情動のつながりをいつも念頭に置いておくことだ。すなわち、生物学的領域と情動的領域のあいだの、必須かつ核心的な関係のことである。ロージーの情動的ストレスは、ここでは明らかに重要な要因となるが、要因はそれだけではない。情動的ストレスとエネルギーの消耗が合わさった状態が、感情の爆発を引き起こしたのだ。ロージーは根本的にストレスサイクルにとらわれている。身体的ストレスと情動的ストレスが互いに絡まり合い、激しさを増し合っている。このような状況では、緊張が不安感をあおり（あるいはその逆も）、そのことが緊張を激化させ、それが不安感をあおり……。たちまち全システムが制御不能になる。

子どもが破滅的な情動に圧倒されているときには、覚醒レベルは急激に上がる。セルフ・レグは、このプロセスに、親が再参加するのを助ける。つまり、子どもの覚醒過剰を引き下げ、あなたの参加を容易にする。赤ちゃんだったころにそうしたように、まずは身体的緊張から解きほぐそう。身体的覚醒が軽減すれば、情動的覚醒も鎮まりはじめる。これは身体と情動のつながりを遮断した結果だ。いったん子どもの全体的な覚醒が軽減されると、子どもは、あなたがなんとかして伝えたかった事柄を処理しはじめる。

ロージーが生まれた順番、ロージーの寝室、そして就寝時間といった事柄は変えようもなかった。しかし、このような人生の現実について言って聞かせても、ロージーを落ち着かせ、眠りにつかせる助けにはならない。マリーがいまする必要があるのは、ロージーの情動の問題をまったく無視して、まず身体的問題に集中することだ。

先だってのスウェットの件での成功と、ロージーのストレス因子を新たに突き止めたことに自信を得て、マリーは、ロージーの部屋改装をめぐる癇癪に、優しいハグと軽いマッサージで応じた。話はしないし、分析もしない。ただ頭と肩と背中をマッサージするだけ。全部で15分。今度のエピソードでもっとも重要だと思ったのは、このあとしばらくして夜になると、ロージーのほうからマリーに、マッサージをしてくれないかと頼んだことだ。やがて2日ほどして、マリーはロージーと寝室について話をした。そうすると、その問題はマリーが恐れていたような大きな問題ではなく、ロージーは疲れて気分が悪いときに、寝室が気になっただけだとわかった。

最初に、マリーはロージーに、どんな情動を感じているかではなく、体がなにを感じているかにもっと気づくように助言した。この助言を聞いてロージーは、自分がいつ緊張過剰になるかを認識し、そしてその緊張をどう緩和すればよいのか――自分の体と連絡が取れなくなってしまったときに、どうやって連絡をつけ直すか――を学んだ。マッサージをはじめるときに、マリーは娘に訊くことにした。

「腕は、茹でる前のスパゲッティみたいに硬い？」

それから2～3分すると、腕がリラックスしはじめたのを感じるかを訊く。

「茹でたスパゲッティみたいに柔らかくなった？」

これがまもなくふたりのあいだで一種のゲームになった。ロージーは緊張してくると母親に、「腕が茹でる前のスパゲッティみたいになっちゃった」と訴えるようになった。セルフ・レグのステップを親子で一緒に進んでいくなかで、このゲームも、ロージーが自分を助け、身体と情動のつながりに通じる第一歩となった。自分の情動に触れるのを促す方法となった。ロージーの情動調整は確かに「監視」の動作ではじまったが、そこで調整された対象は情動ではなく、ストレスや緊張だったのである。[*10]

このように、親が最初に子どもを落ち着かせることで、3つのR〈Recognize（確認する）、Reduce（緩和する）、Restore（回復させる）〉は自然と明らかになってくる。

子どもの情動の広がりを恐れない

生物学的領域での自己調整は、次のように要約できる。子どもが、エネルギーを消費する身体的状態へと移行し、それから落ち着き、回復し、エネルギーを取り戻す。情動の領域でも同様だ。子どもが多くのエネルギーを消費する強い情動を経験し、やがて落ち着き、回復し、エネルギーを取り戻す。回復段階が生物学的領域でも情動の領域でも必須なのは、それが本人の成長と癒やしにとって最適の状況をつくり出すからだ。

間脳を通じた親子の力学は、情動の発達には欠かせない。もちろん、これだけが情動の成長を推し進めるわけでない。ごっこ遊び、友だちとの交流、物語を読むことや、自分で物語を語ることを通じて、子どもは自然と自分の情動に立ち向かい、それを探求する。意識的、無意識的を問わず、彼らに対して反応することを通じて、私たちは子どもの情動的成長を促進する。ときには、残念なことに、子どもの情動的成長を抑えてしまうこともある。子どもの切り出した情動的テーマが私たちを気まずくさせるもので——たとえば生、死、セックス、あるいは問題にしてほしくない親自身の行動のもろもろ——、そのために私たちがその話を取り上げるのを避けると、子どももその話題を避けることを学ぶ。逆に、もしそのテーマに取り組んで、子どもの質問に素直に応え、自分たちの経験を語って聞かせ、答えを探そうとすれば、子どもたちは情動の範囲を広げ、省察や自己認識を手に入れることができる。

この間脳が持つ育成の作用を通じて、子どもの基本的情動にはヴァリエーションができ、広がり、深まり、そしてポジティブな「派生的」情動（勇気、決意、希望、共感）が育つ。これらの有用な情動の基礎が深く根を張っていれば、ストレスの多い状況で落ち着きを維持するための努力は少なくてすむ。だがこのプロセスでは、ネガティブな派生的情動（絶望、嫉み、罪悪感、無力感）も獲得することになる。そうなると、情動的にもろく、不安で傷つきやすくなる。間脳による双方向の対話は嘘をつかない。ロージーの話のなかで、マリーはいらいらした状態で、ロージーの行動は困りものだと伝えていた。それは助けになるどころか、ロージーの情動の炎にガソリンをかけるに等しかった。娘がこの入り組んだ感情から離れるのを助けるには、マリーは自分自身の底に流れる感情に気づき、自分の反応が、ロージーの情動的苦悩の一因になっていることに気づかなくてはならなかった。

子どもは成長するにつれ、あらゆる種類の情動を探索しはじめる。それは元気を与えてくれるようなものばかりでなく、怖そうなものもある。子どもの情動の提案すべてを受け入れ、気詰まりになりがちなむずかしい課題からも、逃げ出さないことが大事だ。暗く不穏な情動を探求する映画に私たちが魅せられるように、子どもも、安心して、彼らを恐怖させる情動のテーマを探求できなければならない。この安心感を提供するためには、私たちが落ち着いて取り組まなくてはならない。

こういう経験を通じて子どもは、初期の圧倒的な身体的反応や情動的反応に対して、身動きが取れなかったり、逆行したりするのでなく、むしろ自分を不安にさせるような情動をどう扱うべきなのかを学習する。

たとえば、病気と死は、子どもたちにとってよくある心配事だ。目の前で、祖父母は老いていく。ときには家族や友人のなかで病弱なおばあさんやおじさん、いとこなどが、病気や死と戦っていたりする。ほかの人が死ぬのではないか、また自分の親が死ぬのではないかと心配になり、子どもはその心配に取り憑かれてしまうかもしれない。胃痛や不安感として、ストレスが表れることもある。だがとにかく、子どもは、あけすけな質問をしたり、関心を示したりすることを通じて、自分の不安を直接親にぶつけることが多い。そういう不安に苛まれている子どもたちは、自己調整の活動に応じやすい。そういう活動は、気晴らしになるだけでなく、実際に彼らの状態を調整する。なかでも、芸術はとりわけ自己調整の力が強いことがわかっている。子どもが死というテーマについて絵を描いたら、ママやパパは、その絵を褒めてあげる必要がある。あるいは子どもに説明させるのもいい。そして親は、見たり聞いたりしたものを、怖がるべきではない。

自分の情動についてさらに思慮深くなると、彼らは、自分たちがこんなに怒っている、あるいは怖がっている、あるいは悲しく感じている理由を探しはじめる。感情というグレーゾーンに含まれる機微をより理解しはじめ、仲間関係が要求する、ギブ・アンド・テイクのことも理解しはじめる。幼い子どもは、親友が休み時間にほかの子どもと遊ぶなんて、大嫌いだと叫びながら、家に帰ってくるかもしれない。中学に入るころの子どもは、鼻であしらわれたのを知ると、声に出して、あるいは心のなかで、どうして自分がこんなに傷ついているのかを考える。

子どもの情動の成長は、親（あるいは信頼している誰か）と間脳で共有している環境のなかで、一緒に情動を開拓できるかどうかにかかっている。この開拓の経験がなければ、子どもの情動は悲惨な、全か無かというモードに閉じこめられたままになる。[*11]

不安や恐れにも光を当てよう

私たち人間は、心配になる情動を押し殺しがちだ。自分自身のものだけでなく、子どもたちのものでもそうする。だが子どもの情動の状態を最良にしておく秘訣は、つらい情動を避けたり、抑制したりするのではなく、昼の光に当てることだ。不気味で恐ろしいふるまいを、日の光に晒してみよう。そうすれば、屋根裏の怪物のように、ゆるんだシャッターが、風でばたばた鳴っているだけだとわかるだろう。

子どもたちは強いネガティブな情動を、恐ろしくて消耗させるものだと見なし、封印しようとする。プレッシャーが積み重なり、やがて爆発するか、閉じこもるところまで行く。そうなると子どもに、「言葉で説明しなさい」と言ってもしかたがない。というのは、彼らが恐ろしいと思い逃げようとしているのは、まさにその情動からだからだ。よくあるのは、そういう状況によって前言語期に退行し、言葉を使えない状態で放置されているか、あるいは粗野な感情を表す言葉しか使えなくて、それで事態がますます悪化していくケースだ。自分の子どもが真っ赤になって、「大嫌いだ」とこちらに叫ぶのを、何度聞かされたことか。そして情動の嵐が過ぎ去ると子どもは、そんなことは言わないし、考えることすらしないのだ。

子どもたちが情動的に成長するのを助けるには、彼らが自分がなにを感じているのか説明し、そうしても安全と感じられるように手助けしてあげなくてはならない。彼らは情動の語彙と、情動に関する思索を広げ、彼らの情動的反応における異なる要素を区別する必要がある。自分の情動の引き金をどう認識するのかを学び、成長するにつれて、自分たちの情動の弱点を理解しなくてはならない。そして新しい情動を発展させ、成長の一環として新しい情動が課す難題に、対処していくのだ。

情動調整はふたり一組で

強い情動を抑えるように教えるより、むしろ、そういう時には、こういう情動はあなたがストレス過剰に陥っているシグナルだと、子どもたちには気づいてほしい。このように「恐ろしい」情動を、親子で同じようにリフレーミングすると、瞬くまに、それほど恐ろしいものではなくなる。ロージーの例に見たように、怒りの爆発は、さまざまな理由で、彼女が疲れすぎて消耗していることを示すシグナルだ。彼女の場合それから数カ月、怒りを疲弊のサインとして捉えた結果、問題は消失しはじめた。

子どもがこの学習をしているときは、必ずふたりですることになる。あなたは、子どもの情動面での先生兼相棒として、難攻不落のストレス・サイクルを攻め落とす。あなたの役割は、情動の調整不全の兆候に早いうちに気づくことである。感情が激しくなり、子どもが「戦うか逃げるか」状態あるいは「フリーズ」状態に陥ってしまわないうちにだ。

というわけで情動調整は、ふたり一組の共同作業ではじまる。この形は、最後まで、人間的な機能が健全に働くために必須の要因になる。私たちは子どもに安心感を与え、なだめる。これは最初は親と子の関係ではじまるが、友達や仲間集団から、恋人や人生のパートナーとの関係に至るまで、ほかの関係すべてに共通する特徴となる。間脳がスムーズに働いているときは、つまり「相性」がよいときには、安心感と確信を共有することになる。たとえ情動の揺れが存在していたとしても、「相性」はお互いをうまく安定させる力があり、情動の違いを共有することで広がり深まっていく。これは同じコインの裏表だ。情動の揺れが人生の必需品であるのとまったく同様に、情動の相違の瞬間も、人生の必需品なのだ。

「怒り」への対処法

子どもが直面する最大の危機のひとつに、自分の癇癪をコントロールできないことがあるというのは、常に聞く話である。小さい子どもはみんな、程度の差はあるが、この問題を抱えていると考えられている。その理由は生物学的、遺伝的、社会的なものかもしれない。この保守的な考えによると、理由は何であれ、子どもが自分の怒りに屈すると、つらい目を見ることになるという。そしてこの考えを擁護する研究が山ほどある。研究によれば、このような子どもたちは学校から早期にドロップアウトし、反社会的行動に関わりやすく、ドラッグをやり、長期の心理的かつ身体的問題を抱え込みやすい。

だが子どもたちの怒りの問題に効果的に取り組むためには、原因と結果を分けて考えることが必要だ。子どもがそういう結果に向かうのは、子どもの怒りだけが原因なのか、それとも子どもの怒りに対する私たちの反応が、子どもの転落スパイラルの大きな要因になっているのではないだろうか。*12

実は、私たちは全員、誰かの怒りの噴出に対しては、こちらも怒りによって反応する。怒りを感じると、それを怒りの対象に向けて表現するのが自然だ。それはその対象が自分の子どもであってもだ。間違っているのはこの子だ。「やらかした」のはこの子だ。屈服させるべきなのはこの子だ。さんざん言ったのだから、とんでもないことになったとしても、自分のせいなんだからしかたない！

ネガティブな情動のなかでも怒りは、親子ともに対処するのがむずかしい。子どもたちは怒りを、特に疲れる怖い感情だと見なし、先ほど述べたように、しばしば無視したり封印したりしようとする。だがプレッシャーが高まると、ついには怒りが爆発してしまう。親はよく、子どもの怒りが非常に怖いのは、それが予期できないからだという。ある晩、ある母親の相談を受けていたら、彼女は息子の怒りの発作を描写して、こう言った。「時速0から時速100キロへと急に加速するんです。いままったく落ち着いていたと思ったら、次の瞬間には怒鳴りちらし、荒れ狂っているんです」

そうはいっても実際には、時速0から時速100キロへ、つまり冷静から激怒へ、瞬時に移れはしない。子どものふるまいがとても速く変わることはあるだろうが、それでも落ち着きから激怒へと変わったわけではない。だからこそ、プレッシャーのかかった「おとなしさ」と、自己調整された「落ち着き」を、区別しなくてはならない。爆発に至る場合には、子どもの緊張は高まりつつあるのだが、そうは見えない。だがもっとも大事なのは、子ども本人もそのことを知らないということだ。だからこそ、子ども自身が、感情の爆発の意味を認識する必要がある。言い換えると、子ども本人が、感情の爆発につながる身体的状況に、気づくようにならなくてはいけない。

セルフ・レグは、子どもの最大の危険は、実は怒りを経験することではないと教える。怒りは人間の状態のなかで根本をなす部分だ。[*13] むしろ子どもの最大の危険は、自分の感情を恥ずかしいと思わされ、自制心のなさを責められ、罰せられることで、さらにさまざまなネガティブな情動に屈してしまうことだ。無力感、無価値感、憂鬱感、さらには自己嫌悪まで。こんな具合では、子どもが「癇癪のコントロール」に近づけるはずもない。

怒りは、コントロールする必要のある性格の弱さではない。確かに、子どもには、しっかり理解させたうえで制限を与えなくてはならない。実際に、研究によって、制限がない状態は、子どもにとって厳格すぎるしつけと同じくらい、大きなストレス因子になることがわかっている。

しつけの目的は、子どもが自己規律を発展させるのを助けることだ。自己規律というのは子どもの、ネガティブな情動ではなく、ポジティブな情動から生じるものだ。自己規律は、あるタイプの人になりたいという願いと、自分はそういう人になれるという信念から生じるものである。罰せられるという恐れから生ずるものではぜったいにない。

第7章 認知的領域——記憶する・注意を払う・集中する

認知的領域の「根っこ」とは

「認知」というのはむずかしい言葉である。それは心理学においては、非常に広い範囲を含んでいる。すなわち、学習に関係する精神的プロセスすべて、つまり注意力、概念、記憶、そして問題解決などを指す。

セルフ・レグが見張るのは、このさまざまな認知プロセスの共通の根っこである。この根っこへの圧迫が、注意欠如・多動性障害（ADHD）と診断された子どもたちの学習問題をもたらすのだ。

認知的領域のなかで、子どもたちや青少年がよく苦労する性質は、次のようなものだ。

- 注意深くいる
- ほかのもので気を散らさない
- ごほうびを後回しにする
- 考えをまとめる
- 考えを綿密に検討する
- 考えを順序よく並べる
- フラストレーションに耐える
- 失敗から学ぶ
- 焦点を変える
- 因果関係を推論する
- 抽象的な言葉で考える

こういう項目のどれかひとつに問題を見つければ、その「特定の問題」を解決したいと考えるのは当然だ。だがセルフ・レグはいつも問う。どうしてこの「特定の問題」が見えているのだろう？

その下に隠れている要因は何だろう？　認知の根っこを強固なものにするためになにができるだろう？[*1]

　これは先に挙げた項目のどれかに問題を抱えている子どもたちだけでなく、すべての子どもたちにとっても大事なことだ。学習に問題のない子であっても、学校の勉強がさらに複雑になり、要求される注意力が増してくると、新しい困難が出てくることがある。勉強で成果を出すことへのプレッシャーは厳しく、学校生活での社会的要求、情動的要求は、子どものストレス因子をさらに増やしていく。

　根は水と栄養を吸い上げ、植物を安定させる働きをする。同様に、認知の根も世に出ていく子どもに必要な安心感を提供する。認知の根が吸い上げる知覚には、外部の合図だけでなく、内部の合図も含まれる。視覚、嗅覚、味覚、触覚、聴覚という五感だけでなく、自分の体のなかでなにが起こっているのかを子どもに告げる内部の感覚にも、私たちは対処している。自分の体幹、頭、四肢、手のひら、足裏の位置、体温や血圧の変化、直感的な時間の感覚さえそこに含まれる。

COLUMN

数秒もじっとしていられない男の子《タイラー・5歳〜7歳》#1

7歳で痩せていて小柄なタイラーは、部屋に入るときも、歩くというより駆け込んできた。入ったかと思うと出ていき、部屋のなかでは物から物へと、そして部屋から部屋へと動き回る。動きがぎこちなく、いつも椅子や机にぶつかり、壁にさえぶつかる始末。目に入るものすべてに触り、手に取らなくては気がすまないのだが、それもほんの一瞬のことで、すぐに放り出してしまう。ただ床にぽんと置くのでなく、放り出すことが多い。すわってタイラーに話しかけようとすると、彼は携帯用のゲーム機を取り出す。それでおしまい。彼をゲームから引き離し、会話に参加させる術はない。母親のシンシアは、タイラーはゲーム機を持たずにどこかに行ったためしがないと説明した。おそらくゲーム機だけが、彼のスピードをゆるませ、注意を釘付けにできるのだろう。

注意障害を示す行動の診断用チェックリストのなかの、「昂じた散漫性（すぐに気が散る）」と「新奇探索傾向（手当たり次第の好奇心）」が、説明の糸口としては典型的で簡単だろう。だがタイラーの母親にしても、ほかの人にしても、彼の「昂じた散漫性」を正確に説明することはむずかしかった。というのも、彼が課題に向かう時間があまりにも短いため、とても課題から気をそらしたとはいえなかったからだ。彼の行動を新奇探索傾向として捉えるのはさらにむずかしかった。自分が見たり、手に取っていたりするものに、彼はほとんど気づいていないからだ。むしろ彼は、なにか深い欲求に突き動かされ、刺激から次の刺激へと羽ばたいて移っていくハチドリのようだ。

タイラーは、じっとすわっていられないというだけではなかった。うろうろと歩き回っているとき、彼は緊張していて、好奇心に駆られているというより、不安そうに見えた。そして彼が何時間もずっとゲーム機に釘付けになっているときも、それが「集中」を示しているのか、それともゲーム機がほかのプロセスを妨げることでタイラーの注意を引きつけている「注意の捕捉」なのかを、判別するのがむずかしかった。注意障害のある多くの子どもたちにとって、ゲームが矢継ぎ早に繰り出してくる急速に変わる映像、大きな音、そして氾濫する鮮やかな色は、子どもを釘付けにすると同時に、脳のエネルギーを枯渇させる働きもする。

タイラーが幼児だったころ、彼をすわらせて朝食を終わらせる、外出の準備をする、それだけでも母親には計り知れない忍耐と努力が必要だった。5歳で幼稚園に入ると、状況はさらに悪化した。じっとすわっていられない、課題に集中できない、トイレの列に並べない、どんなに簡単なゲームでも最後まで続けられない……。

幼稚園に入った年に、タイラーは注意欠如・多動性障害（ADHD）と診断された。翌年、彼の注意力を向上させるために精神刺激薬が処方された。シンシアの話では、薬はタイラーの学校での行動を改善するのに若干助けになったようだった。

だが、タイラーはこの薬を飲むことに対してひどく反発した。水薬もタブレットも味を嫌がり、肌に貼るタイプは鬱陶しいのか、すぐに剥がしてしまう。こんな調子で、投薬をするだけでも大きな戦いだった。おまけに、薬の効果は夜には切れてしまうため、親子にとって、夜は苦悶の時となった。

シンシアはシングルマザーで、昼間は法律事務所のスタッフとして神経のすりへる仕事をしていた。だが、それより大変なのがタイラーと過ごす夜だったし、なかでも就寝時は最悪であった。息子を落ち着かせるだけで何時間もかかった。午前0時までに息子を眠らせることができた夜は、まずまずの勝利といえた。そして朝は疲れきって起きるのだが、タイラーのほうは、睡眠不足で困っているようすはまったくなかった。

タイラーが1年生になって3カ月が過ぎたが、彼にとっても母親にとっても、取り巻く状況はますます悪くなるばかりだった。授業は読み書きや読解の初歩へと進んでいったのだが、注意力不足と衝動性のため、タイラーは置いてきぼりをくらっていた。いまや彼の行動は侵入不能の壁となって、彼がクラスメイトと一緒に学習することを阻んでいるようだった。母親は、そもそも学習そのものが不可能ではないかと恐れていた。

私たちの目標は、タイラーの活動スピードを落とし、彼が自分の体の状態を知るのを手伝うことである。彼が落ち着いた時間を経験しそれを楽しむのを手伝い、それからそういう状態を自分でつくりだすやり方を学ぶのを手助けすることだ。[*2]

子どもに高次のメタ認知スキル（計画作成や自己点検、自分の学習の評価）をマスターするように押しつけるのは、その子の認知の根が圧迫されているときには、子どもにとっても、親にとっても、先生にとっても、ストレスのたまることになる。

タイラーがまさにそうだった。彼を手助けしようと躍起になった学校は、週に一度実行機能（EF）コーチング・セッションを用意した。「実行機能」とは、推論、問題解決、柔軟な思考、計画立案と実行、そして効率的なマルチ・タスキングに関わるいろいろな能力を指す。

実行機能（EF）コーチングでは、ノートの取り方、文章の読み方・組み立て方、テストの準備、あるいは時間管理のようなことを指導する。[*3] このようなスキルは大事であるし、勉強やテストに臨むストレスを減らしたりすることが、学習障害を抱えたあらゆるタイプの子どもにとって大きな助けになることが証明されている。だがそれは、タイラーの助けにはならなかった。シンシアはコーチングの指示通りに、毎晩息子と一緒に習ったことを復習したのだが、教えても彼の身につきそうもなく、親子は毎晩の勉強が嫌になってしまった。

問題だったのは、認知的領域におけるタイラーの問題が、それよりずっと初歩のつまずきだったことだ。セルフ・レグのあらゆる領域でいえることだが、強い基礎が築かれるまでは、「上位の」

認知の根っこに働きかけるエクササイズ

レベルで学びはじめることはできない。だからタイラーに散漫性と衝動性を抑えさせようとする前に、いろいろな感覚情報を取り入れ、処理する能力に取り組まなくてはならない。子どもが注意を注ぐことができない理由は、いくつかある。その理由は、生物学的なものだったり、認知的、心理的、社会的なものだったりする。[*4]

もちろん、実行機能（ＥＦ）コーチングで助けられている子どもたちもいる。だが、教育専門家からは、多くの生徒には効果がなかったという声もしばしば挙がる。なぜなら、このプログラムや練習は、一定のレベルの認知的な準備ができていることを前提としているのだが、ティーンエイジャーたちでさえ、そのレベルに達していないことが多いからだ。枝を刈り込む心配をする前に、まずは根っこに栄養をやる必要がある。

タイラーが抱える大きな問題は、内部感覚器官にあった。たとえば彼は、《サイモン・セッズ》【訳注：英語ゲーム。サイモン役の人が動きの指示を出し、「サイモン・セッズ」で始まるときだけ指示通りの動作を行う】のような簡単なゲームでさえ遊ぶことがむずかしく、すぐに飽きてやめてしまう。彼には努力する気持ちがないのだろうと考えたくなる。[*5]だが、注意深く観察していると、彼は動作と感覚を結びつけるのが苦手なのだと、原因がわかってきた。

日常生活のなかで、シンシアはこの状況を何度も見てきた。すわったり、立ったりする動きもぎこちなく、明らかに寒さで震えているのに、母親に言われるまで、セーターを着ようとしない。空腹にちがいないのに、母親が覆いかぶさるようにして食べさせなくてはならない。しかしながらこれまで一度も、これらのことが彼の行動の大きなパターンの出現だとは認識していなかった。

セルフ・レグを実践しているすべての子どもにとって、スタート地点では、その子が自分に合ったくつろぎが得られるようにしてあげる必要がある。タイラーの場合は、彼が自分の筋肉や関節からメッセージが伝わってくることを感じとれるような、ゲームからはじめるのがいいだろう。シンシアが一緒にゲームをして、彼にこの種の気づきを促すことにした。

昔からある《レッドライト・グリーンライト》【訳註：「だるまさんがころんだ」とほぼ同じルールのゲーム】のような遊びを使うのが効果的だ。楽しいし、子どもは満足感が味わえる。同時に、考えと動きと言葉での表現をつなげるという認知的プロセスを、具体的な動作によって体験し、自信を持って周囲の空間を進むように導くことができる。このようなゲームは、不注意の結果よりも、注意の根に働きかける。

このような練習をする必要があるのは幼い子どもだけだと、決めてかかってはいけない。図体の大きいティーンエイジャーはもう「子ども」ではないから、この脳と体の関係を強化するエクササイズから利益を得られないと考えるのは、早計だ。これは私たち全員に効果がある。

場合によってはティーンエイジャーは、この根にわずかな欠陥がありながらも、それまで一度も気づかれなかっただけかもしれない。おそらくは、記憶力など別の能力がたまたま高かったため、欠陥を補えたのだろう。だがある時点で要求が大きくなりすぎて、記憶では手に負えなくなる。そういう理由で、小学校のあいだは楽々と学業をこなしていたのに、高校になると急に注意障害が出てくる場合は、珍しくない。

パターンの学習で、認知的領域が発達する

新生児には、自分の外からだけでなく内からも混乱した情報がやってくる。ウィリアム・ジェイムズが「花盛りで、がやがやしている混乱」と描写した状態だ。[*6] 赤ちゃんの脳は、母親のお腹のなかでは経験したことのない数々の感覚や疲労困憊を記録し、処理していかなくてはならない。

それには、パターンを知ることだ。パターンは世界を予測可能にし、驚きを減らす。[*7] 赤ちゃんがパターンをよりよく認識できるようになると、世界は前ほど恐ろしくはなくなり、もっと魅力的になる。赤ちゃんは周囲にパターンを求め、それを見つめては耳を澄ます。たとえば、言葉による注意を意味ある音として聞くようになり、そのときの両親の声と、叱責する指、表情との関係を認識する。

パターン認識とともに、子どもは、親が意図した行動をする能力が備わり、逆に子ども自身がほかの人に自分の要求を伝えたり、自分の望むことをするために体を動かしたりする。この同一の認

知の根によって、原因と結果とのあいだの関係がわかりはじめ、子どもは、気分と行動との関係を認識するようになる。

この成長していくパターン認識能力は、子どものストレスを大きく減らす。それによって、子どもはしっかりつなぎとめられ、脳は学習するモードにとどまり、周囲の世界に心を開き、興味を持つようになる。つまり認知の根は、「混乱」の意味を理解するだけでなく、さらに複雑なパターンを探すために必要な、しっかりした基盤をつくるのである。

タイラーのような注意障害を示す子どもたちには、このしっかりした基盤がない。わずかな安定を確保できる唯一の方法は、感覚を激しく攻め立てている情報の大部分を遮断することだけなのである。

この根は、前もって決められた遺伝子のプログラムに従って、ひとりでに発達することはない。発達には、親が本能的におこなっている、子どもの問題解決の努力への助け船が重要になる。あらゆる文化において、親は赤ちゃんが一番好きそうな声の高さや大きさを知ろうといろいろと試してみたり、言語のパターンを認識しやすいように（「ブ」と「プ」の音の違いを際立たせたりして）発音したり、口の形の違いを誇張し、音の違いを聞くだけでなく見えるようにしたりする。パターン認識というのは、非常に早い時期からはじまっているのだ。

その後も、自転車に補助輪をつける、泳ぎを学ぶのに腕浮き輪をつける。鉄棒の練習をするときは支えてやる……そういった親から子への助け船は続いていく。

やりがちな最大の間違いは、どうやって注意を払うかを学ぶためには、子どもはひとりで苦労する必要がある、親の助けはいらないと思ってしまうことだ。子どもがひとりで静かにテーブルにつき、宿題をすませているのを見るのは、すべての親の夢だ。だがそこまで到達するためには、親からの多くの支援が必要な子どもたちがいるのである。

集中力の起点をつくるゲーム

注意を払うことに問題のある子どもたちにはたいてい、タイラーの例がそうであったように、散漫性を減らし、計画的に学習を進めることをめざすトレーニングからではなく、自分たちの、体についての気づきに取り組むことからはじめる。というのも、これが集中する能力の起点になるからだ。年端のいかない子どもたちがこの種の気づきを発達させるためには、いろいろな簡単な運動やゲームが有用だ。代表的なものを挙げよう。

●体を使って動物の真似をさせるゲーム
声かけ例：「ゾウになってごらん、大きな鼻を揺すってみて」

「ネズミになってごらん、安全な場所に逃げ込むんだよ」
「ライオンになって吼えてごらん」
「ネズミになってチューチュー鳴いてごらん」

●話すときのパターンを調整させるゲーム
声かけ例：「できるだけ早く言ってごらん」
「できるだけゆっくり言ってごらん」

●手の動きを伴う活動
活動例：木片にサンドペーパーをかける。
やさしくぬいぐるみを撫でる。

●触覚の気づき
活動例：目隠しをした状態で、いろいろな物に触れさせ、それが何かを当てる。

●嗅覚の気づき

活動例：用意されたさまざまなエッセンシャルオイルを手に取り、ひとつずつにおいを嗅いで、何のにおいかを当てる。

◉味覚の気づきあるいはさまざまな味を区別する

活動例：『ハリー・ポッター』に出てくるバーティ・ボッツの百味ビーンズの変形版。さまざまな味のゼリービーンズをひとつずつ食べて、何味かを当てる（このゲームは間違いなく子どもたちの一番のお気に入りだ）。

こういうゲーム遊びの目的は、単に子どもが、問題となっているさまざまな動きや調整に習熟するのを助けることだけではない。こういう遊びをするなかで、子どもの自分自身の感覚への気づきを助けることだ。子どもたちの注意を、こうして内部の体験に向けるための方法は、大きく分けて4つある。

①ゆっくりにする（話をするとき、子どもとの会話や交流、日常のことについても、とりわけ指示を出すときにはゆっくりと）

②ある種の刺激（音声や視覚）の強さにアクセントをつけ、子どもがその感覚をしっかり認識できるようにする。子どもの警報反応を引き起こしそうなほかの刺激は、強さを抑えておく。

③子どもが一度にひとつのステップ、あるいはひとつの情報に集中できるように、指示は細かな段階に分ける。

④体を使った活動や刺激を与えるゲームが、子どもの緊張をゆるめ、落ち着きを感じる助けになることを、子どもに気づかせる。そのゲームが終わったあと、自分の体をロボットみたいに感じるか（硬くて、緊張している）、あるいはクタッとしたぬいぐるみみたいに感じる（リラックスしている）かを尋ねる。

注意障害のある子ども、とりわけタイラーのように著しく注意が欠けている子どもについては、その子が感覚情報に気づくことを手助けすることがとりわけ大事だ。その子に練習してほしい動きがある場合、本当に動きをゆっくりにして見せ、体の異なる部分が関連して動くことでひとつの動作ができていることや、動作のリズムを感じとらせるのだ。ただし、子どもの警報システムが発動しないように、楽しくやることが重要である。

前に同僚が、通っているヨガ教室について話してくれた。[*8] この種の身体的知覚を強めるためには、どのぐらいゆっくり動作をおこなえばいいかを、教えてくれたことがある。教室での動きは極端にゆっくりで、新しいむずかしいポーズを習得しようとするよりは、むしろフォームに重きが置かれていた。指示も動きも、両足の重さについての気づきを深めることと、動きを通じた重心の位置の変化に集中していた。そして重力に逆らって体にゆっくりと働きかけるときに、筋肉にかかるテンションに注意を集中させる。それは身体的なものにしか見えないため、認知機能にとっての重要さは見逃されがちだが、自分の体に対する気づきに満ちている。クラスの終わるころには、とても落ち着き、体が軽くなると同僚は言っていた。

これまで宇宙飛行士たちは、地上に戻るのがどんなにつらいかを語ってきた。重力の影響を再体験するのは、重いリュックサックを背負うとき、あるいは険しい坂道で自転車を漕ぐときに似ているそうだ。ふだん、私たちは重力に逆らうことに慣れているので、直立姿勢を維持するためにどれだけ多くの筋肉が緊張しているかを、気にもとめない。[*9] どこに行くにも重いリュックサックを運ぶことに慣れきっているので、それを運んでいることにさえ気づかない。ただすわっているだけでも、胴部や背中上部、肩、首の筋肉が緊張し、姿勢をまっすぐに保っている。だが初めてすわり方を学ぼうとしている赤ちゃんは、これがどんなに大変なことかをじゅうぶんに経験している。そして朝、ベッドからなんとか出ようとしている不機嫌なティーンエイジャーも同様だ。

集中できない子は怠け者なのか

「動機付け」という言葉は、どうしようもなく曖昧な言葉である。たいてい「発奮させ、行動を起こさせ、導こうとする精神的行為」と定義されている。[*10] これは、「動機付けは、子どもに行動する意欲を起こさせることである」といっているだけだ。しかし、大事なことは、エネルギーが残っていなければ、子どもが発奮するのもむずかしいということである。[*11]

エネルギーと動機付けには、切っても切れないつながりがある。「ガソリンが満タン」であれば、子どもの動機付けは強くなる。エネルギーが切れかけると、動機付けも弱くなる。とても簡単なことだ。子どもにストレスがかかればかかるほど、エネルギーの消耗が激しくなり、なにかに挑戦しつづける気持ちが失せてくる。例によって身体的ストレス因子に含まれるのは、病気や睡眠不足、栄養、あるいは身体的活動だ。友人とのごたごたとか、ほかの社会的、あるいは情動的緊張も動機付けを損なう。そしてこの領域に特有の、「認知的ストレス因子」が存在する。

よくある認知的ストレス因子は、子どもがまだ基本的スキルや概念を習得していないのに、問題を解くように求めることだ。アルファベットを習っていないのに絵本が読めるわけがないし、足し算、引き算を習う前に、かけ算や割り算ができるはずもない。

認知的発達のすべての段階で、子どもがむずかしい課題に取り組むときに落ち着きと自信を感じるためには、その足場が適切な位置に存在しなくてはならない。発達上の準備ができていない子どもに認知的要求を出すのは、その子を注意障害へ導いているようなものだ。

ほかにも、以下のような認知的ストレス因子がある。情報を積み重ねすぎることや、段階を多くしすぎること。情報をはっきりと差し出さない、あるいは子どもが興味を引かれるようなやり方で示さないこと。情報を示すスピードが速すぎる――あるいはゆっくりすぎること。

動機付けがひどく不足している子どもやティーンエイジャーは、たいてい慢性的覚醒不足の状態だ。自分たちを上向き調整するために、ビデオゲームやジャンクフードといったものに何度も目を向ける。だが、第11章で検証する理由により、これらのことがますます彼らを消耗させ、さらに動機付けが弱くなる。私たちがセルフ・レグをおこなえば、突然彼らが元気になるというわけではない。だが、子どもの行動の見方をリフレーミングするだけで、子どもの動機付けに強く影響する。なぜなら、声に出して言われたかどうかはさておき、子どもは、自分に関する私たちの評価を察するからだ。学習に興味を示していなさそうな子どもを、怠け者とか、規律がないとか、「学業不振児」と見なす傾向は、まだ根強い。

私たちは学校を拠点にセルフ・レグに取り組んでいるのだが、子どもたちが集中できる時間は、だいたい年齢と同じ分（５歳なら５分）と決めている。だがもちろん、常に例外はある。あなたが思うほど集中できない子どももいるし、永遠に集中が続きそうな子どももいる。だがすべての子どもに共通しているのは、その限界を超えると、程度はどうあれ、大脳辺縁系が発火した子どもたちに見られるのと同じような情動的かつ認知的問題が現れる、ということである。学習への意欲がなくなりはじめ、ビデオゲームにしか興味を示さず、おとなたちが端的に「怠け者」と呼ぶような行動をとるのだ。

もちろん、子どもが注意を払わないのは、ただ面倒くさいからというときも多い。こういう場合と、エネルギーが切れかけて注意力が欠けている場合を、どう見分けるかを学ぶ必要がある。恐怖で子どもやティーンエイジャーを専念させる方法もあり、ガス欠でも子どもは走りはするのだが、それをやってしまうと、精神面でも身体面でも大きな代価を払うことになる。恐怖でありったけのエネルギーの蓄えを使うことになり、前の章で見てきたような、よくない結果が出てくる。すぐにではなかったとしても、あとになって出てくるのだ。

「育児の常識」という思い込みを手放す

子どもの気が散っているとき、私たちは、もっと頑張りなさいと子どもにまず強要したくなる。だがこれは、その子が必要としていることの真逆かもしれない。セルフ・コントロールは、問題を抱えた子どもに、マントラを唱えるように「じっとすわってなさい」、「ふらふらしないで」、「静かにしなさい」、「集中して」と言う。だが多くの場合、私たちがかけるべき言葉はむしろ「あたりを歩いてごらん。体をもっともぞもぞ動かして。ひとりでハミングしてごらん。目を閉じて」だ。なにが集中する助けになるかを考えてみて――そしてやってごらん。

もちろん、これをきっかけとして、子どもと一緒に、なにが落ち着く助けになるかを学んでいくのである。ここまでの章で見てきた休息と回復の戦略が、ここに全部投入される。睡眠、食事、運動、そして周囲のストレス因子を減らすこと。これに加えて、認知の領域における「アクティブな」回復の戦略、つまり注意を引きつけておきながら、同時にストレスを減らす方法を探索する。娯楽としての読書、音楽鑑賞、料理、バードウォッチング、ハイキングなどがある。[*12] だが子どもたちそれぞれが、なにが集中の助けになるかを学ばねばならない。ときには子どもの見つけた方法が、私たちの思っているものとまさに逆で、驚くこともある。

宿題をするときにラジオをつけておく必要があるという子どもは、宿題ができる落ち着いて意識が冴え、集中した状態に上向き調整するために、音楽の覚醒効果が本当に必要なのかもしれない。ソファに寝転がって宿題をすると言い張る子どもは、背筋を伸ばしてすわっているために必要なエネルギーを、無意識に減らそうとしているのかもしれない。カーテンを全部閉めて薄暗いなかで宿題をするという子どもは、視覚的刺激が自分を疲れさせているのを知っているのかもしれない。

親として大事なことは、自分の思い込み――子どもは背筋を伸ばしてすわるべき、照明は明るく、勉強は静かな場所でするべきとか考えてしまうこと――を、ときには放棄しなくてはならないと気づくことだ。あなたは子どものときにそうしなさいと言われてきて、効果を感じたのかもしれないが、それはこの子にとって効果があるかどうかとは関係ない。子どもはそれぞれ違うのだから、同じようには効かない。大事なのは、「この子にはなにがいいのか」なのだ。

親でも子どもでも、なにかのストレス因子のために注意を持続するのがむずかしいようなときには、ほんの数分瞑想する、あるいは、鼻から入る冷たい空気と出ていく温かい空気に焦点を合わせるだけでも、集中を取り戻すのにじゅうぶんなこともある。だが瞑想の実践が効果を挙げている子どもがたくさんいるとこの本で読んだから、あなたのお子さんにも効果があると思ってはいけない。それが効かないからといって、じっとすわって、もぞもぞ体を動かすのをやめ瞑想しなさいと強要するのは、ぜったいにだめだ。

注意障害における間脳の逆作用

先に子どものパターン認識スキルの発達において、間脳が重要な役割を果たすことを見てきた。そして間脳の力は、親だけでなく、人生で出会う重要なおとなや仲間すべてとの交流に作用することもすでに伝えた。

この問脳の役割が、注意障害を抱えた子どもたちにとっては、彼らの問題を解決するのではなく、むしろ問題の一因となってしまうことがよくある。それはとりわけ学校で起こりやすい。気持ちよく自分たちと意思疎通が図れなかったり、活動に加われない生徒がいると、先生は心配したり、怒ったりする。部活のコーチはいらいらするだろう。ほかの子どもたちは我慢できなかったり、その子に興味を失ってしまったりするかもしれない。

その子の不安や失望が大きくなればなるほど、接している相手のいらいらは増していきがちだ。するとその子は、周囲の人たちがどんどんストレスをかけてくると感じるため、自分の蓄えからエネルギーがどんどん出ていくのを感じる。本当は親や先生、コーチ、友人たちは、その子がストレスに対処するのを手伝ってあげるべきだったのに。注意を払う能力は、情動を調節する能力と同じく、問脳の機能である。つまり私たちがどう対応するかが、子どもたちがうまく対応できるかにとって大事なのだ。

これは、子どもにメタ認知スキルを教えるための余分の時間を確保することで解決できるような、簡単な問題ではない。[*13] 大事なのは、その子のストレスを緩和し、エネルギーと緊張のバランスを、エネルギーに有利になるように変えることだ。そのためには、その子の身になって、その子がどう感じるのかを理解しようとしなくてはならない。

この最初のステップが重要である。それがなくては、私たちは、自分は子どもを助けているんだという間違った思い込みのもと、その子のストレス負荷をさらに増やすことになってしまう。たとえば最近の研究によって、ADHDを抱えた子どもたちの多くでは、集中力の維持を支える脳の箇所の成長が、ほかの人よりも遅いことがわかってきた。因果関係の解明はまだまだ遠いが、健常児と同じような認知要求を課すことが、こういう子どもたちのストレスを増やしてしまうということも研究によってわかってきている。

注意障害を持つ子どもたちの時間の尺度は、健常児より短いことも発見されている。*14 ADHDのおとなの友人にこのことを訊いてみた。彼女の話では、おとなになってからADHDのための瞑想をはじめるようになり、急にすべてが「ゆっくりになる」のを感じたそうだ。生まれて初めて、彼女は「世界と歩調が合っている」と感じ、ストレスがずいぶん軽くなった。

自分の子どもでも、どの子でも、子どもの認知の構造をすべて解明するのは不可能だろう。自分がタイラーの欲求をすべて理解しているのか、私はまだ自信がない。私にわかったのは、彼がどんなにストレスを感じているかと、そのために彼が携帯ゲームに避難しているということだ。そこで母親と学校のスタッフと一緒になり、タイラーを落ち着かせるためのいくつかの手順を決めた。驚かれるかもしれないが、タイラーを落ち着かせるのには、安心させるような声や表情だけでじゅうぶんなときもあった——先生がそのことの効果を理解し、目にしたあとでは、簡単に実行できることだ。これはタイラーにとっては、自分がひとりではなく、必要があれば助けてくれるおとながいるという合図になる。

だがこれまで私は、自己調整においては「自己」に重きが置かれるのだと強調してきた。タイラーの母親と先生は、タイラーの状態を調整するための、いろいろな効果的な方法を編み出してきた。しかし、彼がひとりでそれを実行するのを学ぶには、どのように手助けすればいいのだろうか。

結局のところ、これはすべての親が問うことだ。特に学業に関してはそうだろう。私たちが子どものそばに立って宿題をしているか監視することなく、子どもがテーブルに静かにすわって、宿題を片づける。どうやったらそんなことができるのか。子どもたちが小学校、中学校、その後の課程へと進むにつれ大きくなっていく学究の挑戦から逃げ出すのではなく、それを喜んで受けとめるにはどうすればいいのか。注意を虜にする娯楽や誘惑に負けないためには？　だが子どもの注意を払う能力には、相当のコストがついて回る。

抽象的な言葉遣いに頼らない

私たちはクリニックの仕事や、学校やコミュニティのプログラムを通じて、セルフ・レグを紹介してきた。その経験から知ったのは、早期から子どもたちとセルフ・レグに取り組むうえでの一番大きな間違いは、このプロセスにおいて子どもたちを手助けするときに、私たちが抽象的な言葉に頼りすぎるということだ。むしろ、子どもたちが関連づけできる非常にシンプルな言葉や考えからはじめるのがよい。ガソリンタンクが空だとか、満タンだとか、一度にたくさんのプログラムを走らせようとしてコンピューターがクラッシュしたとか。あるいは、ラガディ・アンやバズ・ライトイヤーのような人形を小道具に使い、ラガディ・アンのようにくたっとしているか、バズのように硬いかを尋ねなくてはならない。

もうひとつ大きな発見があった。子どもを少し落ち着かせておいてからでないと、彼らは、「お腹が痛い」ことや、「腕や脚がちくちくする」ことに気づけないのである。低エネルギー／高テンション状態の子どもに、自分の体のなかはどんな感じかを尋ねると、たいてい返ってくる答えは、「なんでもない」だ。意外かもしれないが、もっと大きな子どもたちや10代になった子どもであっても、同じ調子だ。落ち着きはじめると、急に胃が締め付けられるような感じがすると訴えるが、その感じは「ずっとこうだった！」のだ。

注意を払うのが苦手な子どもたちは、とりわけ自分たちの内部や周囲でのできごとに無関心だ。乳児のときに、パターンを見つける能力をじゅうぶんに発達させられなかったのが、その大きな原因だといわれている。重大な注意障害を持つ子どもたちは、落ち着きの感覚を経験したことがなかったのかもしれない。内部がカオスであることを標準的な状態として受け入れるようになり、彼らの行動もそれを反映する。落ち着いた状態を実際に経験するまでは、それがどんなものかを知るすべはない。だが一度経験したならば、次のステップは、いつ落ち着く必要があるか、どのようにすればよいのかを認識するために子どもが自己認識を発展させるのを、助けることだ。

セルフ・レグをするときに、親はさまざまなテクニックを試す。なにが落ち着かせる効果があるかを見きわめるために、子どもの顔や体を観察する。タイラーは自分を落ち着かせるものをひとつ見つけたが、それは母親が背中をきつめにかくか、頭をマッサージするときの触感だった（彼は優しく触れられるのは大嫌いだった）。ここで一番重要なことは、彼がこのマッサージが首や肩、胴部、脚の緊張に効果があることに気づいたことだ。また、親子でストレスを引き起こすものを見つけ出しながら、できる限りストレス因子を減らし、そして何かを選択するときには積極的に息子を参加させた。それらが相まって、彼の携帯ゲーム機への依存が薄れてきた。体についての気づきがなければ、彼はセルフ・レグの最後の段階へ進めなかっただろう。

学習する姿勢を支えるのは安心感

子どもやティーンエイジャーが学習する脳を保つうえで、もっとも大事な要素は、ぜったいの安心感だ。[*15] 身体的、情動的、そして学習者としての安心感である。

こういうシステムの発達を促進するためにも、子どもには自然のなかで多くの時を過ごすことが必要だという信念を、私は持っている。[*16]だが、ティーンエイジャーたちのグループを、私の子どもたちが育った森に連れていったときに、自然のなかで安全に守られていると感じるにはどれだけ多くの助けが必要なのかを、私は実感した。一緒に行った子たちは、男の子も女の子も、うちの子どもたちなら気にもとめないであろうもの、リスの鳴き声、小鳥が藪のなかで立てる音、虫の羽音などにびっくりしていた。彼らが恐る恐る進む場所は、うちの子どもたちがいつも駆けていく場所だった。だがもちろん、私の子どもたちの場合は、この森で育ってきたのである。いったい何度つまずいて、転び、肩車をしてもらおうと、私のところに駆け寄ってきたことか。だがこうやって、子どもたちは自ら体験することで、足裏や脚から伝わってくる感覚に自分をどう合わせるかを学んできた。他者からの指示など必要なかったのだ。

今回連れてきたティーンエイジャーたちにとっては、切り株に登り、岩をはいおり、膝まで伸びた草で地面が見えないなかを歩くことは、不安でしかない。足もともおぼつかず、ささいなことにもびくついている。彼らは、サバイバル脳モードから抜け出せないまま、やっと駐車場に戻ってきたときには、安堵のため息をついていた。息抜きなんてとんでもない、散歩は試練でしかなかった。街に戻ると、彼らはそそくさと安心感を求め、引きこもった環境へと逃げ戻った。人工的な刺激があり、身体的活動のほとんどない世界だ。

動物が自分の巣穴で休み、回復しようとするのは、まさしくそこが一番安全な場所だからだ。それとまったく同じ安心感を子どもが必要とするなら、タイラーが私たちに教えてくれた最大の教訓はこれだ。彼には巣穴がないのだ！　学校が安全な場所ではないとか、必要なときに家に閉じこもる場所がないとか、必ずしもそういう理由ではない。むしろなにより先に、彼は自分自身の体のなかで安心だと感じられないからだ。彼はいままで一度も安心感を感じたことがないはずだ。

COLUMN

"13歳らしさ"はひとつじゃない《タイラー・12歳〜13歳》#2

体についての気づきを発達させるようなゲームをいくつか試してやっと、タイラーはダンスが好きだとわかった。宿題をやっていて彼の集中力が切れはじめれば、動きを取り入れた感覚遊び、そしてサルサ・ダンスの時間をはさんだ（多くの先生が学校の授業時間にも取り入れ、よい成果を挙げている呼吸の練習は、タイラーにとっては、さらに動揺するだけだった）。

12歳になるころには、タイラーは自己調整と注意の面で、大きな進歩をとげていた。したがって彼は瞑想をやめてもいいことになった。ただ、私たちとしてはタイラーに瞑想をやめてほしくなかった。*17 だがタイラーはずっと瞑想が嫌いだったし、自分の覚醒状態をモニターし、どんなときに自分を落ち着かせるべきかを認識できるようになっていた。

ここで私は、タイラーから大事なことを教わった。いままでで一番大事なことを教わったのかもしれない。

もうセッションも最後に近づいているというのに、私が話をしているあいだ、タイラーはそわそわと部屋中を歩き回っていた。そして、白状するのだが、私は少しいらいらして、うっかり彼に愚痴ってしまった。「せっかく説明しているというのに、きみがこっちを見ようともしないんじゃ、何の意味があるんだろう？」。

するとタイラーは私が説明したことをすべて、そっくりそのまま復唱した。最初はこんなふうではなかったが、タイラーはいまでは、世界のことがわかりつつある——それが、私が期待しているような、13歳の少年のふるまい方ではないだけなのだ。

「彼らが見ている世界」に寄り添って

タイラーを知るにつれて、子どもを――ひいては自分自身を――理解しようとしているときには、掘り下げるのをやめてはいけないことがよくわかってきた。これはあらゆる子どもと接するときにいえることだ。私たちは、ともすれば、子どもたちが自分たちと同じ目で世界を見ていると考えてしまう。ある状況に対して同じ判断をくだし、同じ態度をとると思ってしまう。だが、子どもたちに自身の体験を描写する機会を与え、彼らの話に耳を傾けてみれば、子どもたちの見たものが、私たちの見たものとはまったく違っていることがわかるだろう。私たちの概念を押しつけるよりも、彼らの目を通して世界を見てみれば、どんなに多くのことが学べるかを発見すると、びっくりするかもしれない。だがなにより大事なのは、私たちが実際に自分の子どもを見て評価するときには、個人や文化の基準に照らして測るのではなく、目の前にいるその子がどうであるかを見るべきだということである。

タイラーの見た目や行動が、同年齢の子どもたちとは違っているのは事実だ。彼は少し内股で歩き、ズボンを少し高めに引き上げてはき、毎日同じシャツを着て、いつもおかしな帽子をかぶっている。ほかの子どもたちがからかっても、自分ではかっこいいと思っている。ときどき本当に妙な質問をするのだが、相手はやがてその訊かれた質問が気になってくる。同じような歳の子がするようなことはあまり好きでない。友だちはいるが、多くはなく、彼らもどうやら、タイラーと同じくらい変わり者らしい。彼にとっては、知らない人に会うことがストレスである。相手が知っている人だと大喜びするのだが、知らない人だと、彼はすぐさま困ったようすを見せる。

タイラーについて考えれば考えるほど、彼のことがわからなくなる。私たちはいったいなにをなしとげようとしているのだろうか？[*18] もちろん、タイラーをほかの子どものようにすることではない。彼を「もっとふつうに」変えることではない。そうではなくて、彼に、落ち着いて、意識が冴えた状態で、学ぶというのはどういう感じなのかを、体験してほしかった。どんなときに緊張して、ガス欠で走っているか、そしてそれからどうやって回復するかを、知ってほしかったのである。私たちはしょっちゅう、自分たちの欲求を、子どもたちの欲求と混同してしまう。タイラーのような子どもたちに対して、自身で自己管理させる方向でなく、こちらが管理しやすい方向へと変えようとしてしまう。

私はいまだにタイラーを、ハチドリとして考える。彼は涸れることのないエネルギーに満ちている。彼の「陶酔」は——突然の執着が1週間からときには数カ月も続く——、彼が学ぶことに熱心で、能力のある子どもだということを反映している。彼はいうなれば、「知的に雑食性」であり、いつも新しい食欲を見つけ、新しい興味対象をむさぼっている。だが必要な休息を取るのは上手になり、その結果、彼はより満たされていて、たいてい笑みを浮かべて快活でいる。

確かに、上り下りを繰り返し（最近は、下りよりも上りが圧倒的に多い）てきたが、まだいくつかの社会的状況は苦手としている。とはいえ最大の変化は、いまではいつ自分が動揺し、落ち着くにはどうすればいいかを知っていることだ。

そのような変化をもたらした大きな要因は、シンシアが家庭で息子とおこなった、セルフ・レグだった。彼女は定期的に息子と自己認識の練習を実行した。最初は自分が疲れているか、空腹か、寒いか、具合が悪いかどうかさえ、タイラー自身が気づくように手助けするところからはじめなくてはならなかった。シンシアにはサインが明らかだったが、タイラーにこのサインを認識させるのは大変で、ときには彼がまったく乳児に戻ってしまったような気さえした。おそらくそこがポイントだったのだ。タイラーはそれまで、この大事な気づきの側面を、完全に習得したことがなかったのかもしれない。あるいは忘れてしまったのかもしれない。ストレス過剰のせいで、乳児のときに学んだことを鈍らせてしまったのかもしれない。彼は、違っているからと攻撃するのではなく、あるがままの存在として見てもらい、支えてもらいたかっただけかもしれない。

学習障害と診断をくだされた子どもたちが、実は先生の声が聞こえなかったり、黒板が見えなかったりしただけだったということがあったのは、それほど前の話ではない。もちろん、その子たちの注意は散漫だった。もちろん、ほかのクラスメイトのようには学ぶことができていなかった。そして彼らができないことに悩み、おかしな行動に出ると、その行動が問題になった。彼らには眼鏡や補聴器が必要だという正しい診断が出されていたら、状況はまったく違っていただろう。振り返ってみると、そういう子どもたちに厳しく当たり、彼らを完全に無視してきたのは、野蛮なことに思われる。だが今日でも、注意の根っこに対して圧迫が加わることで、簡単に気が散ったり、非常に衝動的だったりする子どもたちにどう対応するかについて、状況はまったく変わっていない。

第8章

社会的領域――友達をつくる・学校に通う・グループ活動に参加する

3人の幼稚園生と社会的スキルの観察

とある幼稚園の教室。いままで訪れたほかの幼稚園と同じだ。騒々しくて、楽しくて、活気に満ちている。子どもたちのなかに、私の目を引く子どもが3人いる。この子たちのそれぞれの行動が、なにか大事なことを訴えていることはすぐにわかった。だが、それがなにかを突き止めるには、しばらく時間が必要だった。

ひとりめは、小さな男の子だ。彼は教室にいるあいだずっと、先生のスカートを離そうとしない。先生がどこへ行っても、くっついていくのだが、先生はその子の存在を気にとめていないようすだ。あとで先生にそのことを伝えると、びっくりしていた。いつもそばにくっついているので、もうほとんど意識していないらしい。

ふたりめは、親分風を吹かす男の子である。自分で自分を〝副司令官〟に任じているようだ。お絵描きをしている子どもたちに、使っている色が違うと指摘したり、クレヨンの持ち方を指導したりしていた。休憩を取るようすもなく、自分の仕事を着々とこなすことに満足しているようすだ。

３人目は女の子である。彼女は隅っこでひとり、本を読んでいた。というよりも、読んでいるふりをして、ページを繰っては、頭に浮かんだ言葉を口にしている。私が見ているときに、先生の助手がやってきて彼女のそばに立ち、何の本を読んでいるのかを尋ねた。女の子の顔を、一瞬パニックの表情が横ぎったが、すぐに女の子はまた本の世界へ戻ってしまった。

このまったく違う子どもたちを眺めるのは、心奪われることだ。ひとりはおとなのそばにいることにこだわっている。ふたりめは、おとなの役割を自分のものだと思っている。そして３人目はおとなとの接触を避けている。

できるだけ気づかれないように、私は昼まで３人を追いかけてみた。観察していて非常に興味を引かれたのは、子どもたちがみんな集まって歌ったときのことだ。先生は電子黒板を使い、歌詞をスクリーンに映していた。子どもたちは歌うことで生理学的利益を受け取るだけでなく、リーディング・スキルの学習にも取り組めるというわけだ。子どもたちは歌に夢中になって、次に歌いたいお気に入りの曲名を叫んでいる。だがこの3人は別だ。

問題はどこにあるのだろう。3人が字が読めないからなのか、彼らにはうるさすぎるせいなのか、あるいはペースについていけないだけなのか。だが問題が何であれ明らかなのは、3人とも、この体験にはストレスが多いと感じている点だ。男の子ふたりは曲の歌詞をつぶやいていて、たまに当たっていることもあるようだった。これは、カナダ国歌をフランス語で歌っているとき、歌詞がうろ覚えなのを周りの人に気づかれないように、私がよくやる手だ。そのあいだ、女の子は隅っこで小さくなり、見えない存在になろうとしていた。ずっとそこにすわったまま、スクリーンを眺め、物音も立てず、顔には緊張した表情を浮かべていた。

休憩時間になると、3人もほかの子どもたちと一緒に外へ出ていったが、みんなのように元気いっぱいではなかった。先生の横にぴったりくっついていた子は、地面にあった汚い靴下を使った遊びをしている一団に入ろうとしていた。どうやらその遊びは、誰がその靴下に触る勇気があるかを競い合っているらしかった。ひとりずつ順番に、その靴下に近づき、叫びながら逃げていく。この男の子も、ほかの子と同じくらい楽しんでいるように見せようとしていた。だが、この子には、このゲームの目的がまったくわかっていないように思われた。ほかの子たちはふざけてバカをやっているのだが、彼はただまごついているだけにしか見えない。なにより見ていてつらいのは、ほかの子たちがこの子にまったく注意を払っていないことだ。

２番目の男の子は、まっすぐ園庭の年少児のエリアまで行き、４歳児や５歳児と遊ぼうとした。子どもたちは砦をつくっている。いやむしろ、小さい子どもたちが砦をつくり、彼はそれに指示を出していた。

女の子はひとりでブランコのほうに向かった。うつむいて、ゆっくりと前後に揺れている。これを見て、ひとりの先生が近づいていって、女の子の手を引いて、鬼ごっこをしているグループのほうに連れていった。だが先生がほかの子の面倒を見るためにその場を離れたとたん、女の子は、一直線にブランコに戻ってしまった。私の知る限りでは、その子は休み時間のあいだ誰にも話しかけなかった。休み時間が終わると、静かにみんなのあとから教室に戻った。

この３人の子どもたちはみな、幼稚園の社会的要求にうまく対処できていない。親は、子どもが歩けるようになる前から、公園に連れていき、あるいは遊びの約束をして連れ出し、社会的スキルを教えようとする。だがこの３人を見ていると、社会的スキルを身につける以前のもっと基本的なものが関係しているのは明らかだ。

考えると不思議なのだが、間脳が示すように、人間の脳はほかの脳と連絡を取る準備ができた状態で、この世に生まれてくる。なのに、社会的スキルをわけなく習得する子どもたちもいる一方で、親としかかみ合わず、ほかの子どもとはつながることができない子どももいれば、よく知っている子どもとしかつながることができない子どももいる。まったくつながることができない子どももいる。

なぜこの3人の子どもたちはうまくいかないのか。そして、どうしたら彼らを手助けしてあげられるのか。ほかの子どもたちがなにをしているのかをしっかり見なさいとふたりの男の子に言っただけでは、助けにはならない。あの女の子をむりやりグループに入れても、自発的にグループに入っていくことを促す効果はない。

脳のシステムが愛着や友情を育んでいる

私たちはほかの人を必要とする。私たちの脳はほかの脳を必要とする。赤ちゃんのときだけでなく、人生を通じてずっと。だが同様に、私たちの脳にとってほかの脳は、大変なストレスにもなる。どうして同じ現象がこれほど正反対の影響を与えるのだろう。答えは偉大なアメリカの生理学者ステファン・ポージェスがニューロセプションと名づけたものにある。[*1] それは脳の奥深くにあるシステムであり、人々や状況が安全であるか、そこに危険が潜んでいないかを監視している。

ニューロセプションとはどんなシステムなのかを垣間見るビデオがある。

映っているのは、生後8カ月の男児エマーソンと母親だ。エマーソンは、母親をじっと見つめている。彼は嬉しそうに笑い、満足げな笑い声を出している。そのとき、母親が突然鼻をかむ。彼は一瞬びっくりする。だがほんの一瞬だけだ。ママはあやすような声を出し、満面の笑みを浮かべる。彼も笑みと、のどを鳴らすような声で応える。だがそのとき、母親はまた鼻をかまねばならなくなり、まったく同じことが繰り返される。これが続けて4回繰り返される。毎回同じ結果になり、そのあと母親は鼻を本当に激しくかみ、そのときのエマーソンの反応に対しては、見ている人たちから必ず爆笑が起こる。大きな目を見開き、驚きと恐怖がない交ぜになった顔。激しく後ろに反り、ベビーチェアにベルトがなければ、ひっくり返っていただろう。まだ歩きもしない赤ちゃんの、「戦うか逃げるか」反応がどんなに強いものかがよくわかる。

私たちは赤ちゃんと接するときに常に、このような一連のできごとを体験する。ここでは意識的な判断は作動していない。赤ちゃんの反応は、脳の中央にある警報システムによる、機械的反応だ。このシステムが危険を認識すると、第1章で見てきたような体内プロセスを始動させ、次のような対外プロセスをも始動させる。目と口は大きく開き、眉毛を上げ、胴体を緊張させ、手足をばたばたさせる。警報システムが安全を認識すると、目と頬の周囲の筋肉を収縮させるよう指令を送る。体がリラックスし、赤ちゃんは声を上げて笑う。

警報をオフにすること。これは間脳の重大な機能だ。赤ちゃんの脳の前方部には、自分自身を落ち着かせる能力を持つシステムがある。だが、まだ未発達でうまく働かないので、赤ちゃんの間脳に働きかけて警報を切るという役割は親、つまり外部の脳が果たさなくてはならない。親がこの役割を果たすとき、優しく、いつも同じ調子でおこなうことができれば、赤ちゃんの学習する脳を働いたままにしておくことができる。そうすれば赤ちゃんは言語や表情の意味などを処理することができる。

だがニューロセプションだと、赤ちゃんの学習する脳も母親の脳もいらない。赤ちゃんの表情と動きが無意識的なのと同じく、母親のそれらも無意識的だ。学生に共同調整について教えるとき、母親と赤ちゃんが嬉しそうに一緒に遊んでいるビデオを見せる。親子のしぐさや表情、情動がすばらしく調和している。だがそのとき、赤ちゃんが母親を少し強めに叩く。すると母親が急に腹を立て、触れ合いをやめてしまう。赤ちゃんはすぐにびっくりし、体が硬直する。母親はこれを見て、ひどく心配し、それからすぐに目つきを和らげ、屈み込む。赤ちゃんは同じように反応する。体がリラックスするのが見てとれ、笑みが戻る。

母親の表情も、赤ちゃんの表情も、始めから終わりまでずっと無意識的だ。始めはふたりとも満足そうな表情をし、目を輝かせ、笑みを浮かべている。目の輝き、話しかけるリズムや調子、そしてさすってやることで、養育者は覚醒を促す。赤ちゃんを上向き調整して、食べさせ、遊ばせ、学ばせる。だがそのとき母親はまなじりを吊り上げ、眉根にしわを寄せる。赤ちゃんは目と口を大きく開け、眉を上げる。母親が眉を収縮させ、目が細くなる。それからふたりとも満足そうな表情に戻り、目を輝かせ、お互いにほほ笑み合う。この細部まで管理された注目すべきダンスの舞台は、親子の顔である。[*2] ほんの数秒のあいだに、相互の覚醒から怒り、恐れ、心配へと移り、そして喜びへと戻る。

表情、しぐさ、動き、姿勢、そして声を出すことを通じ、親子は自分たちの感情をお互いに伝えるだけでなく、お互いの感情を誘発する。始めは互いに気持ちを共有しているのが見てとれる。ふたりとも楽しい。それから不調和な情動状態に移行する。母親は怒っており、赤ちゃんはびっくりしている。それから今度は赤ちゃんのほうが怒り、母親はびっくりする。それからふたりは、安心と嬉しさがまじった状態の共有へと戻る。生理学的には、視覚的覚醒から一時的覚醒過剰になり、それから落ち着きへと戻る。

ここで起こっていることを「共通の理解」という言葉で説明するのはむずかしい――これはそれよりずっと未発達な、共同調整のプロセスである。お互いが相手の感じていることに、行動においても感情においても、無意識的に反応し合っている。実は、これこそがマインド・リーディング――相手のボディランゲージからほかの人の考えや感情を知る能力――を培う基礎となるのだ。[*3]

ニューロセプションは、人同士を結びつける接着剤である。それはふたりの個人だけでなく、種全体をも結びつける。脅威への対処をする内部のプロセスを発動させ、困っているときに合図する外面的なしぐさを作動させる。このシステムはまた、誰かが困っているのに気づいたときに内部の反応を促進し――私たちの大脳辺縁系が相手のそれと呼応し――、そして困っている人をなだめる働きをする外面のしぐさを作動させる（ほほ笑み、慰めるような視線やしぐさをしてみせる）。このコアシステムが滑らかに作動していれば、しっかりとした愛着や友情が生まれる。だが、それが遮られたり欠陥があったりすると、子どもの社会的発達について、憂慮すべき結果を招きかねない。

ボディランゲージも社会的脅威になりうる

能面のような顔の実験ビデオを見るのは、母親が鼻をかんだときのエマーソン坊やの怯えを見るのとまったく同じようなものである。能面顔の実験は、赤ちゃんには非常につらいものだ。だが発達心理学者のエドワード・トロニックは、それがもっと年上の子どもたちにとっても同じくストレスになることを示し、母親にとっても同じくらいストレスになることも明かした。トロニックの研究のひとつでは、助手が能面顔の実験のヴァリエーションをおこない、学生に乳児や養育者の役割をさせている。[*4] 乳児の役をした学生は、不安と欲求不満を感じ、そしてパニックを起こしそうだったとまで報告している。反応しない母親の役をした学生は困り、不安になり、恥ずかしくさえ思ったと報告している。

この学生たちがどれほどストレスを感じたかは容易に理解できる。取引先のオフィスでなんとか交渉を取りまとめようとしているのに、相手はひと言もしゃべらないままだったら、どんな気分になるだろうか。

もちろんこういった「社会的脅威」に、みんなが同じように反応するわけではない。笑いとばして無視する人もいるだろうし、誰かのスカートにしがみつこうとする人もいれば、隅っこに引きこもる人もいるだろう。私たちの個人的反応は、それぞれの生物学的気質と、幼稚園に入るずっと前、乳児のころからの社会との遭遇の歴史が一緒になった結果なのだ。

私たちがここで目にしているのは、社会的覚醒の影響だ。[*5] おとなのなかには、どんな形であれ、交流することを耐えがたいストレスだと感じる人がいる。そのため彼らは、あらゆる社会的イベントを避ける。相手が家族や友人でもそうだ。一方で、みんなのいる場所でしかエネルギーを感じられず、そういう場を渇望する人もいる。だが私たちの「社会的覚醒度のメーター」がどのあたりに設定されていようと、ニューロセプション・システムはたえず安全を求める。システムが安全を感知すると、落ち着いて意識は冴え、必要なだけリラックスできる。逆に脅威を感知すると、緊張し、そわそわし、消耗してしまう。

このシステムにおいてもっとも素晴らしいところは、ほかの人のボディランゲージ（声の調子、しぐさ、表情）を、意識的な認識にのぼらない範囲まで観察する能力である。[*6] この社会的合図は、レーダーに感知されずにやってくるようなものだ。実際この無意識の監視システムは、どう交流がおこなわれるかにとって、言葉のやりとりよりも重要だ。以前、私たちのセルフ・レグ指導に加わることに熱心な校長と話をしていたとき、9歳の女の子レイチェルが、クラスを混乱させたということで校長室に連れてこられた。どうやらレイチェルは、ふだんから問題を起こしているらしかった。校長室へ送られるのは、これが二度目だという。

その後の展開は、ニューロセプションの典型例となった。校長先生のかける言葉は適切なものばかりだった。今回の行動はもう忘れ、レイチェルがやり直し、親御さんが自慢できるような生徒になるよう手助けしたい。覚醒過剰についても話し、いつこういうことが起こるのか、自分を落ち着かせるためになにをするべきかを認識する必要があることなどを、説いて聞かせた。だが困ったことに、ボディランゲージを通じて、校長先生はまったく違うメッセージを伝えていた。眉根を寄せ、厳しい声を出し、デスクを指でコツコツ叩いていた。この非言語的な攻撃にレイチェルがおじけづき、フリーズするのがわかった。彼女が自分に対して言われたことをほとんど処理できていないのは明らかだった。顔色が悪くなり、こんなふるまいはやめますと約束するように、最後には促されなくてはならなかった。

女の子が校長室から逃げ去るように出ていくと、校長先生は私のほうを向いて、残念そうな顔をして尋ねた。

「さっきのような子どもには、どう対応したらいいのでしょうか?」

私は、先ほどの子は声の調子、表情、しぐさにとりわけ敏感なように見受けられたと述べた。校長先生が教えようとしていたことを彼女が処理するには、まずはあの子を落ち着いて集中し、冴えた意識の状態にすることがどれほど重要かを話した。

校長先生は、いったん自分が無意識にしてきたふるまいに気づけば、どれほどすばやくボディランゲージが変わってしまうかを示す、格好の例となった。レイチェルとの交流は突然変貌した。以前はこの女の子の行動を、いらいらするものと捉えていた。にもかかわらず、次からはこの子がどんなにストレスを抱えているかを認識し、すぐに声のトーンを下げ、目線を下げるようになった。

人は他人の脳を使って安心感を得る

能面のような顔によって体験する不快感を、利用しようとする連中もいる。悲しいことだが、私たちみんなが持っているこの必要性を意図的に操作しようとする人間には、無反応の養育者の役割を演じた学生が報告した、やましい気持ちもない。その人には力とコントロールへの渇望があるだけだ。だがどうして彼らは、そんなきわめて利己的な衝動を持っているのだろうか。この問いに対する答えは複雑なものであり、それはさらに次の章で、向社会的領域の奥深くへ私たちを導く。だが、スタート地点は、ニューロセプションにある。ストレスに対し「戦い」のほうに傾いて自己防衛するように設定されてしまっているのだ。

いつも従順だったり、社会的出会いをことごとく避けたりするおとなも、先天的に受け身だったり恥ずかしがり屋だったりすることだけが原因ではない。理由が何であれ、彼らは見知らぬ人と会うとアドレナリンが増加し、それは逃走反応を指令し、その逃走反応は簡単にフリーズへと変わる。引っ込みたいという欲求は、情動的なものであるだけでなく、生理的なものでもある。ニューロセプションが「逃げる」ほうに傾いて自分を安心させようとしているのだ。

このパターンは確固としたものであるため、打破するのがむずかしい。[*7] 幼稚園の教室で見た、ボス風を吹かす男の子は、生まれつきそうではなかったはずだ。また、彼が家で経験したことを演じているだけとは思えない（それがひとつの要因になっているかもしれないが）。むしろ、周囲をめぐる情動の微妙な流れに混乱し、それを不確かに思えば思うほど、彼はますます偉そうになっていく。園庭の隅っこに張りついていた女の子は、「社会的に不安な」だけではない。彼女が知っている唯一の方法で、ストレスを緩和しようとしていたのだ。

これは社会的交流が抱える大きな矛盾を私たちが理解するうえで、助けになる現象だ。私たちは実際に社会的動物である。私たちが生まれついて備えている脳は、ほかの人の脳を受け入れるだけではない。安心感を得るために、ほかの人の脳を必要とするのだ。赤ちゃんは助けが必要なことを伝えるシグナルを送る。養育者は、その助けがあることを伝えるシグナルで応える。もし養育者がそのシグナルを提供できなければ——たぶん赤ちゃんの要求が混乱しているからであるが——、結果として、生物学的、情動的、認知的、社会的、このいくつかの領域にまたがる、覚醒過剰をもたらすことになる。

若い夫婦が、ひどく取り乱して相談に来た。生後9カ月の男の子ザックが、母親が泣きだしたときに、声を上げて笑ったという。父親が尋ねた。「これは、うちの息子にはサディスティックな傾向があるということですか？」私は、できるだけ優しく、これは単に、母親が泣いているのに反射的に反応し、ザックの警報システムが作動しただけですと説明した。これは恐怖反応である。ザックが情動的反応を調整しはじめるのには、もう2〜3年かかるはずだ。要点を理解すると、夫婦の緊張がほぐれるのが目に見えてわかった。

ほかの反射的反応、たとえば怒りなどでも同じことだが、多くの親にとって、これが感知された脅威に対する原始的な反応にすぎないと納得するのはむずかしいらしい。女の子の赤ちゃんが怒ると、怒り返してしまう母親が印象に残っている。母親が落ち着いて、自分の反応を和らげる必要があるのだと理解するためには、手助けが必要だった。問題は、赤ちゃんが怒りを爆発させることではなく、親が怒って反応してしまうことにある。このことで、子どものニューロセプションが、脅威を感じたら「まず最初に怒りを示す」方向にかえって強められてしまうのだ。

怯える子どもを社会参加に導くために

こういった誤ったコミュニケーションが習慣になってしまうと、子どもは、怖がったときに、もっとも必要なものを避けるようになる。それは、養育者が落ち着いてそばにいること、あるいはもっと大きくなると、ほかの子どもたちやおとなが落ち着いて存在することだ。子どもは内へと、自分のなかへと向かうだろう。そこからさらに「戦うか逃げるか」状態に入ると、本当にややこしくなる。脳は、脅威に対処するための、人類の最新の進化的適応——社会参加——から、もっと原始的な、孤立した動物を守るためにつくられたメカニズムへと移行してしまう。いわゆるサバイバル脳だ。*8

「戦うか逃げるか」状況において、人はひとりぼっちで、なんとか逃げ出したいと思う。このような気持ちになったとき、子どもたちが言葉を使ってコミュニケートすることは非常にむずかしい。だが、こういう事態になってしまったとしても、非言語的な方法を見つけることで、私たちは子どもたちを手助けすることができる。ある小さな女の子は、「ジュニパー」というすばらしい名前だが、みんなに「ジューンバグ（コフキコガネ）」とからかわれていた。彼女は自分がまいってしまったと感じたときには、人形を1体ドールハウスの隅に置くことで、それをママとパパに知らせていた。

「戦うか逃げるか」に陥っている子どもたちに対して、理屈を説いたり、しつけをしたりするべきではない。そうではなく、私たちは、彼らを「社会参加」の世界に連れ戻さなくてはならない。それを可能にするには、彼らに安心感を回復させてやらなくてはならない。間脳の主要な仕事は、子どもを安心させることだ。そして長いあいだ、このことが真実でありつづけてきたということは、繰り返し強調しておく必要がある。これは子育ての力学だけでなく、人生全般に活用できる。だが子育てにはとりわけ当てはまるのだ。

もしこの安心感が社会的交流のなかでの心地よさの問題にすぎなければ、この問題を次のように考えてもよいだろう。心安まると感じられるときもあれば、感じられないときもある。それが人生というものだ。だがすでに見てきたように、ここには主観的な体験以上のものが関係している。社会的覚醒は、ほかの自己調整の領域に強い影響を及ぼすからだ。社会に対して子どもが自分は脅かされていると感じるとき、交感神経系の氾濫に陥ってしまうこともある（怒りと攻撃、逃走や脱走）。あるいは副交感神経系の氾濫（撤退、麻痺）に。このような調整異常は、子どもの緊張、情動、そして自己認識に対して、深い影響を及ぼす。自分は安全だと感じるときに経験する回復の状態は、ただ気持ちがよいだけでない。その状態でこそ、学びと成長が見いだされる。子どもが、ますます複雑になっていく社会的困難に対処するのを可能にする学びと成長なのだ。

社会的成長には、ＯＦＦの時間が欠かせない

生物学的、情動的、そして認知的な回復と成長にとっては、落ち着いて集中し、かつ意識が冴えていることが大事だということを、これまで見てきた。だがそれらは社会的成長のプロセスにとっても、まったく同じくらい大事なことがわかった。ここには、厳しいトレーニングのあとで非常に大事になる回復局面と、似たところがある。ジムに通いつめている人はよく知っているが、トレーニングで一番大事なのは、運動後の回復局面だ。筋肉が増強するのは、コンフォート・ゾーンを少し超えたチャレンジをし、そのあと体に休むチャンスを与えたときだけだ。

同じようなことが、社会的成長にもいえる。むずかしいと感じた社会的状況について、考える機会（ＯＦＦの時間）が必要だ。だが現代の多くの子どもたちにとっては、ソーシャルメディアがいつでも「ＯＮ」を要求する。そのため彼らには、社会的成長にとって不可欠な、いつ、どうして脅威を感じたのかを考えるための休止時間がなくなってしまう。社交的な付き合いがメールと画面に限られている限り、顔を合わせるという、社会参加の重要な局面も逃してしまう。ボディランゲージや表情、声の調子、言葉を交わすリズム、そして身体的状況のニュアンスが、社会的参加と社会的学習、そして成長には欠かせない。

実は、成長を、生物学的、情動的、認知的、そして社会的にという領域に分けることさえ、紛ら

わしいものである。というのも、すべてはお互いにほどけないように結ばれている、自己調整の異なる局面にすぎないからだ。安全だと感じていれば、子どもは交流を楽しみ、長期間にわたり養育者などに応対する。子どもは注意を注げば注ぐほど、社会的パターンを多く認識しはじめる。このパターン認識がそのまま脳に伝えられ、だれかの顔を見て、あるいは出す音やしぐさを見て、その人がなにをしようとしているかを予測することが可能になる。そして自分の願望や要求も表現できるようになる。願望や要求は、社会的に発達し、コミュニケーション・スキルが成長するにつれて、複雑になっていく。

授業用に使う、心を揺さぶるビデオがある。このビデオでは、クリニックで勉強してきたひとりの父親が、男の子の赤ちゃんと一緒に、ベッドに横になっている。ふたりは昔からある、お互いに変な顔を見せ合う遊びをしている。ふたりともこの活動に強い喜びを見いだしているが、1分もしないうちに、赤ちゃんは疲れて顔をそむける。息子の、休憩を取りたいという気持ちを察して、父親はゆったりと息子が向き直るのを待つ。30秒を過ぎたころに、赤ちゃんは向き直る。それからふたりはまた遊びに戻り、お互いのこっけいな顔に喜びの声を上げる。

それからこの素晴らしいささやかな交わりを、2カ月前のふたりの映像と比べる。それはふたりが最初にクリニックに来たときのものだ。ふたりは同じ遊びをしている。だがこのときは、息子がよそを向くと、父親は押しつけがましく反応する。息子が休みたいという明らかなメッセージを発しているにもかかわらず、なんとか交流を続けたがっている。見ていると、赤ちゃんは、だんだん動揺していく。だがおそらくビデオのなかで一番強烈な部分は、このときの父親の表情だ。拒絶の感情が簡単に読み取れる。

最初にここに来たときは、親子はお互いに同調するうえで多くの問題を抱えていた。したがって同調は、両方にとってむずかしかった。だが、赤ちゃんの社会的脳の配線を活性化するためにも、ふたりを同調させる必要があった。赤ちゃんの脳が成熟するにつれ、こういう活動が長くなっても平気になるだけでなく、長くなるのを要求するはずだ。赤ちゃんのリードに従い、快適になるように刺激の量を調整しながら、父親は赤ちゃんと一緒に、数分の充実した時間以上のことをなしとげていた。

子どもは、ある表情、声、しぐさ、そしてもちろん言葉から、なにを期待すればよいかを学ぶ。子どもはボックス・ステップからダンスをはじめ、タンゴへと進んでいく。赤ちゃんが身につけようとしているスキル――たとえば、マインド・リーディング、マインド・ディスプレイング（表情やしぐさを通して、感じていることをどう示すかを学習すること）、そして言語のスキル――は、もっと多くの相手とダンスを踊るのを可能にするはずだ。

ニューロセプションは、このような社会的成長を可能にする安全地帯《セーフティ・ゾーン》をつくり出す。ここで操作しているプロセスは、子どもの情動の成長と似ており、実際に情動の成長としっかり絡み合っている。

どんな理由であれ、もしその子が、社会的参加がむずかしいと感じれば、この学習プロセスは縮小されていく。[*9] その子は自分の社会的能力を上回る状況に圧倒されるばかりで、そんな状況に対して攻撃的に反応するか、そこから撤退するか、どちらかだ。さらに、こういう反応が、その子の社会的欠陥をつくり出してしまうことになる。というのも、もっと精巧なマインド・リーディングやマインド・ディスプレイングのスキルを発達させるためには、もっと複雑な交流をする必要があるからだ。

このような子どもが抱える問題は、自分にかけられた社会的期待が急に大きくなり、それについていけなくなることだ。知らない人がなにを感じているのかをその人の顔から「読み取る」ことができなかったり、会話の紆余曲折についていくのがむずかしかったりする。自分の言動が、応対している人の顔に、恐れや怒りや面白がる反応を引き出した理由がわからない。グループにいるみんながジョークに笑っても、自分は別だ。これが、テンプル・グラディンが自分のことを「火星から来た人類学者」のような気持ちだと描写した世界だ。[*10] それは多くの子どもたちが経験する感情である。社会的理解のほうにそっと導かれる代わりに、厳しくて、懲罰的でさえある反応に遭い、社会的不安の昂じた状態に追いやられてしまうのだ。

これはまさしく、校長室で一緒にすわっていた女の子、レイチェルに起こっていたことだ。彼女は、クラスに流れているかすかな情動の動きでさえ、対処するのがむずかしいと思っていた。先生がなにか言い、レイチェル以外の皆が笑う。するとこれを繕うために、レイチェルはおどけてみせる。ばかなことをしてみせると、ほかにもばかな真似をする生徒が出てきて、それでグループの一員になった気になれる。だがレイチェルは、慢性的に社会的覚醒過剰の状態にある。そのため、ますますもめ事を起こすことになるのだ。

それは、多くの子どもたちがそのうち無自覚になる状況だ。私たちの多くがすでに無自覚になってしまった状況だ。多くの場合、子どもは対処スキルを発達させる。そのうち、なにかの折に輝きを見せるかもしれない。そのことがまた、対処の戦略として役に立つこともあるだろう。実はこれが、慢性的な社会的覚醒状態にあるおとなが、仕事でずば抜けている理由だ。つまりそれは、居心地が悪く感じる環境で、無理矢理自分を機能させる方法なのである。だが、背景でブーンと鳴っている雑音のように、不安は常に存在している。そして慢性的な社会的覚醒の影響は明らかだ。睡眠や摂食の障害、原因不明の身体的疾患、人間関係の問題、全般的な不調、さらに重症のこともある。

COLUMN

小学5年生からの社会参加訓練《ジェイムズ・9歳〜16歳》

ジェイムズに会えば、すぐさま誰もが好感を抱くはずだ。とても魅力的な16歳だ。身長１８０センチ、もじゃもじゃの茶色い髪に茶色の目、細身で筋肉質、飾らない雰囲気。ジェイムズはまっすぐに相手の目を見つめ、しっかりと握手し、お会いできて嬉しいと述べ、熱心に話に耳を傾ける。すぐに相手をくつろがせ、信頼の念を起こさせるような人間だ。この魅力的な若者のかつての姿を聞いても、信じられないだろう。怒りっぽい乳児は、騒ぎ立てる幼児となり、保育所はさじを投げ、やがて活動過多の生徒となり、友だちもできず、いらいらすると気持ちの収拾がつかなくなり、始終問題ばかり起こしていた。

ごく小さなころからジェイムズは、遊び友だちがほしくてたまらなかった。だが、いざほかの子どもと一緒にいると、どう接すればいいのかがわからない。母親はまずは相手がひとりだけならいいのではないかと考え、自分の友人と子どもを、午後に一緒に遊ばせようと自宅へ誘った。その試みの結果はこうである。そのとき3歳だったジェイムズは、もうひとりの子どもの背中をとても強く殴り、その子と母親は、逃げ帰ってしまった。ジェイムズはそのあと何時間も寂しがっていた。

ひとりでいるときには、ジェイムズはとてもいい子だった。人を喜ばせるのが好きで、なにかにつけても聞き分けがよかった（ただしテレビの電源を切るのだけはだめだった！）。だが、ほかの子と一緒になると、彼は取り乱してしまうようだった。数分しないうちに、叫んだり、押したり、もっとひどいことにもなった。残念なことに、何度も繰り返されるこの行動に、おとなはいらだってしまった。彼を社会的活動から締め出すべきだと主張した。しかしそれは、この領域での発達のためにはぜったいに必要な経験を、彼から奪うことになってしまう。

両親のシャロンとデイブは、私たちに助けを求めクリニックにやってきた。

ジェイムズの問題は、マインド・リーディング、あるいは非言語的合図を捉えることに集中しているようだった。ほかには感覚障害は見つけられなかった。この9歳の少年は、私たちがしぐさや声の調子を通してお互いに伝え合うささいなメッセージに、気づいていなかっただけだと思われた。ジェイムズが社会的交流をストレスのかかるものだと思っていた理由、とりわけ学校を苦手としていたのも納得できる。外国にいて、人々が話している言葉はわからないし、ボディランゲージも理解できないという状況を想像してみてほしい。周りの人たちがなにをしたいのかわからず、自分の周囲で起こっていることとも調和できず、厳重警戒の状態になってしまうだろう。

ジェイムズは、ほかの子どもたちの意図を理解するのに問題があり、その結果として、ほかの子どもたちのことを不安に感じているのは明らかだった。こういう状況では、引きこもってしまう子どももいる。無反応になる子どももいる、社会的状況から逃げ出す子どももいる。活動過多や反応過剰に陥る子どももいる。道化となり、実際にはかみ合っていないのに、ほかの子どもたちを「楽しませ」ようとするケースもある。ジェイムズは、そのときによって、右に挙げたさまざまな事例を体現していた。

私のオフィスで、シャロンとデイブが、ジェイムズとどのように交流しているのかを見るのは興味深かった。ふたりは静かにゆっくりと話し、しぐさや笑みはあまり用いず、質問に答える前に間があくと、いつも辛抱強く待っている。3人のあいだには、ワルツを思わせる優美なリズムが流れていた。シャロンとデイブが直感的に、ジェイムズが交流に参加できるように、非言語的合図を減らすことを習得していたのは明らかだった。

ジェイムズに応対しているクリニックのスタッフが、彼といるときに活気づきすぎると、すぐにジェイムズが途方にくれることに、私は気づいた。私は、このことで学校での事件を説明できるのではないかと思った。たくさんの子どもがいて、たくさんの情動の流れがあたりに渦巻いている。そして速すぎて処理しきれない、多人数の交流。そこに加わろうとするジェイムズの、ぎこちない試みの結果は、目に見えている。

子どもたちが対処しなくてはならない種々の「脅威」のうちで、ことにやっかいなのが、相手が次になにをするかわからない、自分が次にどうすることが期待されているのかわからない、さらにみんながなぜ笑っているのかわからないということだ。これがジェイムズを喧嘩早くしている理由だろう。こういう事態になったとき、ジェイムズに理屈を話しても無駄だ。彼は、相手が先に喧嘩をはじめたとか、自分を殴ったとか言うだろう。それを聞いて、実際になにが起こったのか目撃していた先生は、もちろん怒るだろう。だから、ジェイムズは面倒なことを避けるために嘘をつくと、いつも糾弾されることになる。

考えてみれば、彼の言い分にも真実の要素はあり、筋は通っている。これまで誰も考えなかったのだが、彼は自分が知覚したことをそのまま述べているのだ。これはネガティブな性向による歪みがもたらす、困ったことなのだが、子どもの捉えたできごとが、第三者が認識する現実どおりでなくても、それはその子が経験したできごとそのままなのだ。警報が鳴っていると、まったく無害な行動でも、脅威として感知される。冗談でちょっと押されても、覚醒過剰の子どもはそれを攻撃だと受け取り、激しく叩き返す。あるいは先生が順番を待つように言うと、泣きはじめる。彼の心のなかでは、自分は先生に怒鳴られ、嫌われているからだ。

ジェイムズはトラブルメーカーだという評判が知れ渡っており、このことが、彼に対する先生たちの見解をフレーミングしていた。ジェイムズを見るとき、先生たちの顔つきは自然に厳しくなり、ジェイムズもまた状態が悪くなる一方だった。5年生になって、ジェイムズは本当に崩壊しはじめた。廊下でひとり立たされたり、校長室へ行かされたり、そういう罰を受けない日はほとんどなかった。

シャロンとデイブは思いきった行動に出ることを決めた。私たちのセルフ・レグ・プログラムを取り入れている学校に、ジェイムズを転校させることにした。新しい学校の校長先生は、ジェイムズに対して、ＥＡ（Educational Assistant ／教育援助者）と一緒に勉強することを提案した。それからの6年間のジェイムズの軌跡は、目を見張るばかりのものだった。

ＥＡのミスター・テラは類を見ないほど優しくて、我慢強い人物だった。彼は、初対面のときから、ジェイムズがやりやすいペースで学習するのを手助けしようという態度だったが、実際にそうするためには、ジェイムズに信頼してもらわなくてはならなかった。ミスター・テラは、怒鳴ることも、強制することもぜったいにしなかった。限界があるとはいえ、強制するときには、ジェイムズがきちんと理解できるように配慮した。おそらく一番よかったのは、ミスター・テラは生まれつき、シャロンやデイブのように、静かにゆっくり話す人だったということである。身振りによって示したり、話すときに身振り手振りを交えたり、動き回ったりすることが少なく、非常に辛抱強かった。

先生たちには過去のいきさつが知らされていた。ミスター・テラが必要だと感じたときには、ジェイムズは教室を離れることが容認されていた。教室をいつ出てもよいとわかっているだけで、落ち着く効果があった。最初は教室を出ることがしょっちゅうだったが、頻度はしだいに少なくなり、先生への敵対的暴言も影をひそめた。

学習面では、ミスター・テラは、ジェイムズが強く興味を引かれていることを見つけ出そうとし、それが第二次世界大戦であることがわかった。すぐにジェイムズは貪るように読書し、歴史が大好きになった。次に大きな試練だったのが、数学だった。さまざまな数学ゲームをしたことで、不安が、ジェイムズの数学嫌いの理由になっていることがわかった。やってみて失敗するよりも、やってみないほうがましだと心のなかで思っていたのだ。だがまもなく、彼は数学にも取り組もうという気持ちになった。ジェイムズの自信は、とんとん拍子に大きくなっていった。本当にびっくりするほどの短期間で、全教科で学年平均レベルに達したばかりか、それを超えはじめていた。こんなことがどうして可能になったのだろうか？

それは、ミスター・テラがジェイムズに安心感を与え、安心だと感じるにつれて、ジェイムズは授業に注意を注げるようになったからだ。だがまもなく、さらにめざましいことが起こった。ジェイムズが人間関係を築きはじめたのだ。クラスの一員となりはじめ、よくほかの子どもたちと一緒に勉強するようになった。

ジェイムズの社会的スキルがとぼしいという問題は、実はもっと根本的な、ニューロセプションの問題だった。ジェイムズは先生たちと、社会参加を促す経験をほとんどしてこなかった。学校で感じる不安の高まりゆえに、彼には実際には存在しない脅威が見えていた。

ジェイムズは、学校で何度も怒鳴られ、頻繁にトラブルを起こし、実際にはどういう間違いをしたのかを彼自身が理解しないまま、なにかの違反をしたと謝罪するか譲歩するようにだけ、強制されてきた。そこで彼が学んだのは、「すみません」とか「もうしません」とか言えば、攻撃はやむということだ。だから、ジェイムズは、なぜ人々がそんなに自分に腹を立てるのか、ちっとも理解していなかった。こんな具合に、すべてのシステムが、ネガティブな循環で固まってしまっていた。これが、ジェイムズを行動障害へと突き進めた真の原因だった。彼に社会的スキルを学ぶ能力が欠けていたからではなく、自分の行動をコントロールしようと努力していないと、常に見なされていたことが悪循環の源だったのだ。

ある日、ミスター・テラから電話をもらい、ジェイムズの社会的発達をもう少し進めるためにはどうすればいいか、ふたりであれこれ案を出してみた。ミスター・テラは、ジェイムズをバスケットボールの練習に連れていき、コーチの助手としてその場に残ることにした。それなら休憩のときもジェイムズといて、必要があれば援助できるし、うろうろして邪魔になることもない。私も状況を見にいったが、そこで見た光景が、幼稚園の３人の子どもたちの姿に重なった。子どもたちの一団が、自分たちでつくったゲームをしていた。野球とサッカーとラグビーを交ぜたようなゲームだ。ジェイムズは、そのルールを理解するのに、私と同じくらい面食らったと思う。そしてしばらくすると、あきらめてしまった。ジェイムズが小さかったころ、こういうことが起こると、彼は運動場の周辺に引っ込み、虫や石ころに夢中になったものだった。だが今回は、彼はミスター・テラのところに行き、なにかをいい、それから立ち去った。休憩のあいだずっと、ミスター・テラから離れては、子どもたちのところに行き、それから戻ってはなにか訊いたり、言ったりしていた。いま見ているのは、先生のスカートにしがみついていた小さな男の子とまったく同じことなのだと私は理解した。

切実に必要なとき（ジェイムズにとっては授業中と休憩時間だ）に、ミスター・テラとの社会的関与の沈静効果を経験し、それを積み重ねることで、ジェイムズは、先生だけではなく、ほかの子どもたちにも、ずっと多くの注意を注げるようになった。手に届きそうになかった社会的スキルを、ジェイムズは獲得しはじめていた。これは突然起こったわけではない。急にジェイムズがほかの子どもたちのように変わる、「魔法の瞬間」は存在しない。だがゆっくりと確実に変化は起こっていた。

16歳のジェイムズと会ったとき、シャロンとデイブに、それまで考えていた悲惨な未来の代わりに、ジェイムズがどんなおとなになるのかを楽しみに思えた瞬間はいつだったかを尋ねてみた。ふたりともすぐに答えた。「ハイスクールの2年生で、バスケットボール・チームのキャプテンに選ばれたときです。バスケットボールの腕前について評価されたのも嬉しいことでしたが、家族以外のおとなからポジティブに支持されたのは初めてだっただけに、キャプテンに選ばれたことはずっと重要でした。チームの子どもたちが、そろってその決定を尊重してくれたことも、大きいことでした。ジェイムズの自尊心にとっては重要でした。それまでずっと傷ついてきましたから」

ジェイムズがネガティブな見方を乗りこえるために、バスケットボールが大きな要因になったことは、間違いない。ジェイムズはバスケットボールが大好きだった。試合のすべてが好きだった。挑戦も、フェアプレー精神も、仲間意識も、決定的プレーも。ボールをドリブルしながら道を歩き、車庫の前で何時間もジャンプショットを練習し、ある夏には、いやでも「左手を使う」ように、ずっと右手に伸縮包帯を巻いていた。いまはいつかプロで活躍することを夢見ている。ひょっとすると実現するかもしれない。キャリアの道がやがてどのようになるにしろ、ジェイムズは非常に愛想がよく、精神的・情緒的に安定し、多芸多才の子どもだから、おとなとして成功を収める資質はそろっている。

すべての子どもたちは社会的スキルを身につけられる

ジェイムズの話は、5つの領域の「システム」の相関性と、ある特定の領域での行動に働きかけているとき、それぞれの領域と同時に、すべての領域を総合的に見る必要があることを教えてくれる。ジェイムズの社会的スキルが成長するにつれ、彼は情動調整も上達した。人と交流するなかで不安を感じなくなると、社会的スキルが成長した。マインド・リーディングが上達すると、人との交流が前ほどつらくなくなってきた。不安を感じなくなるにつれ、あたりに注意を払うのが上手になった――自分の周囲だけでなく、自分の内側でなにが起こっているかにも。自制を働かせることさえ上達していた。ジェイムズは社会参加をおこなうために、社会的スキルを必要としていたのではない。社会的スキルを発展させるために、彼には社会参加が必要だったのだ。

シャロンから聞いた話で感動したのは、トーナメントのとき、ジェイムズが、ホテルのプールで集まっている仲間に加わらず、翌日の試合のためにじゅうぶんな休養を取れるように、早めに就寝したことだ。ささいなことに思われるかもしれないが、彼が子どものころはずっと、覚醒過剰の子どものそばにいる場合には、つられてひどく覚醒過剰になっていたことを考えると、隔世の感がある。ジェイムズはいま、自分にとってなにがベストかを知って選択をする、自己認識と自己調整のスキルを持っている――これは大きな前進だ。

社会的領域での自己調整は、ニューロセプションと社会参加システムの発達と、本質上切り離せない。困るのは、社会的交流はそれ自体がストレス因子である一方で、社会参加こそが、ストレスに対処するための防御の最前線を形成するということだ。子どもがこの緊張を操って進む手助けを、親（のちには先生）はどのようにおこなうことができるかを、セルフ・レグは示してくれる。

早期の子どもの発達の基本的な構成単位は、二者一組「親と子ども」あるいは「養育者と子ども」と、間脳の操作だ。この構成単位は子どもの発達のあらゆる様相に当てはまる。そしてその働きかけは、考えられているよりもずっと長い期間にわたる。何週間や何カ月といった期間ではなく、何十年という期間だ。発達のプロセスは少しずつ起こるもので、停滞することもあれば、逆戻りする時期もある。私たちが子どもの要求にどう応えるかが、子どもの成長の軌道を形づくる。

みんな自分の子どもたちには、社会的成功を収めてほしいと思う。しかしこれが実現するには、子どもたちが非言語的な手がかりを読み取ることができなくてはならない。ここで少しの支援、そして無限の忍耐力を必要とする子どもたちがいる。最後には、すべての子どもたちが、社会的合図や社会環境の読み取り方を習得することができる。子どもたちが落ち着いていて、意識が冴えていれば、マインド・リーディングを学ぶのに遅すぎることはない。だから社会的覚醒が高まったときの子どものサイン――たとえば子どもが先生のスカートにしがみついている――を読み取る必要がある。

子どもの警報がオフになったときを見きわめ、交流のペースを、その子の負担にならないレベルに合わせることで、覚醒を緩める。そして社会的状況のなかで不安になりはじめたときを認識することを、子どもが学ぶ手助けをする。子どもが社会参加を続けられるように、自己調整の戦略を発展させるのを助ける。というのも、自然な交流を通じてしか、子どもに必要なマインド・リーディングのスキルは、獲得できないからだ。そして子どもがそういう自然な交流に参加できるのは、安心感を得ているときだけなのである。

第9章 向社会的領域——共感する・思いやる・敬う

向社会性と反社会性

息子サーシャ（当時11歳）のアイスホッケーチームは、そのシーズン絶好調で、その日も勝利に向かっていた。サーシャは先頭に立って、ゴールへと向かっていた。試合終了まで数秒を残し、タップインでゴールを決めれば、華々しく最後を飾れるというチャンスが回ってきた。だが彼は、チームメイトが得点できるように、パスを出した。どうしてサーシャは、このとびきりのチャンスを、譲ったりしたのだろうか。家までの車中で私は訊いてみた。ちょっといらだったような訊き方だったかもしれない。息子が少しばかり癇に障ったような口調でいった言葉は、いまでも私の耳のなかで響いている。

「パパ、ぼくのプレーより、チームの和が大切なんだよ」

どの子どもも、無私無欲の行動と、他者の幸福への配慮を携えて、生まれてくる。[*1] 実際に、子宮にいるときから、そのように備わっているのである。ごく小さな子どもでさえ、他人の面倒を見たり、他人を慰めたりする行動を自発的にする。抱きしめたり、触れたり、おやつやおもちゃを分け合ったりする。だが私たちは、こういう選択がいつも簡単にできるわけではないという事例を、何度も目撃している。

「向社会的」という言葉は、社会科学者がつくった専門用語だ。専門家はその意味を議論するが、一般には「反社会的」と対をなす性格と捉えてよいだろう。子どもに、思いやりがない、弱いものいじめをする、自分勝手といった性格に育ってほしいと願う親はいない。子どもにそのような反社会的行動を見てとるのは、ぎょっとすることである。また、子どもがちょっと配慮を欠いただけでも、周囲の怒りの反応を引き起こすこともある。それが頻繁だと、親は心配になる。

この向社会的／反社会的な領域ほど、定義があいまいであるにもかかわらず、倫理的な意味が詰まっている領域はない。子どもの社会的、情動的、あるいは学習面での問題には折り合いをつけることができても、性格の問題となると、親は感情的に反応してしまう。

だが最近の神経科学の研究では、次のことがわかっている。他者への無神経な行動、虚言、騙し、盗みまで、性格的問題があると評された子どもたちは、覚醒調整がとぼしいというパターンを示すことが多く、とりわけ自分の情動の調整がへたである。衝動性、うまく対処できなかった否定的情動、不注意さ、社会的知性の欠如などの影響がすべて、向社会的領域で主要な位置を占める。

向社会的性格は植えつけるものではなく、育てるもの

向社会的領域では、その領域の性質上、子どもにとってほかの領域よりも深くストレスがかかる。というのも、その子が感じたり要求したりすることと、ほかの子、あるいはほかの子どもたちのグループが感じたり要求したりすることとのあいだで衝突があるのは、避けられないことだからだ。古典的な考え方では（いまだにそれを奉じている人もいるが）、子どもは強制されなければ、利己主義から共感的で人への思いやりのある状態への移行ができない。つまり、子どもは、意志の力と自制心を、利己主義な衝動を抑えるために使えるよう、訓練されなければならないという。だがこれでは、セルフ・レグ・モデルの５番目にして最後の領域は、結局自制心の領域になってしまう。

セルフ・レグは、この５番目の領域を、子どもの自制心を確立することとは見なさない。そうで

はなく、向社会的素養はすべての子どもに最初から備わっていて、他者と共感的な関係を築くための能力をいかに発揮させるかという枠組みで見る。社会的領域を扱った前の章で見てきたように、私たちは生まれた瞬間から人との関わりを切望する種だ。私たちは生きるために人との関わりを求める。私たちが成長するためには、この向社会的な部分が必要なのだ。

言い換えると、問いは、「子どもをどのようにしてきちんとした人間に変えるか」ではない。[*2] より的確な問いは、「子どもが生まれつき持っている、思いやりがあり共感できる性質を、どのように育てるか」である。

強制は恐怖しか残さない

きちんとした人間になるために、「基礎本能」を抑えることを学習しなくてはならない――もし必要ならば、強制的にでも。[*3] この考えは、17世紀のイギリスの哲学者トマス・ホッブズが、次のように書いたときの論点である。

――もし人間が生まれついての本能に戻れば、そこには芸術も、文字も、社会もなくなり、なかでもひどいのは、暴力的な死の恐怖と危険がはびこり、人間の一生は孤独で、貧しく、不潔で、野卑で、短いものとなるだろう。

この考えはこう勧める。こんな野蛮な自然界を生きのびるためには、人間は法の規制のもとに団結するよう強制され、それに応じない者は、無理強いしてそうさせるか、追放するか、投獄するべきだ。

だが強制によっては、恐怖しか教え込めない。セルフ・レグでは、人間が社会を営んでいくのに必要な共感力を、恐怖で植えつけることはできないと考える。私たちは社会的存在であり、そのために、生まれつき、共感を求める脳を備えている。共感力は、間脳を通じた双方向のやりとりの作用によって、自然と育てるしかないのだ。

セルフ・レグは、「私たちは社会的存在であり、そのために、生まれつき共感を求める脳を備えている」という考えを核としている。[*4] 進化生物学者の研究によると、共感はすべての高等霊長類に備わっている能力である。[*5] 共感は生物学的継承物の核をなしている。小さな子どもたちにおける共感の研究が、相次いでこの事実をはっきりと示している。さらに、多くの親と幼児期の養育者が、子どもが家庭において、なんらかの人の世話をするという反応を目にしている。

生まれつき備えている共感への可能性が発達せず、代わりに、他者を気にとめない性格が生じるのには、社会的な原因だけでなく、生物学的な原因があるのは明らかである。

子どもは、適切な環境のもとでは、善意と正直さと思いやりがあり、ほかの人の要求を自分のものより優先させることができる子どもに育っていく。つまり、私たちの多くがなりたいと思う「よりよい自分」になるのである。実際に、あらゆる兆候によって、反社会的行動は特異なものであり、それが標準的なものではないことを示している。そうでなければ、人類はここまでやってこられなかったはずだ。

共感の経験が向社会性の基礎をつくる

向社会的発達は、まず子どもの共感の経験に基礎を置く。[*6] たとえ親がひどいふるまいをしているとしても、親に愛されることは非常に重要なことである。したがってセルフ・レグはこれを、指導原則のひとつとして位置づける。調整されることで、子どもが自己調整のやり方を学ぶように、共感を経験することで、共感を発達させる。その能力自体は私たちみんなに生まれつき備わっているが、共感を経験することによって、子どもの共感を得る能力は花開く。

前章で紹介したレイチェルは、騒いでクラスを崩壊させたことで校長室へ行かされ、校長の叱責に、恐怖を感じフリーズしてしまった。いったんこのような反応を起こすと、校長の対応からレイチェルが得る教訓は、恐怖だけになってしまう。レイチェルは、他者へ共感できる対応を経験する機会を奪われてしまった。

本当の共感は、子どもが動揺したときにそれに同情して反応するだけのことではない。それには、ずっと多くのことが関係している。共感はより深い理解を伴う。それは頭で考えるだけではなく、具体化されていなくてはならない。動揺したときにどんなふうに感じたか、自分の経験を掘り下げ、どうしてこの子は動揺しているのか、どうすれば助けてやれるのかを見つけようとしなくてはならない。子ども自身は、自分がとんでもなく自分本位であることを、めったにわかっていないし、まして自分がこんなふうにふるまう理由を説明できない。これらを理解させるのは親の仕事なのだ。

本当の共感は、双方向の現象であり、ふたりでおこなうものだ。間脳はパートナーを組んだふたりの経験を包み込み、分かち合う情動の状態を調整する。子どもが困っていると、私たちは困惑する。だが、その原因を突き止め、それを緩和するのは、（おとなの）高次の脳に委ねられているのだ。

なぜ我が子を傷つけてしまう親がいるのか

15世紀末に大当たりした道徳劇〝The Summoning of Everyman〟は、私たちがさまざまな誘惑に逆らい奮闘しながら、人生をもう一度見つめ直すことを求められる旅の物語だ。だがこの旅は、間脳のひとつの極から別の極へ発達の旅に出た、エブリマンの物語であるともいえる。大事に世話をされた乳児が、思いやりのある友人となり、いつか親になる旅。ほしいだけ取ることから、ほかの人の要望に合わせることへの旅。調整してもらう存在から、調整する人への旅である。

間脳に沿っての旅は険しい。私たちを勝手気ままなわがままへと誘う、欲求や衝動の岩やクレバスを越えなければならないし、しかもまっすぐには進めない。子どもたちは、ある瞬間には共感できるのだが、次の瞬間にはそれができない。また、相手によって、うまく共感できないときもある。迂回や滑落の危険があちこちにある難路だから、子どもたちが自己中心的な状態に後退したとしても、その原因がストレス過剰であればとりわけ、それは当然のことだと認識しなくてはならない。多くの点で、これは私たちの原初的な防衛メカニズムをよく表している特徴なのだ。

親として、あなたもたぶん、この平坦でない旅をしてきただろう。乳児の世話がどんなに大変かは身に染みているだろうが、他方でその見返りがどんなに大きいかも知っているだろう。それが親であるということなのだ。赤ちゃんを調整するという「外部の脳」の役割を果たしている親や養育者は、その努力の報償として、神経伝達物質の放出を受ける。神経伝達物質は、喜びや落ち着きといった感情をもたらし、エネルギーを与えてくれる。

２００６年に、科学者は、与えるという行為そのものが、快感をもたらす神経伝達物質オキシトシンを放出する脳の部位を活発に働かせることを発見した。「ヘルパーズ・ハイ」と呼ばれる現象だ。さらに、「ヘルパーズ・ハイ」は、ヘルパーの側の健康増進に関係しているという研究結果もある。「与える人」は「与えない人」よりもずっと幸せで健康だとわかってきた。それは、心理学的な理由があるだけでなく、生物学的にも証明されている。つまり、私たちが持っている脳は、単に共感を「要求する」だけではない。他者に利益を与え、そして相互のやりとりから利益を得るように、つくられている。

「社会的支援」を調べた科学文献では、社会的に関与すればするほど、身体面だけでなく精神面でも健康状態が良好になることが明確に示されている。[*7] 特筆すべきなのは、社会的支援は、血圧と心拍数を下げ、（ストレスホルモンである）コルチゾールの数値を減らし、免疫システムの機能を改善するということだ。[*8] 社会的支援をたくさんおこなった人は、風邪の罹患率も低いことさえ示されている。

他者を手助けする行為が、私たち自身を幸せにし健康にするのなら、他者を手助けしたり、他者に世話をする手を差し伸べたりするのを、なにが阻んでいるのだろうか。ひどく張りつめている養育者の例を取り上げてみよう。どうして養育者のなかには、赤ちゃんを避けたり、傷つけたりさえする者がいるのだろうか。この質問への答えは、この本でこれまですべての章で考察してきたことと同じだ。問題はストレス過剰にある。自分自身のストレスに対処できていない養育者は、自分の赤ちゃんの苦悩に我慢ができない。そして、さらに重要なのは、赤ちゃんの苦悩が、自分には理解できない、あるいは対処できないものだと感じてしまうことである。「逃げるか戦うか」状態に移行するのを阻むには、オキシトシンが足りないのだ。

このようにひどく悩んでいる養育者が、赤ちゃんは自分には荷が重すぎると思ってしまうように、子どもたちのなかには、ほかの人の苦悩にまいってしまう者もいる。ここでこそ、向社会的領域でのセルフ・レグの核心にある、基本的な問い「子どもが生まれつき持っている、共感の能力を、どのように育てるか」が浮き上がってくる。共感できる社会的関係は、ある子どもたちには心地よいものだ。だが、そういった関係をつくるのがむずかしい子どももいるし、それをむずかしいと感じるがゆえに、共感できる社会的関係をつくる道から顔をそむけてしまう子どももいる。

「他者が抱えるストレス」からの影響

子どもは多くの理由から、この発達の旅をつらい道のりだと思ってしまう。なかには、生まれつき生物学的にエネルギーが枯渇しやすくて、辺縁系の覚醒状態に陥りやすい子どももいる。なにかがきっかけとなって——小さいころの体験とか、だれかへの悪感情がたまっていたり——、警報が発動しやすくなっている子どもたちもいる。どちらの場合も、子どもたちは慢性的に覚醒過剰である。この状態では、欲望や衝動は激しくなり、一方で社会的気づきや自己認識は衰える。このようなとき、子どもは分かち合ったり、共感したりできない。過度に敏感になったり、感受性が鈍くなったりする。この状態だと、ほかの誰かの覚醒に非常にストレスを感じてしまうため、「戦うか逃げるか」の反応を引き起こしがちになる。

換言すると、向社会的領域に特有のストレス因子がある。前の章で見てきた生物学的、情動的、認知的、そして社会的ストレス要因のリストに加わるものが相当ある。つまり誰かほかの人のストレスに晒されることや、自分の要求よりほかの人の要求を優先するように期待されることも、ときには大きなストレス因子となる。[*9] 慢性的に低エネルギー／高テンション状態にいる子どもが、この内側の緊張の源をとても厄介だと思ったとしても、驚きはしない。調整不良に陥っている子は、他者の要求に対して譲歩するには、多大なエネルギーが必要なのだ。

「戦うか逃げるか」の状態になると、代謝システムと免疫システムの動作は制限され、マインド・リーディングや、コミュニケーションを支える社会的脳にあるシステムは停止される。同じように、共感を経験させる大事なシステムも閉鎖してしまう。こうなると、子どもは、ほかの誰かが感じていることに振り回されるだけでなく、そんなふうに影響を受けていること自体にも気づかなくなる。すると、昔からあるシステムが前面に出てきて、采配をふるう。社会的脳より前からある、この原初のシステムは、ストレスでまいっている親に、泣いている赤ちゃんを脅威だと見せ、あるいは赤ちゃんも同じように対応するように誘う。

子どもは、同様のストレスに誘発されたサイクルに捕らえられ、（そう思い込んでいるだけなのだが）別の子どもがもたらす「脅威」や、おとなの怒った反応というさらなる脅威に対して、反応してしまう。

この子の行動は、過度のストレスが二重に影響した結果である。まず、過度のストレスは、大脳辺縁系のネガティブな衝動を発火させ、「戦うか逃げるか」モードを引き起こす。次に、前頭前野の抑制機能と、社会的なマインド・リーディング能力を弱める。子どもは、あなたの言葉に耳をふさぐだけでなく、サバイバル脳が、これらのほかのシステムを遮断する。「戦うか逃げるか」モードになったときには誰でも、社会的支援を避け、どこかの「巣穴」に退却するよう、本能が指示を出すのだ。

さて、ここで私たちは、5つの領域のストレスサイクルすべてを踏破した。

人間は、歩く前から共感のやりとりをはじめている

より深いレベルの共感を経験する子どもたちの能力は、生まれつきのものだが、それは放っておいては発達しない。発達は間脳の役割だ。子どもは、自分の知り合いの世界が広がるよりずっと前に、親や養育者との交流を通じた共感できるやりとりのなかで、最初のレッスンに取り組む。このことがつくりだすルートによって、私たちは、子どもの決定的な共感の欠如に対して反応すること

ができる。攻撃的な行動や逃走（身体的ではなくても、精神的に）を通じて、子どもたちが、まいってしまっていると表現するときには特にそうだ。

自分の子どもが共感を欠いたとき、親はすぐに怒りによって反応する。これは、わが子と見知らぬ人を区別しようとしない脳の部位がなす太古からの反応だ。子どもは、親の怒りや否定的反応を脅威として解釈する。さらに悪いことに、いまその脅威をもたらしているのは、信頼している養育者なのだ。

もし親か、あるいはほかのおとなが、子どもを、共感が欠けているとつねに厳しく非難し、なだめるべきところで怒鳴っていると、子どもは時間とともに思いやりがなくなり、反社会的行動をせざるをえない状態へと追いやられることになる。この否定的な軌道は、驚くほど早い時期に描きはじめられることもある。子どもが歩けるようになる前からというケースさえある。

挨拶やスキンシップは人類共通の共感の源

言語と日常の感情表現の根幹が、人類が社会的動物であり、そして向社会的動物であるということの証拠になる特徴を明らかにする。誰かを迎えるやり方——たとえば温かく「こんにちは」と言い、握手をし、あるいはハグをする——は、相手にも共通の安心感を与えたいという友好的な意図と願いを伝えることができる。こういう安全や脅威の合図となる社会的慣習は、人間だけのものでないが、安心の感覚を共有する人類の、深い必要性の名残だ。共感がこれを可能にする。

先に示したホッブズの見解では、共感は生来のものではなく、神経科学者が「経験に依存する現象」と呼ぶものとなる。自分のことだけを考えるようにつくられた脳に、向社会的回路（共感）を経験を通じて付け加えていく、というのだ。

しかし、セルフ・レグでは、共感をもっと深いものとして考える。子どもは生物学的に、共感しやすいようにプログラムされているだけでなく、実際に自己調整をおこなうためには、その前提として、他者に共感できる必要がある。これは単に、ほかの人に自分の苦悩を認識し、それに応えてもらう必要がある場合のみの話ではない。他者を助ける気持ちも同じく重要だ。しかし、他者からの共感の要求が大きくなりすぎて、それが最優先になると、他者を手助けしたいという本能を遮ってしまう。

他者と一緒に安心を感じる必要が大きすぎると、それが私たちの、自分の子どもへの反応まで管理してしまう。たとえその子どもが赤ちゃんであってもだ。突然自分たちに怒りだした乳児に対して、怒っている養育者を見たことがある。赤ちゃんの怒りは無意識的で本能的な反応であり、偶発的な突然の爆発だ。それなのに、親はシャットダウンし、部屋から飛び出し、怒鳴る。あるいは極端な場合には、子どもを傷つけようとする。そうなると、子どもを非難する考え方に乗っ取られてしまい、悪いのは子どものほうで、もっと自制心を見せる必要があるとか、めったにないほどわがままだとか、甘やかされているとか、自分がこんなことをしているのは子どものためにほかならないとか、自分に言い聞かせる。怒りが急に湧きあがってくると、私たちは自己中心的な状態へと後退する。そこでは共感は締め出され、自分の苦悩と自分の要求にしか気づかない。問題の大半は、私たちの扁桃体が、誰かの怒りやストレスの多い行動によって、自動的に覚醒されることにある。*10

子どもたちが小さかったころ、彼らの言動にとりわけ傷ついたときに、私は怒りを爆発させ、親特有の攻撃に打って出た。「どの口がそんな偉そうなことを言うんだ？」。説教が長々と続き、最後には妻が、別の部屋に行って頭を冷やしたら、と勧めた。ひとりですわって、怒りをかみしめているうちに、前頭前皮質がオンラインに戻り、さっきのは何だったのだろうと考えはじめる。私は落ち着くとすぐ、さっきの部屋に戻り、愛情をこめて子どもたちに対応した。だが彼らはすでに情動が溢れ出そうな状態で、体も顔も怒りと恐怖を表明しており、交流は完全に瓦解していた。

マリーと娘のロージーを扱った前の章で見たように、ロージーが落ち着きを感じるために必要だったのは、母親が優しくさするという、心から共感できる反応だった。言葉はほとんど必要ない。まったく無言のことも多かった。その代わり、ロージーの肩に片手をのせ、優しく触れるか、背中をさする。単純な、なだめる動作だ。これが共感の核心をなす。純粋に右脳と右脳とのコミュニケーションによって、子どもに見捨てたりしないよと感じさせる。こうするうちに、大脳辺縁系の奥深くにしまわれていた、自分が赤ちゃんだったころの肯定的記憶がよみがえってくる。自分の恐れを取り払ってくれたのは、ママやパパの、安心させてくれる手や声だったことが思い出される。子どもはこうやって落ち着くだけではない。いったん落ち着きを取り戻すと、また社会と関わりを持とうとし、やがて共感を受け取るだけでなく、共感を差し出そうとするだろう。

共感できる環境をつくるのはおとなの役割

この本の序章で出てきた男の子、父親と祖父が「悪い人」「芯まで腐っている」と評されたその子も、向社会的領域において問題を抱えた一族の伝統に従いそうな、あらゆる兆候を示していた。まだ幼稚園だというのに、すでに二度、ほかの子どもたちを殴ったことで出席停止になっていた。

私が以前に参加した講演で、話者が、遺伝的運命という考えを証明しようとしていた。3歳児が弟をひどく殴りつけているビデオを見せられた。それは少なくとも、「生まれつき悪い」子どもがいるのだなと感じてしまうような行動だった。まだ小さいうちに、この子どもの暴力好きを、叩いてでもやめさせないと、彼の前に伸びる道が、反社会的な不幸につながるのは避けられないだろうなと。だが私が憂慮したいのは、むしろまさに、この反応のほうだ。というのも、実際はこの反応こそが、私たちが避けようとしている結果につながるものだからだ。

ビデオを観ているとき、私は、その子はなにが原因で攻撃に出たのだろうと思った。新しい赤ちゃんばかりが注目を集めることを、恨めしく思っただけなのだろうか。弟が自分の個人的空間を侵略し、怒りを表現する言葉が欠けていたため、暴力によって攻撃したのだろうか。高レベルのストレスとほかの原因からの不安も、いままで見てきたように、このような行動を誘発しうる。

それともただ単に、覚醒過剰の状態だったのか？　そのときは疑問ばかりが残った。それも山ほど。広範囲にわたる調査と診療の経験に基づいて、たったひとつ確かなのは、他者を傷つけたいという、生まれつきの遺伝性の衝動などないということだった。[*11] だが問題なのは、このような衝動には必ず根っこがあるということだ。他者が、とりわけおとなが、子どもの怒りの爆発にどのように対応するかにかかっている。子どもが始終脅されていたり、もっとひどいことに、身体的あるいは情動的に痛めつけられていたりすると、その子は、誰かを自分より弱い者にして、簡単に同じことをし、そこに歪んだ喜びを関連づけることもある。

いじめ問題はますます関心を集めているが、それも当然のことだ。そしてアメリカやカナダでは国を挙げて、〝セーフスクール〟の取り組みで対応している。いじめはすべての人を傷つける。被害者だけでなく、いじめた人も、見ていた人もだ。だが危険なのは、学校やコミュニティが、いじめに対して、処罰第一の政策を採ると、問題の根っこには届かないということだ。それは、その禁止令に違反している子どもをさらに孤立させるだけである。共感に根ざしてつくられる成長への機会や、いじめられる子もいじめる子も、すべての子どもにとって有益な環境をつくることに、失敗する。

日本放送協会が2003年に放送した、すぐれたドキュメンタリー番組『涙と笑いのハッピークラス　4年1組　命の授業』（2004年にカナダでも放送。教育番組の国際コンクール「日本賞」、テレビ番組の国際コンクール「バンフテレビ祭」でグランプリを受賞している）は、いじめを許さない気風とはどんなものかを見せてくれる。

4年生の生徒たちが、深く秘めた気持ちを表現し、ときにはつらいこの発表を通じて互いに支え合うのを、担任の先生が支える。生徒たちがお互いに助け合って身体的にも情動的にも安心感を得ることができる気風を、おとなはどのようにつくるのかを、このドキュメンタリーは描いている。この4年生のクラスを見ていてとりわけ心を打つのは、すべての子どもが、このような経験を必要としているということだ。そのことは、私たちのセルフ・レグを取り入れた学校のプロジェクトが、どの学校においても、どの学年においても発見したことでもある。セルフ・レグを必要とするのは、情動的問題が目立っている子どもだけではないのだ。

「私」から「私たち」中心の時間へ

ほかの領域と同じように、向社会的領域の自己調整の目的は、成長だ。向社会的領域において私たちは、間違いなく子どもの内的道徳の質の育成という視点に立って、考える。だが子どもがそういう成長をとげるには、その子の間脳が成長することが必要である。つまり、おとなだけでなく、どんどん増えていく仲間たちと一緒にいる状態で、その子が安心感を得る必要があるということだ。

子どもがたどる発達の旅は、居心地がよく閉じられた、安全な家庭の場から、人類の交流が起こる大きな世界への旅だ。友人、級友、コミュニティ、会社、そしてインターネットのおかげで、地球村《グローバル・ヴィレッジ》まで。だがこの、より大きくて複雑な社会環境でぜったいの安心感を得ることができなければ、子どもの間脳は発達することができない。つまり、子どもがほかの人たちと、信頼して支え合える関係を築くことが必要だ。他者の希望や不安を認識し、それに対応することが必要だ。[*12]そして、自分の属しているグループの規模が大きかろうが小さかろうが、そのグループのメンバー全員のことを気にかけられるようになる必要がある。目の前の皿にあるものだけを見ていてはだめだということだ。

発達の旅に自己調整は、必須の要素だ。このツールを効果的に使うことで、子どもたちは、「私」

中心から「私たち」中心の時間へと移行する。落ち着いて、熱心に、子どもたちは他者とずっと気楽に付き合う。相手のサインを読み取り、相手の要求を認識し、個人的な欲望の満足をただ遅らせるだけでなく、必要な場合には、ほかの人の必要に応じて、自分の欲望の満足をあきらめさえする。これこそ、マシュマロテストよりもっと有意義なことだ。誰かが食べられるように、目の前のごちそうを食べるのを我慢する。そして驚くことに、ネズミやサルでさえ、このテストにパスできることが証明されたのだ。

子どもが身体的混乱によって困っていたら、学校や家庭で緊張して不安だったら、友人との喧嘩で腹を立てていたら、勉強面でついていけなくてまいっていたら、大きな局面や、ほかの人の要求に集中するのは、むずかしいだろう。子どもが疲れきっていて、その結果ひどくいらいらして、人に当たるようであれば、まずは横になって回復を図らせるのが大事だ。叱責や処罰の出番ではない。反社会的行動についても、同じことがいえる。確かに、その子のしたことは悪いことだとはっきりと言い、その理由も知らせる必要はある。ただし、きっぱりと、辛抱強く、そして、子どもが受け入れる準備ができたときに。これが大事だ。

そうすると、たいていは子どもを、下向き調整のできる静かな環境に連れていくことになる。誤解のないように言い添えるが、これは「タイムアウト」（訳註：アメリカでよく使われる。子どもが悪いことをしたときに、罰として、離れた場所で一定時間過ごさせ、反省を促す方法）ではない。子どもをぜったいの安心感を感じられる場所に連れていくのが目的だ。そしてそのできごとについて、性急に話そうとしないこと。ときには24時間、子どもの用意が整うのを待つこともある。さらに子どもにとっては、「起こったこと」を理解するのがとてもむずかしいこと、ましてそれを説明するのは至難の業だということを、理解する必要がある。

子どもがほかの領域における自己調整に熟達していればいるほど、スムーズに、ほかの子どもたちと一緒の共同調整を身につけるだろう。相手の必要を読み取り、それに対して効果的に反応できるからだ。また、自分のことだけでなく、グループ全体のことを気にかけて考えるのにじゅうぶんなエネルギーも、併せ持っているだろうから。長々とした説明は、子どもたちには不要だ。子どもたちは経験と練習を通して、きちんと聞くこと、アイデアを提供すること、手助けすること、ほかの人を尊重することを学ぶ。ほかの人たちには、友人も、家族も、学校で出会った新しい生徒も、先生も、日常生活で出会う知らない人も含まれる。本当の共感は包括的なものだ。共感に値しない人などいない。

親の役目は、子どもに共感のための言葉を与えることだ。見本をやってみせ、それを実践し、自分にとって大事な、有用なものとして話してあげることである。間違えないでほしい。向社会的成長は、子どもが培った倫理観によって促されるもので、たとえば、内申書の点数をよくするために計算された、自分よがりの戦略的利他主義の行為によって培われるものではない。競争で優位に立とうとか、自分を（あるいは親を）よく見せようとしておこなう偽善的な奉仕活動ほど、子どもの心をむしばむものはない。子どもたちはそういうものにだまされない。だが、本当の共感を用いる経験に対しては、いつも心を開いていて、年齢にかかわらず、深い印象で受けとめる。

親のストレスが、子どもの向社会的成長を阻む

この章の最初に、アイスホッケーの試合の話をした。息子のサーシャが、たやすくゴールを決められるチャンスを譲ったことに、私が腹を立てたときの話である。そのあとも、私は自分が情けなくてしかたなかった。なんであんなふうに考えてしまったのだろう。ホッケーの応援に熱を入れすぎる、親バカそのものじゃないか。試合の興奮に少しばかりやられてしまっていた。問題はその理由だ。どうして親はあんなに感情を昂ぶらせ、あげくに子どもの向社会的成長を邪魔するような真似を、してしまうのだろう。

多くの子どもたちの生活が、超競争主義的なものになってしまっている。なにをするにしても、お互いに競わなくてはならない。学校、スポーツ、芸術、社会的ステイタス——オンラインでもオフラインでもだ。子どもたちが繰り返し聞くメッセージは、ほかの連中をやっつけなくては成功できないというものだ。そして競争はばかばかしいほど早くからはじまる。親の野心的期待は、子ど

もが小学校に入る前からはじまる。この慢性的競争状態のプレッシャーによる、ネガティブな影響は、憂慮すべきものだ。最近の研究によると、成績と順位を過度に評価する傾向が、共感の発達と向社会的成長を阻害しうることがわかっている。とりわけ、「金持ちだが追い込まれている」青少年が、――愛情だとか、支えてくれる親だとか、共感、向社会的価値などの背景を抜きにして――相対的評価だけを自分の本質的価値として考えてしまい、鬱症状やほかの精神的な健康の問題、ドラッグやアルコールの使用、そして反社会的行動の兆しを高い割合で見せている。

親自身もプレッシャーに翻弄される。アイスホッケーの試合のあとで私がおとなげない発言をしてしまった夜、息子の言葉が、私をはっとさせた。そのときの自分の状態をよく考えてみると、自分がストレス過剰になっていたことに気づいた。このことが、私が息子のアイスホッケーの成績に身を入れすぎ、息子が何を求めているかに気づかなくなってしまった原因の一端だったのだろう。競争熱にあおられていても、共感の場所はちゃんとある。息子はそのことを知っていた。私は忘れてしまっていた。

子どもが発達していく日々のほとんどで、親が、ついでコミュニティが、子どもたちや青少年が出会うストレスの緩衝剤の役割を果たしてきた。親と子の二者関係から、子どもは間脳を、もっと大きな「私たち」という集団に合うよう調整し、移行せねばならない。そのあいだも、親は子どもの最強のパートナーでありつづける。だがもし親の行動が、まったく逆の影響を与えていたなら

――子どもへのストレス負荷を劇的に強めていたら――、子どもの健康な社会参加や向社会的参加に、さらに大きな問題が立ちはだかることになる。そういう場合には、その子が自分の苦悩を表現する行動をとったのにもかかわらず、私たちはそれを誤解して、悪い性格や悪い遺伝子のせいだと彼をなじり、その子を、本来ならそこから救い出そうと望んだはずの孤立や苦しみのなかに、見捨ててしまうことになる。

脳の「スイッチ」を思い浮かべてほしい。くよくよしたり、気が散っている状態から、もっと広範囲の気づきへと私たちを導くスイッチである。2～3回大きく深呼吸するなどして自分を落ち着かせるだけで、私たちを「よりよい自分」――もっとも共感できる自分――へと、切り替えてくれる。意識的に「スイッチをぽんと押す」ことを練習し、子どもにも同じやり方を教える。筋肉や呼吸、そのほかの反応に緊張を感じたら、とりわけ自分のストレス値が急上昇した瞬間を察知したときには、スイッチを押す。ストレスを緩和し、自分を落ち着かせ、すぐさま気力を回復する、この簡単なセルフ・レグの実践は、私たちがふたたびほかの人と関わることを可能にする。さらに、相手が他者とかかわる手助けをすることもできる。

親と子はお互いを成長させ合う

考え事や話し合いは、しばしば心配事に傾きがちである。子どものこととなると、なおさらそうなる。だが子どもたちは、彼らの目を通した世界を、私たちに見せてくれる。おそらくそれは、規範に縛られた私たちの見方への、挑戦ではないだろうか。そんな子どもたちの力に心を揺さぶられた瞬間を保護者に思い出してもらうと、多くの人にそういう経験があった。子どもたちはエオリアン・ハープ（自然の風によって音を鳴らす弦楽器）のようだ。私たちから拾いあげた、わずかな情動のそよぎにも共鳴するのだ。

娘のサミが6歳だったころ、一緒に通りを歩いていると、物乞いが近づいてきて、食事をするのに小銭を少しばかり恵んでもらえないかと頼んできた。私は笑みを浮かべたが、首を振り、「持ってない」と言い、散歩を続けた。10歩も歩かないうちに、娘は私を止め、腰に手を当てて、尋ねた。「パパ、どうしてあんなことをいったの？　ポケットに小銭はたくさんあるじゃない」。でも、もし彼にお金をあげたら、彼はあげたお金をみんな、お酒を買うのに使ってしまう。それは彼のためにならないし、私はそんなことの責任を感じたくはないからだと、説明した。「でもパパ」。娘は反論した。「ルーク・ブライアンのことを忘れちゃったの？」

その夏、私たちふたりは、ブライアンの新しいアルバム『Tailgates & Tanlines』を聴いていた。

ふたりとも一番好きな歌は「You Don't Know Jack」だということで意見が一致していた。曲名は、「don't know Jack squat（ちっとも知らない）」という慣用句にかけてある。私たちは、ほかの人の生活が実際どうかなんて、ちっとも知らない。とりわけ固定観念にとらわれてしまっている場合には、ということを謳っている。歌詞は、物乞いの惨めで、恥と痛みに満ちた生活について語っていく。妻と子どもから引き離され、飲酒が自分と愛する人たちにとってどんなに高くついたかを痛感しながら、そしてそばを通り過ぎる人たちからの批判を感じとる。それは私のような人たちだ。

帰り道に再び、物乞いのそばを通り過ぎた。帽子が舗道に置かれていて、彼は寄付を待っている。私のいった「持ってない」という言葉が、空中にぶら下がっている。娘が私のほうを向き、言った。「ジャックのことは知らないでしょ、パパ。本当にハンバーガーが食べたいだけかもよ」。私はこの言葉にガツンとやられた。娘の推測が正しいかどうかは措いておいて、私の行動が娘に与えている教訓は、共感の大事さについて私が言葉を尽くして説くことよりも、さらには、子どもの人間性の発達を強化しようとしてつくられたどのプログラムよりも、ずっと意義深い。そこで私は、5ドル札を娘に渡し、彼の帽子に入れておいでと言った。娘は相手が見ていないときをじっと待ち、お札を帽子のリボンにはさみ、彼に気づかれないうちに走り去った。

子どもたちは、人間性開発において最高レベルに到達するすばらしい機会を、私たちに提供してくれる。彼らを通じて、情動においても、思慮においても、私たちはまったく新しいレベルを経験できる。子どもたちのために備えるとか、彼らを守るとか、そういうことだけではない。彼らの目を通して、私たち自身のなかの、成長する必要のある部分が見えはじめる。だから、向社会的成長の重要性について話すときには、その対象には子どもたちだけでなく、自分自身も含まれている。実際に、両者は固く絡み合っている。私たちは、人間性の発達において次のステージに上がれるように、お互いに助け合う。子どもたちは、共感や寛大さや親切について私たちから学び、私たちも、また子どもたちから学ぶ。

みんなはひとりのために、ひとりはみんなのために

この2000年のあいだ、哲学者はずっと「向社会的」の定義について考えつづけ、いまは科学者もそのことの解明に努力している。だが私たちはみんな直観的に、「向社会的」がなにを意味するか知っている。[*13] さらに、子どもたちには、この共感できる内なる自分を育ててほしいと思っている。ここまで見てきた4つの領域（生物的・情動的・認知的・社会的）は、この最後のピースがなくては完成しない。落ち着いているのは、リラックスして、いろいろなことに気づき、その状態でいるのを楽しんでいるというだけのことではない。この5番目の要素、「向社会的」が発揮されてこそだ。

ひとりの先生が、勤務先でのセルフ・レグ・イニシアティブでのエピソードを教えてくれた。彼女は2年生のクラスで、マシュマロ・テストを再現してみようとした。マシュマロを出し準備をしようとしたところで、急用のため呼ばれた。マシュマロの皿をテーブルの中央に置き、子どもたちに、先生がいないあいだ触らないでねと言った。子どもたちはみんなテーブルの周りに集まり、魅惑的なおやつを見つめていた。だがそれを取ろうとするどころか、お互いに誘惑に抗おうと、助け合いはじめた。ひとりの男の子は、もうこれ以上我慢するのはぼくには無理だと、やぶれかぶれになってお皿を取ろうとした。ほかの子どもたちは、それを許すのでも、よってたかって攻撃するのでもなく、みんなで懸命に応援をはじめた。男の子を励まし、気をそらすようにし、それから、一番すごいと思ったのは、彼が我慢できたときに誉めそやしたのだ。先生が教室に戻ってきたとき、マシュマロの皿はまったく無傷のままで、はちきれんばかりの笑みを湛えた子どもたちが待っていた。そして興奮した男の子は、自分の自己調整の成功談を先生に聞かせようと、待ちかねていた。向社会的行動としてもっと重要なのは、共通のゴールをめざして支え合ってきた子どもたちが、なかでも一番助けが必要な子どものために、その努力をステップアップさせたことだ。

向社会的行動は、セルフ・レグの見地から見れば、究極の移行だろう。「自分の内なる性質を制御」する方法を学ぶ旅から遠く離れ、子どもがたどらねばならない旅は、もっと的確にいうと、他者の要求に応え、自分の心の奥底にある要求をどのように満たすかを学ぶものになる。社会支援の調査は明らかにしている。社会的につながっているとき、私たちはもっとも回復する。セルフ・レグは、子どもたちの警報を鳴りやませる助けになり、子どもにも自分でそれができるように、その方法を教える。親密で意義深い友情を発展させようとする願望やスキルを、子どもたちが獲得するのを助けることがこれほど重大なのは、まさにこういう理由だ。私たちはほかの人のいるところで休み、回復する。相手もまた、私たちのいるところで本当の安らぎを見つける。自分と他者の両方のための、個人とグループの両方のための、利益はいまここにある。

PART

3

思春期と付き合う

第10章

思春期の力と危機

思春期の子どもは「大胆な冒険者」だ

大学院での講義が終わった金曜の夜、「テキサスの生《なま》の姿」を味わってほしいと、主催者側が高校のフットボールの試合観戦を手配してくれた。

10代の選手たちは、速く、頑強で、鍛錬され、絶好調。試合の運営には、おとなたちも関与していて、フィールドの内外で、案内をしたり、監督をしたり（実際は怒鳴っているだけ）しているが、選手たちとは一線を画している。チームのユニフォームではなくポロシャツを着て、サイドライン側の比較的安全なところで試合を見ている。

選手たちはほぼ衝動で動いている。毎日何時間にも及ぶトレーニングあっての動きだが、ひとりでできる限界を超えて体を追い込み、身体的攻撃性のすべてを、試合のルールが許す範囲内になんとかとどめている。

彼らはお互いに試合にのめり込み、試合に勝つという共通の目的に完全に集中している。そして、もう少し目立たない事柄もある。チームの誰かがミスをすると、別の選手がカバーしようとする。一度ある選手が判断を誤ったプレーをし、それが相手チームのタッチダウンにつながってしまった。チームメイトたちは、その選手の背中やヘルメットを軽く叩き、励ましの言葉をかけた。つまり彼らの本能的反応は、エラーした選手を責めるよりも、彼を励まして、新たな努力へと駆り立てようとするものだった。

なんといっても興味深かったのは、スタンドを埋め尽くしたおとなたちが、クラスメイトと一緒に、両方のチームに歓声を送る姿だ。フィールドで戦うティーンエイジャーたちと同じように、みんなが試合に勝つことに夢中になり、自分の代わりとなるヒーローを、つまりは自分自身を、上向き調整しようとそれぞれ必死だった。これぞ、原初の戦いだ！

現代のスペクタクルのなかで、ハイスクールのフットボールの試合以上に、象徴的なものはない。だがこれは、まったく現代的なのに、遙か古への洞察を提供してくれるのだ。この章で説明するつもりだが、思春期は多くの点で、進化のうえでの謎である。社会的変化と生物学的変化、そして不安定性の顕著な時代だ。[*1] ティーンエイジャーの親だったら、思春期というのは、親の忍耐力を試すためだけに進化したのではないかと疑いたくなる。だが自然が親を試すことにこだわっていたとしても、この人間に特有の発達段階には、それ以上の意味があるはずだ。

世界中どこへ行こうと、共通のゴールをめざして邁進しているとき、青年たちは、お互いに突進し、支え合い、成長を促す。そういえば、霊長類学者のなかには、ホモ・エレクトゥスとともにはじまったアジアやヨーロッパへの初期の人類の大移住——いわゆるアフリカからの離郷——は、最古の青年の化石と同時期の現象だとしている人もいる。

ふたつのできごとは密接につながっていたとする推論がある。若者は、じっとしていられない気持ちに突き動かされた。体力の消耗状態に長く耐えられる彼らの能力と、リスク評価に影響を及ぼす——そして誤った判断をくだす——生物学的変化が、道を拓いた。

若者とおとなのあいだには、見返りとリスクのバランスを評価するやり方に、圧倒的な違いがある。ホモ・エレクトゥスの親たちは、移動を喜ばず、食料源が少なくなってきても、自分たちのいる場所で、なんとか生き延びるほうを望んだだろう。だが10代の若者は、化石人類学者たちが推測したように、大胆な冒険者であり、新しい土地を探したのではないだろうか。新しい食べ物を試し、そういった食料を取り出すために新しい道具を開発したのは誰だったのだろう？　親たちが眠っているあいだに、見張り番をしていたのは誰だったのだろう？

どんなに無視しようとしても、若者は、人類の発展における特有の局面を構築してきた。それまでの子ども時代の依存とは劇的に違い、そのあとのおとなの生活とはそれ以上に違った局面である。ここには、ほかにはない豊かさと、潜在的な危険が同居している。後者のほう、青年期の暗い面が最近は大きな関心を集めている。だがここで、セルフ・レグが、とりわけ重要な役割を果たす。

思春期のストレスが増大している

アンジーは椅子にすわって前屈みになり、ほとんど話そうとしなかった。14歳にしては小柄、すわり方はだらしなくても服装はきちんとしていて、見た目に気をつかっているのがわかった。学校と家庭の記録を見る限り、いいことがたくさん書かれている。だが、実際はそうではない。アンジーには、この診察室に来るだけでも、ヘラクレスさながらの多大な努力が必要だった。難題なのは、私たちに会いに来ることだけでない。日常のすべてがそんな調子なのだ。毎朝起きるときには、今日は違っていますようにと願う。だが違ってはいない。ベッドから出るだけでも、彼女は無気力と戦わなくてはならず、服を着るのも、朝ご飯を食べるのも、すべてが戦いだ。彼女は、仲のいい友だちがいることを、私に打ち明けてくれた、でもたいていは、わざわざ連絡しようという気にはなれないという。どうしてすべてがこれほど大変なのかは、彼女にはわからない。ただこれが毎日のことなのだ。

この点で、アンジーはひとりではない。ぜったいにそんなことはない。

２０１３年２月、カナダで最大規模を誇るトロント地区の教育委員会は、２０１１年から２０１２年度の統計調査の結果を発表した。調査には、7年生から12年生【訳註：日本では中１～高３に当たる年齢】の生徒の90パーセントに当たる10万３０００人以上が参加した。カナダで実施された過去最大の調査で、誰もがはっきりと、生徒たちの間に不安の温床が広がっていることを初めて確認した。

この統計は、子どもたちが自分をどう見ているのか、そして、調査に使われた身近な言葉で、彼らが自分の感情をどのように説明するかを示している。だがこれは、子どもたちの実際の状況を表しているとはいえない。多くの子どもたちが、実際には「落ち着いた」状態を経験したことがないのだが、そのことを知らないからだ。子どもたちは自分がなにを感じているのかを正確に知らず、自分がなぜこんなに嫌な気分なのかを説明もできない。にもかかわらず、頭痛や、胃腸障害、不眠などに対処するために、処方箋のいらない薬を服用しはじめる。[*2] また慢性的不安をアルコールなどで解決しようとして、問題をこじらせてしまう。この結果は、現代の若者の身体と精神について警鐘を鳴らしている。

《集中するのがむずかしい》

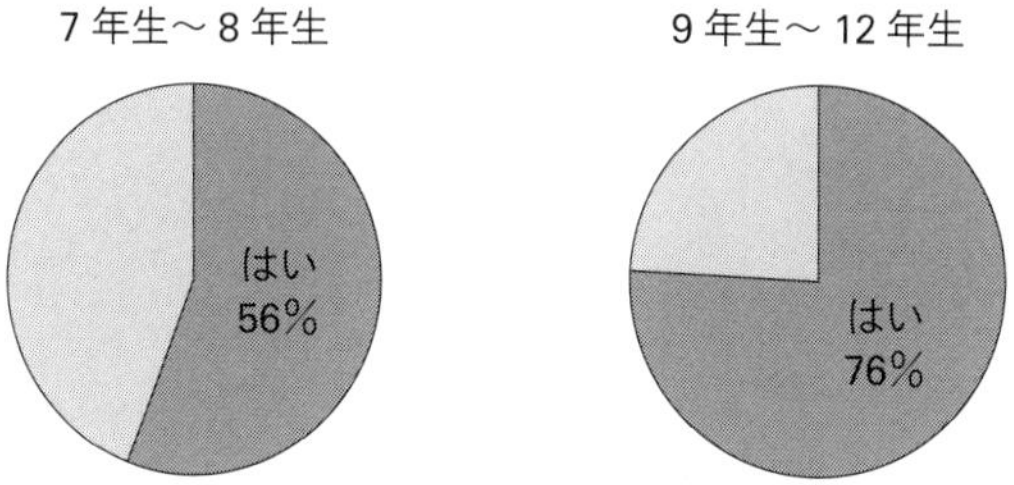

《多くのストレスを抱えている》

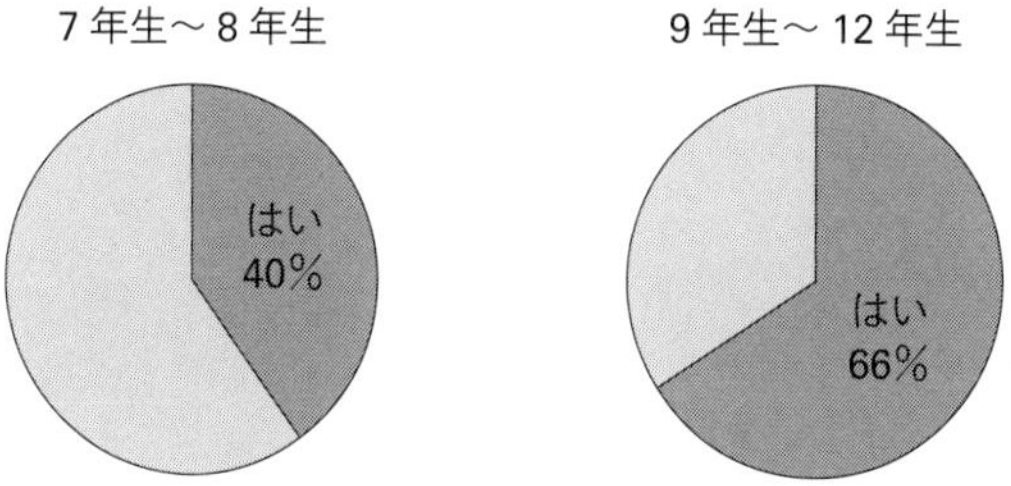

《しばしばあるいはいつも不安だ》

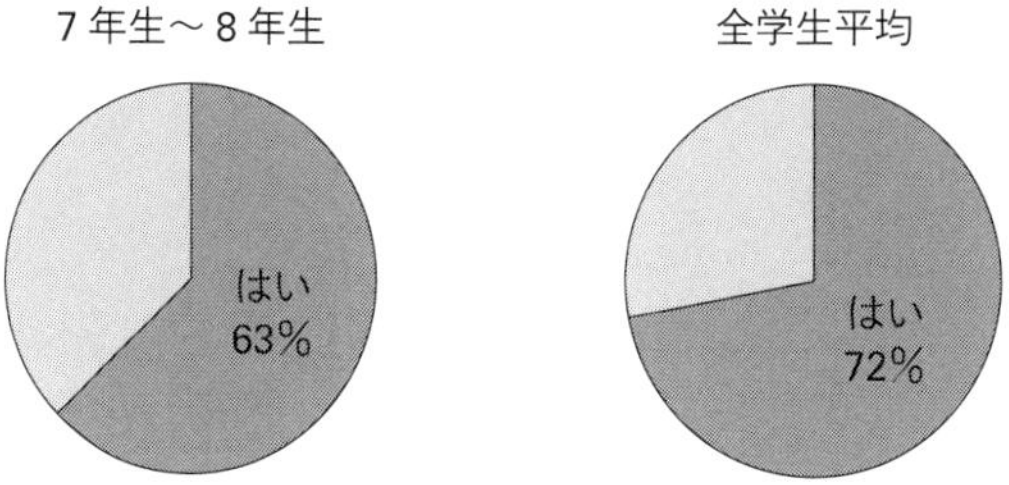

アメリカ合衆国とカナダでの仕事で、先生や行政官は、深刻な気分障害を抱えるティーンエイジャーたちの数が増えつつあるといっていた。クリニックへかかってくる電話から考えても、同じような傾向が認められる。アンジーのような子どもを持つ親からの相談が増えている。つまり、不安や鬱と戦っている子どもたちと一緒に暮らしている親たちだ。アメリカ国立衛生研究所の統括研究者フィリップ・W・ゴールドは、「抑鬱状態は、自己免疫のようなもので、適応反応が調整異常の状態にあることを表す。それは歪んでしまったストレス反応である」と定義する。[*3]

怒りのコントロールにおいて問題を抱えていて、反社会的行動を見せるティーンエイジャーの数も、同様に増えているのが観察される。無謀な危険行為。ドラッグ、アルコール、ギャンブル、ポルノへの依存症。意図的な自傷、摂食障害、睡眠障害、身体醜形障害などだ。まるでドイツロマン派の「シュトゥルム・ウント・ドラング（嵐と衝動）」と呼ばれた時代が、10倍に濃縮され、多くの思春期を「苦悩と混乱」の時代へと変えているようだ。[*4]

こういった心理学的問題や行動の問題は、ガス欠なのにエンジンが動いているサインだ。社会的、情動的、あるいは学習の問題が、隠れたストレス因子となっていて、子どものエネルギーの蓄えを使い果たす。だが原因が何であろうと、こういう状態では、ティーンエイジャーは慢性的に、低エネルギーと異常に高い緊張の合わさった状態にいる。エネルギーと緊張の比率が、ひどく均衡を欠いている。こういう状態に対する脳の本来の反応は、問題を悪化させかねない。脳は、その子にまったく動かないようにと命じる（もしかするとその子には一番必要なことかもしれない）か、あるいは、休息が必要であるにもかかわらず、動きつづけるように命じるかの、どちらかなのである。

こういう現象が、なぜこれほど多くのティーンエイジャーに起こっているのだろうか。当然、ティーンエイジャーなら誰でも、程度の差はあれ、このような苦悩や混乱を経験している。だが、その理由は、思春期の大きな変化が、本来的に子どもには過酷でエネルギーを消耗させること、子ども期からおとな期への移行が、親中心の調整から仲間との共同調整や自己調整へとやり方を変えることを強いること、それだけなのだろうか。前に見てきたように、思春期がなにかの進化の目的を担っているのなら、今日、これほど多くの若者が苦しんでいる理由を探るヒントは、現代と更新世（人類が誕生した時代）の人類の生活における基本的な違いにあるのではないだろうか。ピーター・グラックマンが呼ぶところの「ミスマッチ」が、ティーンエイジャーたちに過度のストレスを生じさせ、精神と身体両方の健康問題が、大きなうねりとなって生じてきているのである。[*5]

思春期の不安定さは、人類進化の代償か

思春期のはじまりは、10歳から12歳である。それは、思春期前の脳の爆発とともにやってくる。

言い換えると、大規模な脳の改造工事がおこなわれる。[*6] 自然が、子どもの脳の働き方を完全に変え、ある部分は動きをゆっくりにし、また別の部分は速くする。

人生の最初の数年で、脳は驚くべき速さで成長する。子どもが6歳半になるころには、その成長の95パーセントが完成している。この時期、子どもの核となる感覚、運動、コミュニケーション、情動、社会性、認知、それぞれの働きを司るプロセスは、すべて確立し、統合されている。7歳ごろには、脳は高度に安定した状態になっている。なのに、なぜ、2〜3年この状態を維持したあと、突然脳をふたたび不安定な状態にすることを、自然は決めたのだろう。まるで大型のジグソーパズルをようやく完成させておいて、ピースをまたはずして袋に戻し、新たにはじめようとしているようだ。

思春期を生物学的な側面から見たときに不思議なのは、このことだけではない。[*7] ほとんどの哺乳動物は、子どもからおとなへとシームレスに移行し、思春期においては成長率が実質的に減退することで、成人を特徴づける、安定した維持レベルに達したことが示される。ところが人類では、逆のことが起こる。むしろ思春期は、急激な成長躍進によって特徴づけられている。これはティーンエイジャーを持つ親であれば、承知のとおりだ。女の子も男の子も、体型、身長、感覚、感受性、すべてが急激に成長・躍進する。

これは、思春期に放出される、性ホルモンの奔流に結びついている。このことは、私たちの誰もが知っていて、当たり前に思っている事実だが、実はこれも筋が通っていない。性ホルモンは人間においても、誕生時にすでに存在するのだが、ほかのほとんどの哺乳類のように、ゆっくりと増加しないのはなぜ？　エストロゲン（女性ホルモン）とアンドロゲン（男性ホルモン）の急襲攻撃によって、思春期の子どもたちを混沌に陥れるのはなぜ？　筋肉から脂肪への代謝が大きく変化するのはなぜ？　これは大事な試合の前にティーンエイジャーに情熱を吹き込む、自然の方策なのか？脳のエネルギー効率も変わる。それなら、この過程をもっと早くからはじめたほうが、筋が通っているのでは？　そして睡眠を司るメラトニン転写で変化があるのはなぜ？　そのため思春期の睡眠パターンは、劇的に変わってしまう。そして、おそらくもっとも不可解なのは、思春期のリスク引き受けに大きく影響する、脳の「報酬系」における決定的な変化だ。

このすべての疑問への答えは、思春期は、新生児が未熟な状態で生まれることによって与えられた利益に対して、人類が支払いをしなくてはならない対価だということだ。すなわち、幼児期という完全に依存した状態がほかの種に類を見ないほど長い期間続き、脳はそのあいだに著しく成長するのである。説明してみよう。

思春期においては、社会的機能のひとつのモードからまったく異なるモードへの移行が起こる。つまり、子ども時代の親が支配的なモードから、仲間同士による組織が支配的なモードへと変わるのだ。間脳を通じた旅のこの段階にいるあいだ、ティーンエイジャーたちは、ますます親より友人に強く頼るようになる。
思春期の子どもが仲間の影響をより受けやすくなるのには、重大な理由がある。子どもは、家族という狭くて守られた領域から、コミュニティという現実世界に入っていくからだ。そしてそこで、残る一生を、競争と協力に費やすことになる。子どもがやがて、独立した自己充足できるおとなになれば、長い子ども時代が終わりを告げる時が来る。その重要なゴールがあるのなら、前思春期の脳の爆発は、子どもを家から出させるための自然の策だと納得できる。[*8]
誰もが知っていることだが、思春期の変化は、子どもがリスクをより引き受けようとするようになることによっても、示されている。こういった危険な衝動を調整するために必要な神経系は、まだゆっくりとした成長の途上にある。その結果、実に適切な描写を借りれば、思春期の脳は、経験はないが勢いだけはあるドライバーが走らせるF１のレースカーに似ている。
そのドライバーは簡単に注意をそらされやすいし、スピードと走行距離を求めて運転するが、車にはスピードメーターも燃料計も付いていない。ついでにいうと、サイドミラーも、バックミラーもない。さらに悪いことには、彼らは、走行レーンを変える前に、死角を確かめるようにうるさく注意する教官の言葉にも耳を傾けようとしない。

説明すればわかるはず、は通用しない

アンジーと話しながら、私が考えもしなかったこと、そしてぜったいに彼女に言ってはならなかったことは、「しゃんとして」人生を送るようにもっと頑張れ、という言葉だ。実際アンジーは、彼女の言葉を借りれば、日々ベッドを出るだけでも戦っている。なんでもない日常のことを片づけようとするだけで、彼女はもうとんでもない努力をしているのだ。彼女が切に願っているのは、朝起きるときに、これほど努力せずにすむことである。もっと努力をすることではない。それに「その恐怖はまったく不合理だ」とか「あなたは本当に恵まれた環境にいるのに」とか説明されても、何のためにもならない。

10代になっていれば、理解できるはずだと思ってしまうからだろう。私たちは説明をしがちになる。彼らのしていることが、どれほど非合理的かをわからせようとしたり、気分を変えるにはこういうことをする必要があるなどと説明したりしてしまう。セルフ・レグにおいてもやはり、自然と、自己調整とはどんなものであり、なぜエネルギーのタンクをいっぱいにしておくことがそんなに重要なのかを説明しようとする。だがそこでひとつ問題がある。

ティーンエイジャーたちは、発達段階における大きな一歩を踏み出し、前向きに進んでいるとこ

ろなのだろうが、ストレスが高まったときの影響は、彼らが子どもだったときとまったく同じなのだ。同じように前頭前皮質のシステムが停止してしまい、彼らは「逃げるか戦うか」あるいは「フリーズ」状態になる。こうなると、親の言っていることを処理するのもまったくお手上げ状態で、子どものときと何ら変わらない。おまけに要点をわからせようとしつこく強制すると、大脳辺縁系が覚醒過剰に陥りかねない。

現代の親にとって、事態をとりわけむずかしくしているのは、ティーンエイジャーたちが、複数のストレス因子にさらされていて、しかも子どもも親も、それをストレス因子だと認識していない点だ。事態をさらにややこしくするのが、子どもたちは、これはぜったいにストレス因子ではない、と言い張ることだ！　だが親が果たすべき最初の一歩は、たとえ子どもたちが嫌だと言っても、彼らがエネルギーのタンクをいっぱいにするのを助けることだ。彼らがガス欠のまま走っているあいだは、どんなメッセージも届かない。そしてティーンエイジャーたちがこのような状態に陥りやすいことに対しては、納得のいく説明が可能なのである。

〝ナイーブな思春期〟は医学的に証明されている

すべての親が知っていることだが、子どものカロリー摂取の高まりは、思春期にはじまる。活動的な14歳の子どもは、活動的な8歳の子どもの、2倍のカロリーを必要とする。このエネルギー必要量の急上昇は、明らかに、急速な成長と活動レベルの上昇に密接に関係している。だが、このふたつだけに応じて生じているわけではない。ティーンエイジャーの多量のエネルギー消費を説明する、別の大きな要因がある。

思春期は、ストレスへの感受性が劇的に上昇する時期の到来を告げる。ストレス反応を制御し、体内のプロセスを調節する大脳辺縁系と視床下部〜下垂体〜副腎系（HPA系）に、きわだった変化が見られる。すべてにおいて、ストレスホルモンであるコルチゾール分泌の抑制または促進が認められる。まるでティーンエイジャーの神経内分泌系が再調整されているようなのだが、そこで注目すべきなのは、社会的ストレス因子に対する、感受性の高まりだ。[*9]

社会的ストレス因子は、ことに深刻だ。最近の研究で、ティーンエイジャーたちは、「否定的感情の合図」（むずかしい顔、しかめっ面、尖った声）への感受性が高まり、それでも足りないと言わんばかりに、否定的でないものに対しても、否定的なシグナルだと感じとるバイアスが高まることが認められている。ティーンエイジャーは、中立的な表情を、自分を脅すような表情だと読み取ることが多い。疲れがひどくなると、もっとも優しい表情や声の調子でさえ、脅威だと認識してしまう。

つまり、ティーンエイジャーの警報は、ずっと刺激に敏感な状態にある。そして、いつ何時鳴りだし、緊張が高まり、エネルギー消費が急上昇するかわからない。おまけに睡眠不足が、ストレス反応と否定的バイアスに対して、かなりの悪影響を及ぼす。現代のティーンエイジャーのほとんどで、睡眠時間が急激に少なくなっているのは確かだ。

16歳なら、まだ睡眠時間は9時間か、あるいはそれ以上必要だ。ところが、それだけの睡眠時間をきちんと取っている子どもは、驚くほどわずかだ。睡眠不足はまた、線条体系（報酬に関係する判断確定に強く関連した脳の部位）に大きな影響を与える。睡眠不足の思春期の子どもは、大きなリスクをおかしやすい。そのようなわけで、ティーンエイジャーのストレスはまさに天井を突き抜けていて、彼らは合理的に考えれば呆然とするような行動に出るのである。

社会的つながりがティーンエイジャーに安心を与える

ストレスが大量のエネルギーを燃焼させているエルゴトロピック状態（無理をしている状態）が長く続く。[*10] そこから回復するために、ティーンエイジャーにはどんなことができるのだろうか。身体的活動を増やすこと、ヨガ、音楽劇、アドベンチャー・プログラムは、子どもが回復するためにどれも非常に効果があるのが認められている。さらに、少人数のグループでおこなうときに、もっとも効果がある。ここにも進化の力学が作用している。初期の人類は、１００人から２００人程度のコミュニティで暮らしていた。思春期の若者が、遊んだり、旅したり、狩りに出たりするために集まるとき、その数は小規模になっただろうし、それが安心と安全を確かなものとする大きな要因になっていたのだろう。

学年に200人の子どもがいて、学校全体では2000人もの子どもがいるハイスクールにいると、どんな気がするかを考えてみてほしい――たったひとりだと、自分が見えない存在になった気がするだろう。私がフットボールの試合を観にいったデイビッド・W・カーター・ハイスクールでは、全校生徒1800人以上のなかでも、ほかの学校と同じように、フットボール・チームは特別なグループとして傑出している。選手は全員、振り落とそうとしている子馬に乗った、カウボーイの絵のついたTシャツかトレーナーを着ていた。連れ立って歩いていた3人を呼び止め、その絵について訊いてみると、これはチームの名前「カウボーイズ」を表していると説明してくれた。どうやら図柄はチーム員の誇りとなっているようだった。チームのシャツも、学校だけでなくコミュニティ全体から買い求められ、尊重されているという。だがここには、単なる自尊心以上のものが関係している。チームの一員であるという社会的アイデンティティは、安全の源なのだ。

これは人類の本質であり、思春期の子どもの場合にはことに当てはまる。10代の若者には、共通のゴールの周りに築かれた少人数の活動が必要である。そのゴールのためには、献身と犠牲と自己満足を超えた、なにかが求められる。回復力を培おうとするのであれば、成功だけでなく、失敗もともに経験しなくてはならない。だが、敵の面前でもひるまず前進するための気力を養いたいのなら、失敗だけでなく、成功もともに経験しなくてはならない。個人のアイデンティティ意識は、強いアイデンティティを持っていないグループからは生まれない。アイデンティティを発達させるためには、そのグループを元気づけ、焚きつけ、鼓舞するなにかがなくてはならない。

大きく懸念されるのは、次のことである。多くのティーンエイジャーたちが、スキルや練習、献身が必要なグループの活動を避け、たとえばオンラインゲームのような、仮想的な空間で「代用的な」グループ体験を選ぶ傾向がある。数え切れないほどの時間を費やし、オンラインゲームに習熟したティーンエイジャーたちは、インターネット上の新しい「スター」になる。つい最近、下校時の10代の少年たちのグループと話していたら、彼らが一緒に遊ぶためには、それぞれの家に帰らなくてはならないと言った。私がきょとんとしていると、彼らは各家庭からスカイプに接続しお互いにリンクして、一緒に組んだり、対戦したりして、オンラインゲームで遊ぶのだと説明してくれた。それだけならまったく無害で、むしろ楽しいだろう。だが、こういう活動が10代の仲間同士の交流のメインとなってしまったときに、問題が起こる。

ティーンエイジャーがグループに属しているとき――それがサーファーのグループでも、ロックバンドでも、下院議員の選挙キャンペーンチームでも、なんであっても――そこに関わることで、実際にその子のストレスレベルが高まっているのか、低くなっているのかを確かめなくてはならない。同じことがビデオゲームについても、ソーシャルメディアについてもいえるのだが、これらにはほかにも気をつけなくてはならない点がある。

ゲーム中毒に関しては、さまざまな関連した健康問題（背中の痛み、頭痛、眼精疲労、手根管症候群）、攻撃性の高まりや、対人関係のスキルでの問題、学校での注意とやる気の欠如が懸念される。ソーシャルメディアの使いすぎは、疎外感、楽しませることへのプレッシャー、妄想症、他人のライフスタイルへの嫉み、そして抑鬱状態につながりがちだ。安心と安全を強化するのにはほど遠いのだ。

不安は一種の弱さだと長い間見なされてきたことが、問題を大きくしている。アンジーの場合もそうだった。彼女は、いま経験している生理学的ストレスすべてに加えて、自分の苦悩を、性格の深刻な欠陥として内面化してしまい、結局不安が増えるだけだった。最初のミーティングの最後に、アンジーは泣きながら訊いた。「どうして私はこんなに情けないんだろう?」。だが彼女だけでなく、ティーンエイジャーたち全員が学ばなくてはならないのは、自分たちがこんなに不安で落ち込んでしまうのは、彼らの弱さとはまったく関係がないということだ。

子どもたちの不安は、自律神経系に過度の負荷がかかっているサインである。それは幼児も10代も違いはない。不安が昂じるのは、大脳辺縁系が慢性的に覚醒していることの疑いようのないサインである。ただし、幼児期と違って親がすべての対応をするわけではないのが思春期の特徴だ。

社会的活動は、思春期のはじまりとともに、ティーンエイジャーが自分の緊張を緩和し、疲労から回復するのを助けてきた。親が子どもを調整する役割は消えないが、ティーンエイジャーが間脳を通じた旅をするときには、仲間が、発火した警報を切るという大事な役を、ある意味では親の代理として果たしてくれる。

長所はあるとはいえ、ソーシャルメディアは、アンジーのためにこの役割を果たさない。社会不安と戦っている多くのティーンエイジャーたちのためにも、役立ちはしない。

「顔を合わせる」時間の大切さ

社会参加は、ストレスを処理するための脳の最前線である。それは、物理的に距離が近い「近位の」交流を要求する。触れ合い、眼差し、共感してくれる耳、落ち着かせる口調。私たちには一生を通じて「近位の」交流が必要だ。だからお年寄りは、社会的グループに属していると、より元気に過ごすことができる。たとえば、電話やソーシャルメディアを介しての、「遠位の」交流は、つながりを感じていたい気持ちはいくらか満足させるが、近位の交流が持つ利点の代わりはできない。ティーンエイジャーたちが経験している社会的変化と生物学的変化を乗りきるために、彼らがお互いに必要とするような、安定したアタッチメントを促すことはできないのだ。

私が懸念しているのは、現代テクノロジーは、学習や個人の発達に寄与する驚くべき可能性を持っているにもかかわらず、逆にマスメディアが持つある種の性質は、ティーンエイジャーたちがより深刻な不安を感じる一因となっているかもしれないということだ。じゅうぶんな睡眠が取れていないティーンエイジャーたちがこれほど多い大きな理由は、まさしくそこにある。研究はさらに、次のような不安が生じる理由も示している。すなわち、マスメディアからの影響によって、ティーンエイジャーたちの規則正しい食事のパターンが損なわれ、さらに彼らは、すでにストレス過剰になっている自律神経系にさらに追い討ちをかけるような刺激を求めるようになるのではないか、という不安である。

ほかのストレス因子として、生活のあらゆる面でティーンエイジャーたちが直面する、激しい競争がある。成績や人気へのプレッシャーだけでなく、いままでにないほど厳しく自分の能力を示さねばならないというプレッシャーもある。超有名校、ソーシャルメディアでの「名声」、そして世俗的成功だ。

親はよかれと思って――あるいは過度の野心からかもしれないが――完璧主義で子どもたちを評価し、ティーンエイジャーのもっとも基本的な発達を蔑ろにするような高校生活を送らせてきたケースが多い。実のところそのような完璧主義は、馬鹿げているし、不適切なものだ。このようなケースは、特に心配だ。最近、セルフ・レグを、極東の国に導入できないかと相談を受けた。トップレベルの科学者や技術者の数で非常に有名な国だ。問い合わせの理由は？　国中に精神衛生上の問題が蔓延していることに、政府は深い危機感を覚えているとのことだ。[*11]

食事と運動と睡眠が育むストレス耐性

前に紹介したグラックマンのミスマッチ理論（『Mismatch: Why Our World No Longer Fits Our Bodies』で解説されている）の原則は、私たちの生物学的側面と環境とのミスマッチが大きくなるほど、私たちのストレスも大きくなり、体内のシステムへの損害も大きくなるというものである。たとえ住むのに適さない環境で生き延びるための戦略を開発しようとしても、そうなるのだ。ストレスで擦り切れた思春期の子どもたちは、ミスマッチ理論のかっこうの見本だ。

まずは皿に乗っているものからはじめよう——あるいはファストフードの箱に入っているものから。歯の形から、私たちの祖先は、根茎や固い肉をかむのにかなりの時間をさいていたことがわかる。[*12]実はかむことには、自己調整の作用もある。落ち着かせるような神経伝達物質を放出させる効果があるのだ。チューインガムが10代の市場で人気なのも頷ける。とはいえティーンズ世代は、噛む必要が最小限で、栄養的な見返りが疑わしい高度に加工された食物を主に食べている。識者はみんなが聞いたことがある理由で、ジャンクフードを俎上に載せようとした。その理由のなかには、思春期の子どもたちにおける肥満の増加や、糖尿病やほかの慢性的健康問題の増加が含まれている。最近の調査では、ジャンクフードは覚醒調整のメカニズムを阻害することがわかっている。このシステムへの脅威は、5つの領域すべてに影響する。だから当然、食事はミスマッチ・リストの上方に挙がっている。

原始的な睡眠パターンを推測することは、ほぼ不可能だ。今日の狩猟採集民で見てみても、大きな差異があるのだから。だがひとつわかっていることは、電球の発明と、さらに最近ではブルーライトを多く含むＬＥＤの登場が、人の睡眠パターンに大きな影響を与えたことだ。データによると、平均的なティーンエイジャーは、10年前と比べて睡眠時間が2時間減っている。おそらくお宅のお子さんにも当てはまるはずだ。

だがあらゆるミスマッチのなかで、トップに君臨するのは、運動の欠如だろう。[*13] 古のアフリカからの離郷に、10代の若者が大きな役割を果たしていたのかどうかは別にしても、確信を持っていえるのは、彼らは1日にあきれるほどの距離を歩いたということだ。実際に現代の採集狩猟のグループを調べたところ、彼らが歩く歩数は、現代の都会の視点から見ると、驚くほどの数値を示した。1日3万歩から4万歩だ。私は数年前に、マダガスカルで仕事をしたが、そのときに島の一方の端から、内陸を通って反対側まで、車で走ったことがある。その道中ずっと、山がちの自動車道路を、ティーンエイジャーたちが歩いているのを見かけた。ほとんどの子が、町の市場で売るための品物を背負っていたり、市場で買った生活必需品を持ち帰っていたりした。山の上にある彼らの村から、町までは、20キロほども離れていた！　この往復は1日がかりで、彼らのほとんどが、裸足か、ゴム草履を履いていた。

ティーンエイジャーのストレスを緩和するために、歩くことは非常に重要だ。歩くことに時間が取られ、ゲームやソーシャルネットワークに費やす時間が減るからだけではない。歩くことは、心臓血管の健康にも、筋肉と骨の増強のためにもとてもよい。それは、組織内の老廃物を排除し、緊張の解放を促進する。エンドルフィンを放出させ、不安なときに発火するニューロンへの抑制効果がある。日光や新鮮な空気、そして自然の音や風景の恩恵も得られる。そしてリズミカルな歩調は、瞑想にひたるような自己催眠状態を誘発し、気力を回復させるだけでなく、創造性まで促してくれる。おまけに足に、すばらしい、優しいマッサージまでしてくれる。

ティーンエイジャーたちに肥満が蔓延しているのは、すわりすぎが要因になっていることを私たちは知っている。同じように、すわることの多いライフスタイルが、彼らの気分にも大きな影響を与えている。気分障害と戦う多くのティーンエイジャーたちと同様に、アンジーはずっとすわったままである。そのあたりを動いて、通常の生活での身体活動をするのには、助けが必要だ。多くの学校がこのことを深刻に捉えている。セルフ・レグを取り入れているハイスクールで実践している非常に効果的な方法がある。小さな動きを授業のなかに組み込むのだ。たとえば、質問への答えによって、部屋のどちらかの端に生徒を動かす。多くの先生が周期的に生徒に、立って、伸びをしたり、深呼吸をしたりするように指示を出す。教室のうしろにサイクリングマシンを置いた〈スパーク・セルフ・レグ・イニシエイティブ〉も、すばらしい成果を挙げた。生徒たちは必要を感じたら、いつでもマシンを使ってよいのだ。保護者の話では、Wii Fit や JUST DANCE Wii のようなゲームソフトも、子どもたちが体を動かす助けになる。さらに、運動に主眼が置かれていなくても、ボランティア活動など、仕事をするうえである程度の身体的活動を含んでいるものも助けになる。

ティーンエイジャーと親の距離感

歩くこと、さらにはもっと活力に溢れた運動をすることが、セルフ・レグの過程を導くということがわかったが、本当に自己調整をするには、ティーンエイジャーたちは、5つすべての領域で、自分のストレス因子を確認できる人になる必要がある。これについては、少なくとも最初のうちは、10代の子どもたちには、親の助けが必要である。

思春期の子どもたちは、自分の身体的状況を顧みようとせず、自分の置かれた情動の状態に執着する傾向がある。強い否定的感情に打ちのめされてしまうと、自分の身体的状況と情動的状態の関係を認識できなくなる。まして自分の現在の低エネルギー／高テンションという不均衡状態と、それに続く情動の状況との複雑な関係などには、気づくはずもない。

取り払っても消えない思いと戦っていたり、あるいは強い否定的バイアスを抱いていたり、パソコン画面の前で何時間も過ごしていたり、中毒性のあるモノに引き寄せられていたり、愚かなスリルを探し求めていたりするときに、もっと自制心を働かせるようにティーンエイジャーに説教をしても、よい結果は出ない。その子の自己認識がじゅうぶんでない限り、彼らは新しい認知スキルや社会スキルを習得したり、使ったりはしそうにない。

今日の思春期に関する科学文献で目立つテーマは、私たちが、子ども時代の継続期間をかなり短く見積もっていたという点だ。10代の脳の研究で、ティーンエイジャーには非常に貧弱な備えしかなく、決断をくだしたりリスクを評価したりするのはむずかしいという報告がある。だから彼らの未発達な管理機能を補うために、彼らは引き続きおとなの指導を受けるようにしなくてはならない。この点が重要なのは、ティーンエイジャーたちが思春期の危険な行為をフレーミングし直し、自身が刺激を求めることに関与する生物学的要因を理解することが必要だからだ。また、彼らには、処理の限界があること、そしてそのことが彼らの危険な行為を、さらに無謀なものへと駆り立てるということを、もっと理解することが必要だ。思春期の脳についてのこの新しい知識は、人々の話題にのぼってきた。ここから始め、今度は、神経学、生物学、認知、社会的行動、情動調整がどのように統合され、どうストレスサイクルを動かすのか見る必要がある。そうすれば子どもたちに、このF1のレーシングカーを操縦するために必要なツールを与えることができる。

思春期の子どもにツールを与える、だが彼らの代わりに仕事をしようとしないこと。それが大事だ。進化の観点から見て、乳児や幼児の親であることから、思春期の親としての役割へ移行するとき、これは親が覚えておくべき重要な違いだ。なんといっても、ふつうなら、20年から25年にわたって細やかな管理が必要な種を、自然はつくったりはしなかったはずだ。そういう種をつくったのは、それだけ長きにわたって親が頑張れることを当てにできると思えばこそだ！

とはいえ、現代は調整困難な影響が蔓延していて、おとなからの指導と指示がより必要とされていることは確かだ。親や学校が、思春期の危険な行為を和らげるために、注意を怠らないようにする努力は、お門違いとは言えない状況にある。

親にとってむずかしいのは、さじ加減だ。つまり、ティーンエイジャーが安全に今日の世界を航行するのを手助けするときに、この章で見てきたような、思春期の子どもの自然な発達プロセスを進行させるように、じゅうぶんに距離を取りながら、かつ親として指示をする、そのさじ加減だ。[*14]

結局、世界中で成人の儀式が見られるということが示しているのは、思春期というのは、依存から独立へのかなり急激な移行であり、それには数々の責任が伴うのだと、長い間理解されてきたということである。

COLUMN

過食の引きこもり少女を変えたもの 《ニクス・15歳〜大学3年》

面会にやってきたのは15歳の少女だった。黒ずくめの装いで、短い髪をハリネズミのように立て、両耳と両眉、そして鼻にピアスをしていた。だが注目を引いたのは、服装やピアスではなかった。彼女が発散する悲しみや怒りだった。彼女が自分で選んだ、ゴス調の名前は、暗黒と混沌の響きがあった。〝メアリー・キャサリン〟という本名を呼びかけても、彼女は応えようともしない。いまでは〝ニクス（訳註：ギリシア神話の夜の女神ニュクスを表す）〟という名しか使わず、母親がその名を呼ぶ声にはとまどいが感じられる。

母親は、お姫様ごっこが大好きで、人形と何時間も遊んでいたうちの娘になにが起こったのか、さっぱりわからない、と繰り返した。母親によると、ニクスは申し分のない赤ちゃんだったそうだ。ほぼ最初から一晩中眠ってくれたし、めったに泣かなかった。一日中ベビーベッドに満足そうに寝ていて、ベビーベッドのパッドの、さまざまな触感を試していた。赤ちゃんの感覚を刺激するのがとても大事だと友人に聞かされ、母親はカラフルなモビールをベッドのうえに吊したが、赤ちゃんはただそれを嬉しそうに眺めるだけだった。そこで、赤ちゃんがもう少し大きくなったときに、母親は、同じ目的を謳ったプレイ・マットを買った。赤ちゃんはそこに仰向けに寝て、ぶら下がっているさまざまなものを何時間もじっと見つめたり、手でこすっていろんな触感を確かめたりしていた。

母親と父親は、ふたりとも娘と交流しようと熱心に試みてみたが、結局娘は、ひとりきりでそっとしておいたときが一番幸せそうだということで意見が一致した。そこでしだいにふたりは、娘をひとりで置いておくようになった。母親の言葉によると、「娘のパーソナル・スペースに侵入」したくなかったのだ。

母親は乳児の発達段階表と照らし合わせ、娘の発達状況を気にしていた。おすわりをするのも、はいはじめるのも、段階表に示されているより少し遅れており、喃語を出したり、名前に反応したり、話し出したりするのも少し遅かった。だが小児科医に相談しても、いつも「だいじょうぶですよ。なかにはゆっくりな子もいるんです」と、締めくくられるだけだった。そして確かに少しばかりゆっくりではあったが、深刻な運動や言語の発達の遅れはなかった。

ひとつ、ずっと心に引っかかっていたことは、幼い娘が、ほかの子どもたちと一緒に遊びたがらないことだった。幼稚園ではひとり遊びを好んでいたし、小学校でも、休み時間には騒ぎには加わらず、いつも隅にひとりですわっていた。誕生パーティには行こうともしなかったし、自分の誕生パーティを開くことも拒否した。生まれつき引っ込み思案なんです、と母親はコメントした。「私の気質を受け継いだんでしょう」

母親は、バレエの教室に興味を持たせようとしてみた。3歳のときに通いはじめ、レオタードやタイツ、チュチュを身につけ、娘は嬉しそうにしていた。先生が子どもたちに、ひらひらさせるのよと、リボンや杖を渡したときにも、娘は喜んでいた。だが2年目になると、バレエの教室がある日には、なにかしら行けない理由ができた。おなかが痛くなったり、喉が痛んだりした。そのうちに、バレエの教室をはっきりやめると決めたわけでもないのに、気がついたら行かなくなっていた。

もっと社交的になってほしいと、母親と父親は、たくさんの放課後の活動を試してみた。だがどれもうまくいかなかった。サッカーもだめ、テコンドーもだめ、音楽もだめ、絵画教室もだめだった。どれも一度か二度は、おとなしく行くのだが、そのうちにいつも同じことが繰り返され、ひどい腹痛や喉の痛みが突然やってきた。そのうちに母親も父親も、娘はひとりであんなに嬉しそうにしているのだから、どう見ても楽しくなさそうなことを無理にさせるのは、彼女にとって残酷なことだと考えるようになった。

父親と母親の知る限りでは、娘には現実の友だちがひとりもいなかった。実のところ、しつこいぐらいに勧めてはいたのだが、娘はどんな形の社会参加も嫌がった。同級生は「浅薄で」「つまらない」と、いつも不平を言っていた。自分の部屋に何時間も閉じこもっては、音楽を聴き、詩や雑文を書いていたが、それを人にはけっして見せなかった。実際に、彼女とコミュニケーションをとることは、しだいにむずかしくなっていった。イギリスのロックバンド《バウハウス》の熱烈なファンになり、彼らのアルバムをiPodで一日中聴いているらしかった。

もうひとつ心配だったのは、彼女の体重がかなり増えはじめたことだった。もともと少しぽっちゃりはしていたが、太りすぎが深刻化していた。そして生まれて初めて、睡眠障害が出てきた。睡眠時間が4～5時間という夜が5～6日続くと、それを埋め合わせるかのように、12時間かそれ以上続けて眠る。彼女はますますよそよそしくなり、話をしたり、夕食を一緒に食べたりするのも、むずかしくなっていった。うるさく訊かれると、「気分はいい」と言い張るのだが、行動や機嫌を見る限り、その逆にしか思えなかった。

両親は娘の生活についてはほとんど知らなかった。ニクスがフェイスブックの近況に、自傷のことを書いていたことを第三者から教えてもらったときには、寝耳に水だった。すぐにセラピストに連絡を取り、娘を診てもらった。

セラピストは慎重に、ニクスに自殺の恐れがあるとは思わないということを強調した。セラピストの言葉を引用すると、「彼女は精神的に病んでいるわけではありません。しかし精神的に健康だともいえません」。これはこれまで私が聞いたなかでも、洞察の深い所見だ。これは、今日の多くのティーンエイジャーに当てはめることができる。おそらく、私たちが認めたくないほどの人数にのぼるだろう。

セラピストが私たちのセルフ・レグをよく知っていて、それで母親と父親が、ニクスを私たちのクリニックに連れてきた。セラピストは、ニクスは慢性的に覚醒不足状態（低エネルギー、関心低下状態）にあると考え、私たちなら、彼女が戦っているストレス因子を特定し、セルフ・レグの戦略を提案できるのではないかと期待していた。総評価では、ニクスは数多くの感受性の低下を抱えていた。つまり、彼女にとって「きちんと」感じるためには、もう少し多くの刺激が――光、音、触感、味覚でさえ――必要なのだ。これが、彼女が赤ちゃんのころに、視覚や触感の刺激にあれほど引きつけられた理由だった。そして、10代になってからはiPodを離さず、甘さを強めるために塩を使い、高カロリーの食べ物に引きつけられた理由である。だがそれ以外にも、彼女が深刻な社会的ストレス因子と戦っているのは明らかだった。

成長過程において、ほぼひとりで何年も過ごしたことで、マインド・リーディング（相手のジェスチャーや目つき、姿勢、声の調子から相手がなにを考えているか察すること）やほかの人と共感する能力を学ぶのに不可欠な経験を、ニクスは逃してしまった。両親が「ひとりで放っておいたときが一番満足そう」な赤ちゃんのサインと見なしていたものは、実は、よぶんにかまう必要のある赤ちゃんのサインだったのではないかと、私たちは考える。無数に交わす日常の双方向の交流に赤ちゃんを引き込むためには、もっと赤ちゃんを誘わなくてはならないというサインだったのではなかったのか。その交流が、親と子の間脳を発達させ、マインド・

リーディングや、向社会的スキルの基礎を築く。

だがニクスの問題は、自分の行動や発言がほかの人に及ぼす影響の細かなサインに、彼女が気づきにくいことだけが原因ではない。彼女は、自分の強い情動を調整することがむずかしいと感じていた。母親の話によると、小さいころのニクスは、めったに腹を立てなかった。まれに癇癪を起こしそうなときには、必ず暗くて静かなところにじっとすわりこみ、自分が落ち着くのを待った。10代になり、誰かの強い不安や苦悩に直面すると、彼女は自分自身の不安や苦悩といった感情に圧倒されてしまい、引きこもってしまう。

自分の強い情動を表現し、調節する能力が限られたものであることと、無感覚や孤独といった感情が一緒になり、彼女にとって大きな重荷になっていた。情動的や社会的にだけでなく、生理学的にも、である。それらによって、彼女はストレス下では睡眠障害を引き起こし、ジャンクフードへの食欲をかき立てられてしまう。つまり、彼女はストレスサイクルにはまり込み、そこではあらゆるストレス因子が、自己調節の問題に影響を与え、状況を悪化させていたのだ。

社会的交流に対する欲求はあるのに、意義のある関係を築くために必要な社会的スキルが、彼女にはない。そこで彼女は、この深いレベルでの欲求を満たすために、オンラインのゴス・コミュニティに目を向けた。だが、顔を合わせることのないそのコミュニティは、趣味を媒介した交流はできても、人々が仲間となることはなく、ストレスに対抗する調整機能を提供してくれはしない。

ニクスは、睡眠と食事の習慣を改善しなくてはならないのは確かだし、社会的、向社会的発達を促すような活動に従事する必要もあった。だがニクスと両親がセルフ・レグをはじめていくなかでは、この章で見てきた、思春期の脳についての要点に心を配ることが重要だ。共通のゴールに向かって活動している少人数のグループに入ることが必要なのである。

セルフ・レグをはじめてからニクスが示した進歩に寄与した要因のうち、おそらく一番大きかったのは、学校のコーラスに参加したことだろう。歌うという身体的行為は、神経系に対して高度な調整効果を持っている。そしてやってみた瞬間から、ニクスはこの体験によって、気分が晴れるのを感じた。自分の声が美しいソプラノだとわかり、自分が輝ける活動が見つかった。なにより大事なことは、彼女が実際にグループの一員となったことだ。

現在大学の3年生の彼女は、「精神的に健康」だと表現するのにふさわしい状態だ。そして本名〝メアリー・キャサリン〟を使っている。これは、セルフ・レグを通じて、自分を大切にし、自分に誇りを持つことができたという、何よりの証しだろう。

第11章　子どもたちを虜にする刺激

退屈は気分ではなく生理現象

この本の読者で、自分の子どもが「つまんない」と文句を言うのを聞いたことのない親は、いないはずだ。私たちはこの言葉を聞いて、子どもたちが、自分の精神状態について述べているのだと思ってしまう。じっとしていられないが、とはいえやりたいと思うような、面白そうなことが見つからないのだろうと。だが子どもたちの言葉は、実は状態を描写しているわけではない。それは動物が吠えているようなことで、心の揺れの原始的な表現なのである。哲学者が「自認」と呼ぶものだ。「つまんない」は退屈の普遍的なサインで、子どもはそれを言うだけで親に気分を察してもらえる。実際は、こう考えれば、もっと紛らわしくなくなるはずだ。

過剰刺激がどのように退屈を生むのかを、いくつもの研究が示している。[*1] セルフ・レグはさらに、その理由を明かしている。子どもを過剰に刺激する活動が、退屈を誘発するとき、子どものコルチゾール（ストレスホルモン）は急増する。これは、オンラインの戦争ゲームのようなアドレナリンを刺激する活動が、子どものエネルギーの蓄えを使い果たすことによって起こる。コルチゾールの値が高くなるほど、生理的、情動的苦痛への知覚が鋭くなる。血流の中のコルチゾールが過剰になることから来る、独特で不愉快な体の感覚を、「退屈」と称しているのだ。

刺激の源が断たれると、旧哺乳類脳や爬虫類脳はこの不均衡に対して、覚醒過剰から覚醒不足へと急に振り切ることで対応する。これはエネルギーの枯渇を止め、回復を促進するためにつくられた、古くからの神経のメカニズムだ。だが子どもたちは、この急激な移行を、さらに鋭いストレス因子だと感じる。

この意味を読み解くには、セルフ・レグの第一ステップに従い、「つまんない」という発言をリフレーミングする必要がある。これは単に「オエッとなる」という意味なのである。だから子どもは、哀れっぽい声を出す。これは娯楽を通じてアドレナリンが出てストレスが高まった状態における、自然な表現だ。この点をきちんと理解しておかないと、間違って、子どもがもっと刺激を必要としていると思い込み、要求されているのと正反対のことをするはめになる——本当はストレス負荷を減らさなくてはならないのに、不注意にも増やすことになりかねない。私たちは、覚醒過剰の子どもに落ち着きを取り戻させてあげる必要があるのであって、その子を覚醒過剰に追いやってはならないのだ。

ゲームにハマるのは神経科学の必然

テレビゲームやスマートフォンのパズルゲームのような、頭は使わないが、わくわくしてしまう娯楽を見ていると、おのずと浮かんでくる論理的な疑問を、科学は真剣に採り上げた。これらの娯楽から、特に知的刺激が得られないのであれば、なにがそれほど長時間、私たちを引きつけておくのだろう？

神経科学者がこの疑問への答えを発見したのは、１９９０年代末のことだった。もちろん、私たちはゲームがアドレナリンを放出させることは知っていた。肝心なのはそこだ。だが科学者たちは、ビデオゲームが脳の報酬系に対して及ぼす影響に興味を持った。こういうゲームがドーパミン・レベルを2倍にすることを発見したのである。これは大きな発見だった。その説明は、依存症の科学研究における突破口となった。*2

ゲームは、オピオイド（私たちをよい気分にする神経ホルモン）の放出を促す。どうしてゲームにこの効果があるのかというと、それにはたくさんの理由がある。なにかを勝ち取ることへの脳の自然な反応だというだけではない（報酬がまったくつまらないものであるときでさえ、オピオイドが出る）。ゲームの鮮やかな色と光、ターゲットに当たったときに鳴る音などは、その効果を増す。そこへドーパミンが現れ、脳にさらにもう一度、そしてもう一度、そのうえもう一度、とオピオイドを出すよう催促する。*3

これが神経化学的報酬系だ。オピオイドとドーパミンとの相互作用である。自然の意図はシンプルなものだ。生き残りのためである。エネルギーを供給する食物源を見つけると、その食物を食べる経験を、自然は快いものにする（大きな意味で同じ目的が、セックスにも当てはまる。自然は、私たちが確実に子孫をもうけるようにしたいから！）。放出されたオピオイドは、向精神的な化学物質だ。心地よい感覚を生み、私たちを痛みやストレスから解放する。オピオイドは、神経系や消化管一帯に分布しているオピオイド受容体に結びつく。受容体は私たちにエネルギーを与え、一方で痛みやストレス、不安によって活性化されたニューロンの発火を抑制する。これがオピオイドにより気分がよくなる理由のひとつだ。

オピオイドは母乳にも含まれており、授乳と愛着の両方を促進する重要な要因だ。運動により生産され、触れること、抱きしめられ、さすられることで放出される。よいことばかりだ。のちに、オピオイドが報酬（たとえばアイスクリームを食べること）と結びつけられるようになる。そして、とりわけ報酬がすぐもらえると、間脳がドーパミンを放出し、腹側線条体にある側坐核を発火させ、私たちにその報酬を探し求めさせる。この渇望が満たされるまでは、不安な気分にさせておく。

ドーパミンは、報酬のことを考えるだけでも放出されるが、報酬と関連づけられた刺激と出合ったときにも放出される。[*4] ドーパミンは切望や欲望を生み出すものであるため、行動には不可欠だ。一方で、脳はほかの神経調節物質も放出し、自分自身をコントロールする。意識の冴えと覚醒（ノルアドレナリン）を促進し、情報を処理するやり方を調整し（セロトニン）、回復を促す（アセチルコリン）のだ。だが、ドーパミンの量が過ぎると、不満足や、落ち着きのなさといった感情を生じさせるだけに終わる。

戦闘ゲームからジャンクフードへ

なにかを心地よいと感じると、今度は、もっと上のものを、つまりもっと快いものを探そうとする。報酬系が活性化すると、抗しがたいほどの欲望が生まれ、ゲームに何度も挑戦したり、映画を何本も続けて観たりして、読書やトランプゲーム、ボードゲームのような、オピオイドやドーパミンの出番が少ない体験をしようという考えを、追い払ってしまう。

戦闘がテーマのロールプレイング・ゲームや、シューティングゲーム、効果音だらけの子ども向け映画やアニメなどは、子どもたちの覚醒状態を高いレベルに馴化《じゅんか》させる。[*5] そのため子どもたちは、もっと穏やかな作品を退屈だと思うだけでなく、不愉快だとまで感じてしまう。これらの娯楽は、神経の「スイートスポット」を活性化させるようにつくられている。ガルバニック皮膚反応や心電図、なんとｆＭＲＩ（機能的磁気共鳴映像装置）まで使って、対象グループに試写をおこないテストをし、制作者が望んだ効果を得られるように、感覚刺激を調整している。[*6]

高い覚醒状態を指揮しているのは、脳の原初的なシステムである。それは非常に多くのエネルギーを燃やすので、子どもは猛烈に、即時的なエネルギーを必要とする。暴力的な映画も、脳に同じように作用する。詩人で哲学者のサミュエル・コールリッジは１８１７年に、「不信の自発的中断」について語っている。[*7] 読者は、物語の解釈についての合理的判断を中断するというのだ。

コールリッジがここでほのめかしているのは、いま私たちが大脳辺縁系の機能として理解しているものだ。つまり、前頭前皮質は、この種のストレスがかかると、動作を止める。すると旧哺乳類脳は、ヒーローの危機とばかりに、爬虫類脳に、心拍を速めるようにメッセージを送る。そこへ音楽と光が激しく炸裂し、色彩が効果をつけ加える。こうして築き上げられた緊張は、行き場がないために解放されることがない。うちの子どもたちをそういった映画に連れていったことがある。映画が終わると、大脳辺縁系がエネルギーを燃やして疲れきってしまい、私はふらつく足でロビーまで出た。周りには売店が並び、ふだんなら見向きもしないような飲食物が目に入る。だがそのときは、巨大サイズのコカ・コーラへの渇望は、コントロールしきれるものではなかった。

それはたまたまではない。ジャンクフードは、暴力的なゲームや映画と同じ報酬カテゴリーに当てはまる。*8 ジャンクフードで注目すべきは、それがドーパミンを刺激するようにつくられているということだ。ドーパミン受容体を発火させるために、「食べ物」は（人工的に加工され、もはやそう呼べたものではないのだが）、オピオイドの放出を最大にしなくてはならない。実は自然食品でも、ある程度このような作用はある。砂糖、小麦、牛乳、肉でもだ。だがジャンクフード、あるいはいわゆる「超美味い」食品は、この現象をさらに上のレベルにまで引き上げる。

「超美味い」食品をつくるために、技術者は脂肪、砂糖、塩の割合だけでなく、香り、見た目、さまざまな添加物、そして質感を実験し、オピオイドの放出が最大になる「至福の境地」にたどり着く。これがドーパミンの製造を刺激し、渇望を促し、売り上げを促進する。そして食品製造者の観点からすると巧妙なことに、オピオイドの放出は、それ自体の効果はやがて消えるが、ドーパミンは残り、渇望を維持してくれるのだ。

ビデオゲームの企画者や映画の制作者、そして食品製造の科学者の仕事の技術が向上したために、神経科学者や公衆衛生の役人は、超刺激物の影響について、非常に憂慮している。問題なのは、「ドーパミン作動性の上昇」が非常に強力で、自律神経系を乗っ取ってしまうということだ。

休息や回復、あるいは満足といった、脳の本来のシグナルを無視し、その結果、子どもは本来のやめどきを過ぎても遊びつづけ、食べつづけることになる。

問題は単に、オピオイド〜ドーパミンの回路だけではない。ゲームや食品が、その使用前よりも子どものエネルギーを枯渇させてしまい、その結果子どもは、さらなるオピオイドの放出を必要とするという事実もある。超刺激物が、すべての子どもに同じ影響を与えるわけではない。それに、ある意味「はまって」しまった子どもたちでも、確かに、アルコールやドラッグの依存症に比べれば、影響はそれほど深刻ではない。また、子どもへの影響を心配しているのは、彼らが成長し、もっと化学的に強められたオピオイドを試そうとすることを、いまの習慣が助長するのではないかと懸念するからではない。それよりも、ゲームや食品が、子どもの気分や行動、健康に及ぼす目前の影響があるからなのだ。

したがって、最大の問題は、超刺激物が、ストレスを緩和する本来の活動を妨げていることだろう。たとえば、ポテトチップスやチョコレートバーを食べることには、リンゴをかじる（かむことと、ゆっくりエネルギーになるというふたつの機能がある）という、昔からある自己調整の利点をなくすばかりか、リンゴを食べようという、子どもの好みをも消してしまう可能性もある。

さらに心配なことに、ポテトチップスとソフトドリンクは、摂りすぎると、実際に子どものストレス負荷が増加する。たとえば、血流の中の塩分レベルが上昇すると、それに視床下部が反応し、流し出してしまおうとする。そのため、脱水状態になる子どもやティーンエイジャーの数は驚くほど多い。この結果、血中ではいくつかの大事なミネラル成分が欠乏し、明晰な思考能力に影響を及ぼす。エネルギーの急上昇のあとに、同じく急激なエネルギー低下が続く。それが覚醒調整と明晰な思考能力に大きな混乱を引き起こす。とすると、こういう食品をたくさん食べる子や、こういうゲームを長時間する子は、なにを食べるかとかなにをするかを考える能力が、減退していくかもしれない。こういう製品にはまってしまうと、そもそもそれこそが、こんな状況に追いやっている犯人なのに、当の製品を、子どもはますますほしくなってしまう。満足しきった、刺激を受けた子どもたちの世代だなんて、とんでもない。正反対の結果ではないか。刺激を受けているのに不満足な、というよりも、満たされることのない子どもたちだ。

刺激をなだめるための刺激という連鎖

渇望を駆り立てる連想は、経験にひもづく喜びだけでなく、私たちがこの「刺激→報酬」連想を形づくったときの、身体と情動の状況にも結びつく。身体的状況、情動的状況、オピオイド、ドーパミン、この4つの因子は必然的に絡み合っている。最初にポテトチップを食べた（あるいは刺激的なゲームをした）ときと同じ疲労と不安の状態にいるとき、その子の大脳辺縁系は突然、この前このような気分だったときに欲した刺激を、子どもに思い出させる。

実は同じ現象が、ドラッグやアルコールなどの深刻な依存症でも見られる。何十年ものあいだ、ドラッグの中毒性は非常に強いので、傷つきやすいティーンエイジャーは、一回体験しただけでもドラッグにはまってしまうと責め立てられてきた。

だが精密な調査の結果、ティーンエイジャーたちがドラッグに繰り返し手を出してしまうのは、脳が制御できないような化学的反応（ドラッグの刺激そのもの）のせいではないことがわかっている。むしろ、自分の感情を鎮めるための化学的な方法を探そうとするからだ。前回ドラッグを使用したときと同じようなストレスを抱えた状態にあるときに、身体的、情動的に適切な選択としてドラッグを選んでしまうのだ。

ティーンエイジャーのドラッグ使用を効果的に制御するためには、彼らをドラッグに近づけないようにするのではなく（これはどう考えても不可能だ）、激しい苦悩をそんな危険で順応性のない方法で抑え込もうとする、暴走するストレス負荷に対処するべきなのだ。[*9]

セルフ・レグは、自己認識に重きを置く。内からの合図に波長を合わせ、子どもが、ともすれば不健康な「刺激→報酬」パターンに陥りがちな身体的状況や情動的状況に心を配り、注意を向けるのを助ける。だからセルフ・レグは、次に挙げるジョナの話が示すように、方向転換として特徴づけられることが多い。

COLUMN

ポテトチップスを食べつづけても満たされない《ジョナ・9歳》

両親とクリニックに来たとき、ジョナは9歳だった。私とは初対面だったが、ポテトチップスをかじりながらオフィスに入ってきた。太っているが、糖尿病ではない。けれども気がかりなのは、彼が不健康に見えることだ。肌が青白く、顔に緊張のようすが見てとれる。だが彼に問題があるだろうと確信したのは、彼がポテトチップスを食べ終え、ポケットからチョコレートバーを取り出したときだった。

３人がここに来たのは、ジョナが学校で、注意不足のためにいろいろと問題を起こしているからだった。ほかの生徒の邪魔をしたり、自分だけの世界に浸っていたりするわけではなく、非常にぼんやりして、ずっと覇気のない状態なのだ。両親が先生から聞いた話では、彼の注意を引くためには、「ほぼ彼の真上」から、大声で名前を呼ばなくてはならない。先生は、セラピストに診てもらって、彼の「やる気を起こしてもらう」ことを勧めた。なぜなら「そろそろ身を入れて勉強しないと、上の学年に進んだときに、困ったことになりますよ」というのである。それはその通りだと思わざるをえなかった。

集中することを学ぶというのは、明らかにジョナの関心事ではなかったらしく、相談しているあいだずっと、彼はポテトチップスを食べていた。実際、次のポテトチップスのこと以外に彼がなにを考えているのか、私にはさっぱりわからなかった。彼は自動操縦されているようで、自分が、なにを食べているか、だけでなく、自分が食べていることさえ、意識していないようだった。口のなかに次々とポテトチップスを放り込んでいく。空になった袋のたてる音が、彼が食べるのをやめるという合図だった。

これは珍しいことではない。最近多くの人に、そして、ほとんどとはいわないが、多くの子どもたちに見られる状況と同じだ。ジャンクフードは（肥満以外にも）今日の子どもたちに蔓延している「思慮の欠如」の大きな要因だ。自分の内部で、あるいは自分の周りで、なにが起こっているかに気づいていないだけでなく、自分のしていることにさえ気づいていないことも多い。ジョナをちょっと見ただけで、この思慮の欠如が彼の問題だとわかった。

ジョナの相談の手はじめに、ポテトチップスやチョコレートを食べたくなったときには、これは体のエネルギーがなくなったことを告げているのだと認識するように教えた。だが、栄養についての説明や、彼の年齢の子どもの適正カロリー摂取量などから、話をはじめたりはしなかった。1回目の相談の最後に、私はひとつ宿題を出した。もしママの車のガソリンがなくなったら、車はどうなるかを教えてほしいと。母親はガソリンを減らして、彼が車に乗っているときに、給油ランプが点灯するようにしますと約束した。

翌週、ジョナが来て、興奮しながら、なにが起こったかを報告してくれた。赤い光が点灯した。そして父親が説明してくれたことによると、給油タンクのなかに浮いている球があって、それが下がりすぎると、ダッシュボードのライトがつくようになっているのだと。そこで私は彼に質問してみた。君のなかにも同じような合図があるのかな？

このことについて、彼はしばらく真剣に考え込んでいたが、最後にはあきらめて、答えを求めた。だがそれに答えずに、私はさらに質問した。頭のなかで聞こえる、もっとポテトチップスやチョコレートを食べようという小さな声は、こういう合図じゃないのかな？　彼はしばらくじっくり考えてから、関連を見つけて、にっこり笑った。

まだ課題は山積みだ。ストレスにやられてしまったと感じたら、ジャンクフードに手を伸ばし、気がつくと学校が終わっているというのでなく、彼がもっとずっと有効なストレスの対処法を探索するのを、手伝わなくてはならない。だがこの最初の「アハ体験（わかったぞという瞬間）」は、彼の軌道を変えるためにはとても重要だった。これは大事な最初のステップであり、自分を調整するために必要な自己認識を発達させる段階を表している。目的は、こうした渇望を彼に禁じさせることではない。こういった製品は、扁桃体や眼窩前頭皮質や側坐核（情動や情動的行動、そして動機を統合する脳の部位）の奥深くに、強い連想を形づくっている。目的は、ジョナに、こういう渇望の「意味」を理解してもらうことだ。

自制心との戦いをやめるという合理的な選択

子どもであれおとなであれ、私たちはみな、ストレス過剰に陥ると、超刺激物に惹きつけられる。[*10] 従来私たちは、もっと自制心を鍛えようと子どもを励まし、こういった渇望と戦おうとしてきた。だがこういう操られた欲望は、エネルギーを大量に消費し、それ自体の負荷が大きい。はじまったとたんに、負けが決まっているような戦いになってしまう。というのも、強力な衝動を抑えようと、私たちがエネルギーを使えば使うほど、その瞬間かその直後に屈服してしまうことになるからである。成功したかに見えたダイエットのあとに、リバウンド効果がやってくるのと同じだ。

セルフ・レグの視点からの代替案は、こういう衝動の根っこに働きかけ、そもそも戦いには加わらないということだ。子どもたちに超刺激物の危険性を教えている場合ではない。セルフ・レグでは、この問題をそもそも認知の観点から捉えない——超刺激物の危険性について説教をしても、実際に渇望に駆り立てられているときには、何の効果もない。これは第一に生物学と情動の問題、つまりエネルギー消費と回復の問題として捉えなくてはならない。覚醒した大脳辺縁系に、論理を説いても無駄だ。もっとも原初的で、当初から脳に組み込まれていた機能のひとつを抑制するには、なだめるしか手はないのではある。

大脳辺縁系は、警報としてだけでなく、タンクが空っぽになったときの、「緊急応答システム」

としても作用する。緊急応答システムは、記憶を検索して、過去に気分を落ち着かせ、すばやくエネルギーを提供するためになにをしたかを確認する。ドーナツを食べるのはまったく理にかなっている。なぜならそれはこの経験につながっていて、気分を落ち着かせるだけでなく、即座にエネルギーを放出するからだ。おまけにこの環境でドーナツの誘惑に抵抗するためには、さらに骨の折れる自制心が必要で、それはさらに大きなエネルギーの「出費」につながり、私たちはますます弱くなってしまう。その場合ドーナツには勝てても、即座の救援とエネルギーを約束する、別の報酬に屈してしまうだろう（偶然だが、アルコールやドラッグにも、まったく同じことがいえる）。

覚醒過剰や覚醒不足に子どもが陥った場合、その程度がひどいほど、脳の緊急応答システムは、警戒態勢にとどまろうとする。この態勢では、子どもは栄養たっぷりの食べ物ではなく、カロリーたっぷりの食べ物を消費しようと駆り立てられる。肥満の子どもたちと仕事をするなかですばらしいと感じたのは、落ち着いて、集中し、意識が冴えた状態では、子どもたちは身体的活動をしたあとに、水や果物やヨーグルトをほしがるということだ。脳には必要に応じた優先度リストがある。基本的に必要なエネルギーが満たされていれば、体の要求を、水分やビタミンやミネラル、あるいはゆっくり吸収される炭水化物に合わせるよう、脳は指令を送る。緊急の場合、脳は燃焼のためにジャンク・カロリーを摂るが、落ち着いていれば、健康のために、より上質の食べ物を好む。

というわけで、ドーナツも新鮮なフルーツも、両方とも選択肢に入っている。だが――この「だが」は重要だ――セルフ・レグのゴールは、ドーナツの昔の連想や好ましい記憶を消すことではない。その代わりに新しい、ポジティブな連想や記憶をつくりあげることだ。私たちの学んだ最大の教訓は、子どもやティーンエイジャーを説得し、彼らによくないものを食べたり、遊んだりするのをやめさせようとしても（試しにやってみるといい！）、このゴールは達成できないということだ。まずは彼らの緊張を緩和し、エネルギーを満タンにするようなことをしたとき、どんな気分かを子どもたちに認識させる。緊急応答システムが待機状態に戻れば、彼らの渇望はまもなく変化する。エネルギーへの要求が急上昇したとしても、視床下部は、記憶から好みの栄養源を探し、もっと健康的な選択肢を見つけるはずだ。

「都会化」がもたらすストレス因子

自己調整においては、自然のなかで過ごす時間が大きな役割を果たす。[*11] とりわけ、子どもたちがポジティブな体験と連想をし、それを報酬としてメモリーに記録しておき、そしてある日、ストレス過剰になった大脳辺縁系が、報酬を探すようなことがあれば。

子どもが、戸外を歩いたり、木の下でゆったり過ごしたりすることが、何時間もコンピューターゲームをすることより好きだと想像してみよう。その子が大きくなったときには、自分を励ましてくれる子ども時代の思い出がある。そこでは自然が、いまも昔も、落ち着きや喜びや慰めの源であり、１日のストレスが耐えがたくなり、急いで癒やしが必要なときに、戻る場所になるはずだ。

子どもたちと自然との関係を育むことは、ますますむずかしくなってきた。それは子どもたちの生活が、しだいに多くの面で「都会化」されてきたからだ。まぶしい照明や混雑した環境から、「つけっぱなしの」ソーシャルメディアや、オンラインの生活まで。推計では世界中の子どもの50パーセントが（２０５０年には66パーセントになるだろうと予想されている）、アメリカとカナダでは81パーセントが、都市あるいは郊外に住んでいる。[*12] もっと鄙びた場所に住んでいても、コンピューターゲームやソーシャルメディアで何時間も過ごしていることが多い。ある意味、どこに住んでいようと、都会化した世代といえる。そして不眠、強い照明、扇情的な言動、群衆、騒音といったストレス因子は、どこにでも存在する。そして場合によっては、それに貧しさや慢性化した厳しい環境も加わり、子どもたちに大きな打撃を与える。

ここ数年、いくつもの科学論文が、子どもやおとなのストレス増加の主な原因は、都会化にあると主張している。[*13] 累積するストレス因子の影響を確定し理解することが、子どもたちをさらなる危険に追いやっている報酬系への影響を理解するうえでも、助けになるかもしれない。

たとえば睡眠不足は、扁桃体に悪影響を与える。科学者は、街中の夜間照明が、睡眠のメカニズムを混乱させているのではないかと考える。コンピューターやほかのデジタルスクリーンから出る光についても、同じように心配する意見が挙がっている。

なぜだろう？　もう一度、脳の主制御システムとしての、視床下部の役割に戻ろう。いや、むしろ視床下部のなかにある小さな羽の形をした組織、視交叉上核《しこうさじょうかく》（ＳＣＮ）に注目しよう。ここが体の概日リズムを調節する。内部からのシグナルに反応して、体を24時間のサイクルに近づけて（だが完璧に正確にではない）維持する神経物質を放出する。それと同時に、24時間のスケジュールを守るために、外部からの合図——主に光——を要求する。このサイクルもメカニズムも、覚醒調整と報酬システムにとって不可欠だ。

視床下部が光に反応するのは、なにかに驚いたときとまったく同じだ。覚醒の程度を上げる。すると扁桃体が警報を鳴らし、恐怖がもととなる記憶の倉庫を検索し、とりあえず落ち着かせる方法を探す。あるいは周囲にある、脅威の可能性のあるものを調べるシステムを作動させる。

現代社会は光に溢れすぎているから、覚醒が強くなるのは必然だ。そうすると、人はあらゆるところに脅威の可能性を見てしまう。物音すべて、突然の叫びや突発的暴力、車の往来や汚れた空気などが、扁桃体を発火させ、これまで見てきたような心理的、認知的、行動的結果を引き起こす。

ストレスが都市生活と関連していることが、再び関心の的になった理由、そして私がこの問題に興味を寄せる理由は、世界中どの街でも交通渋滞を見かけるからではない。アンドレアス・マイヤー＝リンデンブルグの研究所が、２０１１年に出版した論文で、都会化と、扁桃体と前帯状皮質

（ＡＣＣ）の活性状態の高まりを、関連づけている。[*14]

この扁桃体と前帯状皮質の関連は、自閉症の子どもたちを対象に、私たちも調べている仕組みだった。私たちが治療してきた子どもたちでは、覚醒を緩和したときに、考えたり、選んだり、再評価したりするときに使われる脳の部位が活性化していたことが認められた。つまり思考や気分、行動を統括している部位だ。マイヤー＝リンデンブルグが、都会化が生み出しているのではと主張しているもの、それは、治療をはじめる前に、私たちが子どもたちにおいて観察できたものと非常に似ている。

扁桃体を覚醒過剰にする事物は、ひとつだけではないことを覚えておくことが重要だ。ストレス因子は、すべての領域、そして広い範囲の健康と発達の要素が、複雑に結合したものから生まれている。私たちの多くにとって、都会の環境は、睡眠不足につながるかもしれない。それは、明かりや音や、刺激の全体の結果だ。残念ながら、田舎と都会の睡眠パターンを比べた厳密な調査は多くない。だが、見た限りでは、睡眠の量においても質においても違いがあることを示している。だがテクノロジーと子どもたちの「つけっぱなしの」メディア習慣が、急速にその差を消しつつある。

多くの子どもたちにとって、家庭環境におけるストレスは、自己調整をおこなうことを甚だしく困難にする。スタンフォード大学とハーバード・ケネディ・スクールが、ナショナル・サイエンス・カウンシルの科学者とともにおこなった、困窮問題に関する共同研究で、ゲアリー・エヴァンズとジャンヌ・ブルックス・ガンが、論文を発表している。その論文は、「毒性ストレス」――大気汚染、騒音、混雑、住宅環境の悪さ、荒れた校舎、クラスメイトや近隣住民の入れ替わりの激しさ、家庭内の争い、そして暴力や犯罪の体験が、子どもの扁桃体の覚醒しやすさ、つまりストレス反応性に及ぼす影響は、重く、長く続くことを示唆している。*15

第12章
親にもセルフ・レグが必要だ——5つのストレス

今日、親にかかるプレッシャーは半端なものではない。親が落ち着いた状態でいるのは、子どもと同じくらいむずかしいのかもしれない。[*1] 個人的な問題は別にして、ここでは、親業に関係するストレスだけを問題にしている。子どもたちから受けるストレスの数々をここに書き出して、長いリストをつくってもいいが、読者もすでに、リストの長さでは負けていないだろう。

ここでは、親にとって基本的なストレス因子を5つ挙げてみる。これらは、親自身の自己調整に大きく関わる問題だ。

（1）子どもが社会生活になじまない

親は子どもに、社会に「受け入れられる」行動のルールを教えようとして、数え切れないほどの時間を費やしてきた。静かにしなさい！　歯を磨きなさい！　触っちゃだめ！　順番を待ちなさい！　貸してあげなさい！　いい子にしてなさい！　ごめんなさいは？　子どもを社会に出すのに、同じことを言わずにすむのなら、疲れ果て、いらいらした親などいないはずだ。だが現実はそうではない。幼稚園から高校まで、気がつくとバトルの真っ最中にいることばかりだ。親がさせたいことを、子どもはしたくないのか、理解できないのか、それとも自分がすべきことを毎回忘れているだけなのか。

どう解釈しようとも、社会化のプロセスは、親にとっても子どもにとっても、ストレスだらけだ。以前から、子どもの気質、慢性的な健康問題、家庭のいざこざ、金銭上の問題などから、ほかの子どもたちよりも手のかかる子どもはいた。だが今日、子どもを社会化するうえでのプレッシャーには、違った面がある。3歳の幼い子どもが、「不適切な」言葉や行動のために、幼稚園を停学になる。この傾向は、自己制御と自己調整を混同していることが原因で、これが子どもに与える害については、すでに見てきた。ここに広がっているのは、「不寛容《ゼロ・トレランス》」の方針である。そんななかで親たちは、子どもが「受け入れられない」言動をしないかと、始終びくびくしている。

そして親たちが一番不安に思っているのは、子どもが受け入れられない言動をした場合、その処分は情け容赦がないだろうということだ。子どもたちやティーンエイジャー自身は、ほとんどそのことに気づかない。3歳の子どもが、街中をうろうろするのを何とも思わないのと同じだ。だが親にとっては、この社会化という任務は、いままでなかったほどハイリスクなものになっている。

(2) 子どもの不安の伝染

親のストレスレベルが高くなるのは、子どもの言動が心配だからだけではない。自分の子どもが苦労しているとき、手伝ったり慰めたりしたくなる親心が原因のことも多い。うちの研究所で実施した「親の共感」研究で、神経科学の部長ジム・スティーブンは、うまくいかない課題に取り組んでいる子どもを見ている親の共感反応を、脳活動の観点から観察した。ジムの用意したゲームは、子どもがポイントをたくさん集めたら、ごほうびを約束するというものだ。だがもうひと息でごほうびをもらえるというところで、ゲームが突然できなくなり、その子はそこまで集めてきたポイントを失ってしまう(心配しないで。ジムはポイントをちゃんと取り戻せるようにセットしてあるので、子どもたちは最後にはごほうびをもらっている)。このストレスへの親の神経学的反応は、画像で明らかだった。前帯状皮質(ACC)の腹側部で急激な、激しい活動が見られた。

ここは間脳の機能に関わる部位だ。子どもの情動的な揺れや挑戦と、親は非常に密接につながっている。私たちが落ち着いて、意識が冴えた状態でいればいるほど、子どもたちもすぐに落ち着いて冴えた状態に戻り、それによって親が落ち着くことができ、またそれが……という構図である。

(3) 親同士の競争

子どもたちがおこなっている競争が、親の側にも大きなストレス因子となる。リトルリーグやサッカーの試合で、理性を失った行動をする親がいたり、試合のあとで、子どものプレーがぱっとしなかったと小言を言う親がいたりするのは、このことが大きな理由だ。子どもの成績や社会的業績、あるいはほかの芸事についても、同じことがいえる。

危うくなっているのは、親のステイタスであり、子どものステイタスではない。親の野心、親が自慢する権利、あるいは、こちらのほうが多いのだが、親の苦い失望が問題になっているのだ。

(4) 子どもを虜にする刺激との攻防

超刺激物は、心理学的なストレス因子と見なすべきであり、程度が過ぎると、それがストレスサイクルを引き起こすことはすでに見てきた。

子どもを超刺激物から引き離そうとすることに、残念ながら解決策はない。子どもをジャンクフードやゲーム、あるいは蔓延しているほかの超刺激物から守る術は皆無だ。そしてこの不安が、親のストレスをまた増やしてしまう。ゲームでも食べ物でもきっぱりと禁止してみるのも手だが、ほとんど効果は期待できない。子どもたちが大きくなると、とりわけ無力になる。

正面攻撃が無理なら、方向転換させるのはどうだろう。子どもたちにとってもっと魅力的で、かつ調整できるものを見つけるように方向転換してやり、超刺激物の影響を弱める必要がある。

どうやったらそれができるかを考え出すことが、今日の親にとってのジレンマだろう。子どもたちの生活に超刺激物がはびこっていることで、ますます親のストレスが大きくなっていく。制限を設け、どうして制限があるのかを子どもに説明する必要があるのだが、そのプロセス自体がストレスだらけだ。というのも、その説明が、必ずお互いを敵対関係に陥らせることになるからだ。子どもたちは、「でも、みんながしているよ」という反撃に出る。「みんな」というのは巨大なオンライン文化のことで、実際に子どもの基準は、そこで決まっているらしいのだ。

(5) 子育てについてのレッテル貼り

子育てに成功する鍵は、正しい「子育てスタイル」を採り入れることだと、いつも聞かされる。この考えは、1960年代後半に、発達心理学者ダイアナ・バウムリンドがおこなった研究に基づいている。[*2] それ以後、科学者は、ともすれば子育て行動を、4つの基本的スタイルのどれかに分類しようとしてきた。すなわち、「権威的」、「独裁的」、「受動的」、「無関心」である。[*3]
この分類法には、問題がいくつかある。あなたの子育てのスタイルを判定したからといって、どの子育てスタイルが、ストレスなく理想的な結果をもたらすかの保証はない。そのうえ、私たちがたったひとつの子育てスタイルに従うことは、めったにない。その子なりの課題や段階、親の生活に応じて、子どものパーソナリティのさまざまな面や、子どもとのコミュニケーション・スタイルが見えてくるはずだ。実際に、私たちは自分の子育てを、選んだ「スタイル」として意識することはめったにない。たいていは自分が育てられたように育てる。

だが子育てをスタイルに集中して捉えたときの最大の問題は、均一化のなかで、可変性が消えてしまうことだ。つまり肝心の子ども自身が見えなくなってしまうのだ。

実はこういう古典的な「子育てのスタイル」は、さまざまな理由の末に親が落ち着く、親自身に合ったやり方でしかない。物事がうまくいかなくなるとき、本当の問題は、子育てスタイルではない。そのスタイルがうまくいかなかったり、望ましくない結果を見せていたりするような気がしても、スタイルへの賛同が原因ではない。

問題はいくつかの要因が、私たちをネガティブなパターンに追いやることだ。受動的な親に対して「ここで頑張らないと、子どもたちは大きくなったときに攻撃的になる」と言っただけで、彼らのストレス負荷は増す。そもそも彼らが「受動的」なのは、もともとのストレス負荷が原因のことが多い。彼らは疲れ果てていて、消耗しきっていて、自分の子どもを制御するために奮闘するエネルギーは残っていない。だが、彼らは、そう言われると、頑張らなくてはならないと思うようになってしまう。必要なのは、こういうレッテルを忘れて、原因に働きかけることなのだ。

その瞬間、ストレスは必ず、私たちの子どもへの接し方を変える。親が感じているストレスは、子どもの行動に関係しているものかもしれないが、仕事や人間関係など、子どもとは関係のないストレス因子でしかないことも、よくある。５つの領域のモデルは親にも当てはまる。あなたがガス欠で走行しているのなら、ガソリン切れはすべての領域における自己調整に影響を与える。その結果、子どもに伴うストレスは、ますます存在が際立ち、あなたと同じくらい、子どもに対してもストレスを及ぼす。悪循環をご存じだろう。親はますます頑固になり、怒りでぶち切れるか、あきらめて引き下がるしかなくなる。

これを打破するためには、親の側での人格改造も、意志の力も必要ない。自分を調整して、落ち着いた冷静な状態を維持することを実践すれば、あなたはすぐに気分がよくなり、親として有能だと感じるようになるだろう。その落ち着いた状態なら、直観的な「第六感」も冴えわたり、子どもの覚醒状態に、より細かく波長を合わせることが自然にできるはずだ。自分の行動や、ほかの人の行動が、子どもに及ぼす影響にも対応できるようになる。落ち着いた、即座の対応が見つかるはずだ。親と子の両方にとって調整不良に終わっていたかもしれない瞬間に、落ち着きを維持し、子どもも落ち着けるように手助けすることができる。

［まとめ］子どものサインに気づき、セルフ・レグの習慣を育てる12の方法

1．表情や声の変化に気を配る

子どもが覚醒過剰になりつつあるサインは微妙なものだ。顔色や声の調子のちょっとした変化だったり、独特の表情だったり、あるいは無表情になることもある。だからそういうサインが出ているときには、体全体や言葉に注意して、ストレスが大きすぎはしないかを確かめなくてはならない。

2．「相手のどんな姿が見たいか」で考える

セルフ・レグの焦点は、自己調整そのものだ。過剰なストレス負荷により起こる、あるいは悪化する、副次的問題や特異的問題ではない。セルフ・レグは、行動を「コントロールし、正そう」という考え方や、ある行動をなくそうとする関わり方から、子どもの行動を理解するために、子どもともっと基本的な関係を築こうという関わり方に私たちを変化させる。自己調整が定着しはじめると、行動や学習、社会化、コミュニケーションにおける多くの問題が、ひとりでに消えていく。目

標は、子どもたちがセルフ・レグのスキルや戦略を学ぶのを手助けし、彼らの自己調整の能力を、とりわけプレッシャーのもとでの能力を、発達させることだ。簡単な例でいえば、私たちは、子どもたちを適切な時間にベッドに入らせたいのではなく、眠りに就くのを楽しみにしている姿を見たいのだ。

3．ゆっくり進む

子どもと一緒にセルフ・レグを実践していると、必ず学習曲線が出てくる。急勾配なときもあるし、その時々でカーブは少しずつ違っている。だが必ず、なにかわくわくするようなことが一緒に起こる。ゆっくり確実に進んでいけば、カーブの方向は必ず変化する。落ち着いて、なにかに没頭している期間が長くなりはじめるだろう。劇的な変化を期待せず、曲線が変化しつつあることの微妙なサインを見逃さないようにゆっくり進もう。

これは試行錯誤のアプローチの背後にある、大きな駆動装置だ。いま見えている前進から、割り出してみよう。どんなに小さくても、なにがうまくいっていて、それはどうしてか。そして同じくらい重要なのが、なにがうまくいかなくて、それはどうしてだろうか、ということだ。

4. 子どもが実践をはじめたら、わくわくしよう

子どもが実践をはじめ、あなたの提案に反応するだけではなくなってきたら、その子の脳の状態が、ストレスに反応する原初的なメカニズム（戦うか逃げるか、あるいはフリーズ）から、社会的参加へと移ってきた証拠だ。子どもが駆け込んできて、なにか見せたり、話したりするかもしれない。ティーンエイジャーがソファに寝そべって、自発的にその日のできごとを話すかもしれない。そういう、それまで思ってもみなかった最高の調整のヒントが、日常のあちこちにある。

5. 思いがけないことを期待しよう

子どもたちと一緒にセルフ・レグをおこなうなかで教わることは、謙虚さだ。予想するのに足る根拠はじゅうぶんにそろっていても、子どもは、完全にこちらの期待を覆しにかかる。もう一度、セルフ・レグをプロセスとして見ることがなによりも大切だという点に立ち返ろう。プロセスのなかで子どもたちが私たちから学ぶように、私たちも彼らから学びとるのだ。思いがけないことに出会うには、いろんな道筋がある。出会いを逃さないために心に留めておいたほうがよいことを挙げておこう。

・たとえふたりとも同じような要求を持っているように見えても、ひとりにうまく作用しても、別

の子には反対の効果をもたらすかもしれない。

- 同様に、うまく作用していたことが、作用しなくなることもある。
- ときには、うまく作用するのだが、理由がさっぱりわからないこともある。
- ときには、ちっともうまく作用しなくて、しかも理由がわからないこともある。
- しょっちゅう、あなたが好むことを、子どもたちは嫌う。反対もしかりだ。
- ときには、うまく作用するだろうと思ったことが、実際には事態を悪化させることもある。
- そしてときには、ぜったいにうまく作用しないと思っていたことが、すばらしい結果を生むこともある。だがこれにはしばらく時間がかかる。

6. 難解な言葉【ビッグワード】を使うのは慎重に

言葉に頼りすぎていると、むずかしいことは飛ばしてしまいがちだ。「calm（落ち着いた）」がビッグワードだと思う人はいないだろう。だがここでビッグというのは、言葉の文字数を指すわけではなく、言葉がそのなかに含んでいる要素の数で決まる。この点では、「calm」というのは非常に難解な言葉だ。3つの異なる要素を含んでいる。それは身体的、認知的、情動的要素だ。身体的要素は、ゆっくりした心拍、深くてリラックスした呼吸、そしてゆるんで完全にリラックスした筋肉の感覚だ。認知的要素は、こういう身体的感覚と周囲で起こっていることへの気づきである。そして情動的要素は、この状況を本当に楽しんでいることだ。これが「calm」という語を、「身体で理解するということ」だ。言葉を定義できたり、正しく使えたりするだけでなく、その語にともなうこういう多くの感覚や情動や気づきを、連想できることが求められる。「落ち着いている（calm）」という言葉の意味を、本当に理解している子どもたちやティーンエイジャーがほとんどいないことに、私はいつも驚かされる。たいていの子が、それは「おとなしい（quiet）」とまったく同じだと思っている。

7. 言葉と気分を結びつける

子どもとセルフ・レグに取り組んでいると、子どもの年齢には関係なく、子どもに完璧に理解してもらえるように情報を提供する方法を見つけるのに、私たちは四苦八苦することになる。つまり私たちは、その子の5つの領域すべてを考慮した発達レベルに応じて、コミュニケーションするようにしなくてはならない。これは幼児だけでなく、ティーンエイジャーにも同じことがいえる。

ややこしいのは、子どもがある領域では高レベルなのに、別の領域では低レベルであるというときだ。たとえば認知的発達では高いレベルにいるが、社会的と情動的能力では低いレベルにいる場合だ（頭はいいのだが、社交面で不器用で、交流がうまくいかないと狼狽してしまう典型的なタイプ）。同じ領域内でも、驚くほどレベル差があることもある。たとえば、ある子は抽象的な論証だと高レベルを示すのだが、自己認識ではまだ低レベルだ。スティーヴンのケースがそうだ。父親の言っていることに対応できるし、「calm」という言葉も正しく使えるし、求めればそれを定義することもできた。だが言葉が意味することを、「体で理解するということ」は、彼には無理だった。彼は、calmであることがどんな気分なのかを知らなかったのだ。彼の「calm」の意味の理解の仕方は、私たちが外国語の単語を、定義はできるが、実際には理解できないのと少し似ている。

子どもに合わせた説明をおこなうのは、親にとっては難題かもしれない。私たちはいつでも、自分がなにを意味しているのかを説明することができるのは当然だと考えてしまうから。だが子どもたちや、実のところ、ティーンエイジャーたちだって、セルフ・レグができるためには、「覚醒不足」や「覚醒過剰」といった大仰な言葉がなにかを知り、「calm」がどんな気分かを知らなくてはならない。「眠たい」と「覚醒不足」の感じ方の違いや、「活力がいっぱい」と「過剰」の違いも、理解しなくてはならない。そしてもちろん、落ち着いて（calm）いる気分がどんなに心地よいかも、知らなくてはならない。

8．セルフ・レグをはじめるのに早すぎることも、遅すぎることもない

よく聞かれる質問に、セルフ・レグはいつはじめるべきですか、というのがある。もちろん答えは、この本を置いたらすぐに、だ。子どもがいるかどうかは関係ない！　だが子どもと一緒のセルフ・レグに関する限り、赤ちゃんはボディランゲージを通じて、実は誕生の瞬間から、自分をなだめてくれることと、動揺させることを伝えている。なで方が少し強すぎたり、深すぎたりすると、赤ちゃんは緊張する。それは、その反応を通じて、違ったふうにマッサージしてほしいと「伝えて」いるのだ。動きをゆっくりにしたり、なで方を軽くしたりすると、赤ちゃんの体は柔らかくなる。

大事なことはこうだ。はじめるのに遅すぎることはぜったいにない。「早期にはじめるのが大事」という宣伝文句によって、親は毎日攻撃を受けている――それは、脳がたどる軌道は遅くとも6歳までには決まっているという考え方だ。親によっては、これがとんでもなくストレスを増やすことになってしまう。「あら大変、立派な基礎を築くチャンスを逃してしまった。もう遅すぎる」こん

な嘆きを聞いたのは、一度ではない。だが実は、子どもがセルフ・レグをはじめるのに遅すぎることは、ぜったいにない。あなただってそうだ。小学生やティーンエイジャーだけでなく、おとなにも生涯を通じていえることだ。

9. 誰の軌道を変える必要があるのかをよく考えよう

いつも怒鳴られ、罰を受け、「あの子」と突き離される子どもたちを、私はたくさん見てきた。その数があまりに多いので、彼らのことを考えずにはいられない。私たちが変化させようとしている子どもの人生の道筋に対して、私たちはどの程度まで、最終的な責任を負えるのだろうか。ぞっとするような考えだ。私たちは、セルフ・コントロールという古い考えの支配のもとで、罰を与え、ほうびで報いるやり方で、子どもを助けようとベストを尽くしていると考えていたかもしれない。そしてこの訓練に応えられないときは、子どもに非があると考えはじめる。自分が骨を折ることはせず、このままでは困ったことになるだろうとわかっていながら。

もっと心が痛むのは、子どもの生活のなかで影響力のあるおとな（先生やクラブのコーチや近所の人）が、親にこんな考えを吹き込んできたことだ。「子どもをもっと頑張らせたほうがいいですよ／子どもが行動する前に考えさせなさい／嘘を許してはだめです！」。彼らに悪気はないのだが、的外れで、自己調整に取り組む助けにもならない。それらは親を不安にさせるだけだ。そういう考えは、いくぶんかは自分たちの不安を抑えるだけに、彼らはこういう有害な言葉をわが子に繰り返し、そのうち自分でも信じはじめる。

ある子どもの軌道を変えるのは、私たちがその子を認識するところからはじまる。というのも、このことは思っていたよりずっと、その子自身が自分をどう認識しているかに関係があるからだ。

10. 自分のことのように考える

自己調整は、必ず個人的なものだ。自己調整は強い絆により可能になり、強い絆からはじまる間脳が持つ、核となる力だ。そして自分が自己調整をおこなう個人的な必要性を大事にしなくてはならない。自動操縦のようにジャンクフードを食べつづけていたジョナのように。彼は、低エネルギーと高テンションが合わさった状態にいるという自分の合図を、認識する必要があった。ここでいう合図というのは、周期的に起こる心配や、つきまとう考え、特定の渇望などのことだ。実は、そこには「意味」がある。自分のストレス因子がなにかを突き止めなくてはならない。そしてそれを緩和するにはどうすればいいかを究明する。この本で見てきた子どもたちや、ティーンエイジャーのように、覚醒不足や覚醒過剰になりそうなときに、そのことに気づかなくてはならない。そして、休息を取り、日々の生活にある無数のストレスから回復して、落ち着いているとはどういう気分かを知らなくてはならない。

子どもたちを手助けするセルフ・レグのステップが、まったく同じようにおとなも助けるのだと気づいたときの「アハ体験」を、親たちはしょっちゅう披露する。ある母親の話では、彼女は思春期からずっと体重で悩んでいて、おとなになってからはずっとダイエットとリバウンドを繰り返し、自分の意志のなさを自責していた。彼女は、幼い息子とセルフ・レグの原則を実行するようになり、自分の体重問題は、意志とはあまり関係がないことを悟った。本当の問題は、子どものとき以来、自分をなだめるために食べ物を使ってきたことだった。それが一種の自己調整になっていたのだ。

食べることが、実際に落ち着かせる効果を持つのには、いくつかの理由がある。心理学的要因（前にした体験によりつくられた連想）も、生理学的要因（ある種の食物を食べるという経験により放出されるエンドルフィン）もある。だが、食べるというのは、自己調整のツールとしてはお粗末だ。まず、それが持つストレス解放の効果は一時的でしかなく、おまけに、肥満のような、身体的な副作用があるからだ。

セルフ・レグのステップを使い、この母親は自制心を求める戦いに注目するのをやめた。その代わりに、総体的なストレスレベルを減らす方法に集中した。慰めとなる食べ物を過食してしまう衝動と同時に存在する、隠れたストレス因子を探すと、すぐにあるパターンが見つかった。彼女は、仕事が順調だった日や、ゆったり過ごす夜、あるいは家族と一緒の週末には、渇望と過食の引き金となるような食べ物に、惹きつけられはしなかった。だが仕事でも家庭でも、とりわけストレスのかかった日には、すべてを無視して、すわって食べつづけた。ケーキ、ポテトチップス、残り物……もうひと口も飲み込めないところまで。そのあとはひどい気分で、罪悪感と、恥ずかしい気持ちしかなかった。

この新たな気づきとともに、上司の、ときに不快な管理体制や、家族のある人物の嫌な面は変えることはできないが、日課に散歩や、ほかにもポジティブな体験を加えたことで、両方ともに対応することができ、彼女はより落ち着いた気分になることができた。意地でもダイエットをしようという決心ではなく、急に意志の力が湧いて出たわけでもなく、より自分自身に気づき、ストレス因子に対して効果的に対処する方法を学んだとき、渇望や過食行動は、自然と小さくなっていった。そして、セルフ・レグに加えて、自分をリラックスさせ、回復させてくれる活動を選んだ。散歩でも、深呼吸でも、編み物だって有効だ。

結果的に、彼女は、なにかを食べる代わりに、なにか別のことをしていた。自分のことを大事にできるようになると、息子に対しても、以前よりエネルギーと我慢を見いだせるようになっていた。

11. 自分を許す

非難と恥のパラダイムから脱却するためには、自分を罰するのをやめ、子どもだけでなく自分のことも、もっと優しい見方で見ることに集中しよう。情け深くあろう。親として失敗はつきものだ。間違いを犯して、よりよい自分になれなかったら、子どもに謝ろう。子どもはヒントがほしくてあなたを見ている。日常のストレスをどう処理するか、そして失敗したときにどうすればよいかを知りたいのだ。

12. 子どもと遊ぶ時間をつくり、お互いに楽しもう

子どもの目で世界を見ることで、あなたひとりでは見過ごしてしまっただろう瞬間の美しさに、気づくことがある。この経験は、あなたと子どもを、芯から落ち着かせてくれる。

セルフ・レグの基礎を学ぶ手伝いを、子どもにしてもらおう。

おわりに

5〜6年前に私は、アイルランドでおこなう大規模な再生事業の相談のために、現地に呼ばれた。問題のコミュニティは、何年にもわたる政治的、社会的放置の結果、非常に深刻な状態にあった。暴力、ドラッグ、公共物破壊が横行していた。出ていける人は出ていった。出ていけない人たちは、対立しているギャング団のどちらかに入るか、隠れるかしていた。私は、訪問した日に、近所を歩いてみた。焼け焦げた家々やゴミだらけの公園の前を通りながら、事業の関係者に、ガザの街を歩いたときのことをまざまざと思い出すと告げた。だがこの事業を指揮する人たちは身体的、社会的環境を蘇らすために、アイルランドでも最高の知性を招聘していた。幾多の難関が目の前に示されていても、全体のムードは非常に楽観的なものだった。

私はそんな気分になれなかった。小学校を訪れたとき、子どもたちが数人固まっていたが、正直にいって、みんな精神的ショックを引きずっているように見えた。出会った先生たちは、本当にすばらしくて、思いやりに溢れた人たちばかりだった。だが、なにをすればいいのか途方にくれていて、そしてひとり残らず、燃え尽きた《バーンアウト》兆候を見せているか、心理学者が「同情疲労」と呼ぶ症状を見せていた。

その日の午後遅く、私は地元の教区の司祭に会って、お茶を飲んだ。彼をパット神父と呼ぼう。私の口調に絶望感が滲み出ていたのだろう。パット神父は優しく私を見つめ、強いアイルランド訛りで言った。「おや、でもみんなまだ子どもだよ、スチュアート。あなたの科学を総動員すれば、きっと彼らを助ける方法が見つかるんじゃないかな」。このパット神父の質問への答えは、とどろくようなイエスだと、すぐに悟った。子どもたち、その親たち、そして先生たちこそが、この私の科学的知識や実践を、切に必要としてくれている。その瞬間に、セルフ・レグをカナダの学校で使うというアイデアがひらめき、ブリティッシュ・コロンビア州とオンタリオ州を皮切りに、始めることになった。

自分の子どものことを心配するのは、人間的な現象である。それは、社会階層や文化が生む現象ではない。親なら誰でも自分の子どもを心配し、愛情を注ぐものなのだ。そして今日、処理しなくてはならない無数のストレスから免れられる子どもは、ひとりもいない。もちろん、ギャングの暴力から大学入学へのプレッシャーまで、いくつかのストレス因子は、まったく違う形にラッピングされている。だが人間性のレベルでは、親の心配は、子どもがひとりで正しく行動するということと、子どもがあらゆる難題に合わせて自分自身を調整していく能力を育て、可能性をフルに利用して生きていくことを手助けすることに尽きるのだ。

「落ち着きがない」の正体

2017年（平成29年）11月9日　初版第1刷発行

著　者　スチュアート・シャンカー
訳　者　小佐田 愛子
発行者　錦織 圭之介
発行所　株式会社東洋館出版社
〒113-0021　東京都文京区本駒込5-16-7
営業部　TEL 03-3823-9206／FAX 03-3823-9208
編集部　TEL 03-3823-9207／FAX 03-3823-9209
振　替　0018-7-96823
URL　http://www.toyokan.co.jp/
装　幀　石間 淳
装　画　駒井 和彬（『濃霧～信号待ち～』より）
挿　画　早川 容子
本文組　吉野 綾（藤原印刷株式会社）
印刷・製本　藤原印刷株式会社

ISBN978-4-491-03376-1　／Printed in Japan

著者略歴

スチュアート・シャンカー
（Dr.Stuart Shanker）

ヨーク大学（カナダ）名誉教授。専門は心理学と哲学。セルフ・レグの実践・普及をめざすMEHRITセンターの創設者。ユニセフ「乳幼児期の子どもの発達（ECD）協議会」前委員長。
トロント大学にて学士号と修士号を取得。オックスフォード大学で哲学博士号を取得。国際的な実績を積み、カナダ、アメリカ各地のさまざまな政府機関にて乳幼児の発達に関する顧問を務めてきた。

訳者略歴

小佐田 愛子

大阪外国語大学（現・大阪大学外国語学部）仏語学科卒業。英語科教諭を経て翻訳者に転身。実用、文芸問わず翻訳を手がけている。『知恵：清掃員ルークは、なぜ同じ部屋を二度も掃除したのか』（アルファポリス）、『一流のバカになれ！』（アチーブメント出版）ほか。

原註

序章

*1　最近、“気質”についての科学的理解が劇的に進歩した。それはメアリー・ロスバートの、生理的機能の影響に関する研究によるところが大きい。M. K. Rothbart, *Becoming Who We Are: Temperament and Personality in Development* (Guilford Press, 2011) を参照のこと。

*2　R. F. Baumeister and K. D. Vohs, *Handbook of Self-Regulation: Research, Theory and Applications* (New York: Guilford Press, 2004).

*3　J. T. Burman, C. D. Green, and S. G. Shanker, “The Six Meanings of Self-Regulation,” *Child Development* (2015) in press.

*4　W. B. Cannon, *The Way of an Investigator: A Scientist's Experiences in Medical Research* (W. W. Norton, 1945).

M. Jackson, *The Age of Stress: Science and the Search for Stability* (Oxford University Press, 2013).

H. Selye, *Stress Without Distress* (New York: Hodder & Stotten Ltd., 1977).

E. M. Sternberg, *The Balance Within: The Science Connecting Health and Emotions* (Macmillan, 2001).

（エスター・M. スターンバーグ『ボディマインド・シンフォニー：心身の再統合へ向かう先端医学』日向やよい訳、日本教文社、2006 年）

*5　S. I. Greenspan and J. Salmon, *The Challenging Child: Understanding, Raising, and Enjoying the Five “Difficult” Types of Children* (Da Capo Press, 1996).

*6　S. Shanker and D. Casenhiser, “Reducing the Effort in Effortful Control,” in T. Racine and K. Slaney, eds., *Conceptual Analysis and Psychology* (New York: Macmillan, 2013).

Christopher Peterson and Martin Seligman, *Character Strengths and Virtues* (New York: Oxford University Press, 2004).

*7　W. Mischel, *The Marshmallow Test* (Random House, 2014).

（ウォルター・ミシェル『マシュマロ・テスト：成功する子・しない子』柴田裕之訳、早川書房、2015 年）

*8　S. Lupien, *Well Stressed: Manage Stress Before It Turns Toxic* (John Wiley & Sons, 2012) を参照のこと。

第 1 章　なぜ落ち着けないのか

*1　N. Ryan, “Willpower: Rediscovering the Greatest Human Strength,” by Roy F. Bau-

meister and John Tierney (book review), *Journal of Positive Psychology* 7, no.5 (2012), p.446–448.

*2 J. LeDoux, *The Emotional Brain: The Mysterious Underpinnings of Emotional Life* (Simon & Schuster, 1998).
（ジョセフ・ルドゥー『エモーショナル・ブレイン：情動の脳科学』松本元・小幡邦彦・湯浅茂樹・川村光毅・石塚典生訳、東京大学出版会、2003 年）

*3 S. T. von Sömmerring, *Vom Baue des menschlichen Körpers*, vol.1 (Varrentrapp und Wenner, 1791).

*4 セルフ・コントロールについてのこの古典的な見解は、プラトンによる、ホメロスの叙事詩『イリアス』の解釈に由来する。S. Shanker, "Emotion Regulation Through the Ages" (2012), in *Moving Ourselves, Moving Others: Motion and Emotion in Intersubjectivity, Consciousness and Language*, vol.6, ed. A. Foolen et al. (John Benjamins, 2012) を参照のこと。

*5 DLPFC（背外側前頭前野）のこの"抑制"については、ノラ・ボルコウが開拓的研究をおこなった。たとえば Volkow and Ruben Baler, "Addiction: A Disease of Self-Control" を参照のこと。

*6 P. D. MacLean and V. A. Kral, *A Triune Concept of the Brain and Behaviour* (University of Toronto Press, 1973).

*7 H. Selye, *Stress Without Distress* (Springer US, 1976), p.137–146.

*8 W. B. Cannon, *Bodily Changes in Pain, Hunger, Fear and Rage*, 2nd ed. (New York: D. Appleton, 1929).

*9 Gabor Mate, *When the Body Says No: The Hidden Costs of Stress* (Vintage Canada, 2004).
（ガボール・マテ『身体が「ノー」と言うとき：抑圧された感情の代価』伊藤はるみ訳、日本教文社、2005 年）

*10 S. W. Porges, *The Polyvagal Theory: Neurophysiological Foundations of Emotions, Attachment, Communication, and Self-Regulation*, Norton Series on Interpersonal Neurobiology (W. W. Norton, 2011).

*11 C. Lillas and J. Turnbull, *Infant/Child Mental Health, Early Intervention, and Relationship-Based Therapies: A Neurorelational Framework for Interdisciplinary Practice* (W. W. Norton, 2009).

*12 B. S. McEwen and H. M. Schmeck, Jr., *The Hostage Brain* (New York: Rockefeller University Press, 1994).
（B. S. McEwen and H. M. Schmeck, Jr.『とらわれの脳』定松美幸訳・加藤進昌監訳、学会出版センター、2003 年）

*13 S. Porges, *Polyvagal Theory* (New York: W. W. Norton, 2011), p.283.

*14 J. D. Ford and J. Wortmann, *Hijacked by Your Brain: How to Free Yourself When*

Stress Takes Over (Sourcebooks, 2013).

S. J. Blakemore and U. Frith, *The Learning Brain: Lessons for Education* (Blackwell, 2005).

（S. J. ブレイクモア／U. フリス『脳の学習力—子育てと教育へのアドバイス』乾敏郎・山下博志・吉田千里訳、岩波書店、2006 年）

M. I. Posner and M. K. Rothbart, *Educating the Human Brain* (American Psychological Association, 2007).

（マイケル・I. ポズナー／メアリー・K. ロスバート『脳を教育する』無藤隆監修、近藤隆文訳、青灯社、2012 年）

*15 P. A. Levine and A. Frederick, *Waking the Tiger: Healing Trauma: The Innate Capacity to Transform Overwhelming Experiences* (Berkeley, CA: North Atlantic Books, 1997).

（ピーター・リヴァイン『心と身体をつなぐトラウマ・セラピー』藤原千枝子訳、雲母書房、2008 年）

*16 Shanker, "Emotion Regulation Through the Ages." マーク・ルイスの近著二作 *Memoirs of an Addicted Brain* および *The Biology of Desire* は、この分野では必読の本だ。

*17 K. McGonigal, *The Upside of Stress: Why Stress Is Good for You, and How to Get Good at It* (Penguin, 2015).

（ケリー・マクゴニガル『スタンフォードのストレスを力に変える教科書』神崎朗子訳、大和書房、2015 年）

*18 M. S. William and S. Shellenberger, *How Does Your Engine Run?: A Leader's Guide to the Alert Program for Self-Regulation* (TherapyWorks, 1996).

*19 S. Shanker, *Calm, Alert, and Learning: Classroom Strategies for Self-Regulation* (Pearson, 2013).

*20 行動をリフレーミングするという考えは、ルートヴィヒ・ウィトゲンシュタインの *Philosophical Investigations* (Oxford: Blackwell, 1958) にヒントを得た。（邦訳複数あり。『哲学探究』丘沢静也訳、家啓一解説、岩波書店、2013 年ほか）

ウィトゲンシュタインは、扱いにくい論理的問題を違った光の下で見るために必要となる "視点の移動" を伝えるために、ゲシュタルト心理学のイメージを使用している。同じような方法がここでも適用できる。ある視点から見ると、ある子どもの行動は "問題行動" に見える。"管理" するか "やめさせる" 必要があるものに見える。だが違った視点から見ると、この子の行動は、神経システムに過負荷がかかっていることによるものだと認識される。

*21 「再考」は、当初はよいと思っていたことが実際には危険だったという場合と、当初は危険だと思っていたことが実はよかったという場合が、等しくある。これは、身体からもたらされるメッセージに深く影響される。慢性的な不安状態にあると、

前頭前皮質は警報シグナルに攻めたてられ、すべてを脅威と見なそうとするシステムへとつながってしまう。このことが起こる理由は、「戦うか逃げるか」システムの生物学にある。視床下部と腹側線条体のプロセス・シグナルが危険と結びついたとき、交感神経系が活性化し、アドレナリンやノルアドレナリンを放出、心臓の動き、呼吸、消化、排泄、内分泌などの変化が次々と起き、防御行動への準備がなされる。次に海馬が、この内部の感覚と結びつくこれまでの経験を記憶のなかから探し、危険を認識する作業にかかる。いっぽう扁桃体は危険警報を鳴らし続ける。警報がやまないと、前頭前皮質は脅威を探しはじめ、なにも見つけられなければ、感覚自体を脅威と見なしてしまう。なぜなら警報が鳴っているのなら、火事が起きているはずだからだ。

*22 J. Kabat-Zinn, *Mindfulness for Beginners: Reclaiming the Present Moment—and Your Life* (Sounds True, 2011).
（ジョン・カバットジン『マインドフルネスのはじめ方：今この瞬間とあなたの人生を取り戻すために』貝谷久宣監訳、鈴木孝信訳、金剛出版、2017年）

*23 R. E. Thayer, *Calm Energy: How People Regulate Mood with Food and Exercise* (Oxford University Press, 2003).

第2章　セレフ・レグの視点でマシュマロ・テストを読み解く

*1 W. Mischel, *The Marshmallow Test* (Random House, 2014).
（ウォルター・ミシェル『マシュマロ・テスト：成功する子・しない子』柴田裕之訳、早川書房、2015年）

*2 W. Mischel, Y. Shoda, and M. I. Rodriguez, “Delay of Gratification in Children,” *Science* 244, no.4907 (1989), p.933–938に最初に報告された。Terrie Moffittと同僚が、そのあとすばらしい追跡調査をし、ごほうびを遅らせることのできた子どもたちとできなかった子どもたちの、それぞれの人生をたどった。T. E. Moffitt et al., “A Gradient of Childhood Self-Control Predicts Health, Wealth, and Public Safety,” *Proceedings of the National Academy of Sciences* 108, no.7 (2011), p.2693–2698を参照。

*3 Sherrod (1974)も早くにこれを認めている。D. R. Sherrod, “Crowding, Perceived Control, and Behavioral After-effects,” *Journal of Applied Social Psychology* 4 (1974) p.171–186. また、A. Duckworth and M. Seligman, “Self-Discipline Outdoes IQ in Predicting Academic Performance of Adolescents,” *Psychological Science* 16, no.12 (2005) p.939–994も参照のこと。

*4 何年にもわたり、Roy Baumeisterたちは「自己消耗（ego depletion）を論証する数々の実験をおこなってきた。BaumeisterとTierneyの*Willpower*は、この刺激的で重要な研究分野へのすばらしい手引きだ。R. F. Baumeister and J. Tierney,

Willpower: Rediscovering the Greatest Human Strength (Penguin, 2011).

*5 R. E. Robert Thayer, *The Biopsychology of Mood and Arousal* (Oxford University Press, 1989).

*6 Bruce S. McEwen and Elizabeth Norton Lasley, *The End of Stress as We Know It* (Joseph Henry Press, 2002).
（ブルース・マキューアン／エリザベス・ノートン・ラズリー『ストレスに負けない脳』星恵子監修、桜内篤子訳、早川書房、2004 年）

*7 H. Benson, *The Relaxation Response* (New York: William Morrow, 1975), p.278.

*8 デューク大学チャイルド・アンド・ファミリー・ポリシー・センターの Jennifer Lansford と研究チームは、世界の 6 カ国から体罰とその効果を収集した。もっとも体罰のレベルが低かったのはタイで、もっとも高かったのはケニアだった。その研究は、体罰が厳しくなるほど、子どもや若者に攻撃性と不安がより多く見られたと報告している。J. E. Lansford, et al., "Ethnic Differences in the Link Between Physical Discipline and Later Adolescent Externalizing Behaviors," *Journal of Child Psychology and Psychiatry*, 45 (2004), p.801–812.

*9 M. R. Muraven and R. F. Baumeister, "Self-Regulation and Depletion of Limited Resources: Does Self-Control Resemble a Muscle?" *Psychological Bulletin* 126 (2000), p.247–259.
B. J. Schmeichel and R. F. Baumeister, "Self-Regulatory Strength," in *Handbook of Self-Regulation*, ed. R. F. Baumeister and K. D. Vohs (New York: Guilford Press, 2004), p.84–98.

*10 J. B. Watson, "Psychology as the Behaviorist Views It," *Psychological Review* 20, no.2 (1913), p.158.

*11 私のオフィスに散らばっている何十という論文は、さまざまな症状の蔓延を記している。肥満、糖尿病、アレルギー、喘息、心臓病、胃腸障害、睡眠不足、自閉症、ADHD、発育障害、抑鬱症、自傷と摂食障害、暴力、怒り、反抗挑戦性障害、いじめ、自己愛、利己主義、非識字、学習障害、難読症、そして登校拒否。運動不足の広まりと、それと共犯であるゲーム中毒。ずいぶんな数の症状を列挙したが、これでもリストとしては不完全だ。「Epidemic（流行・伝染・蔓延といった意味）」という言葉は、流行語になった。だがこの言葉をあちこちで見かけるのには、読者の興味を引くため以上の理由がある。これは、子どもたちの現状についての社会的な不安が広がっている現れでもあるのだ。すなわち、「ストレスにやられた子どもたちを育てている、ストレスにやられた親の流行」が、一番の原因であろう。
K. Race, "The Epidemic of Stressed Parents Raising Stressed Kids," *Huffington Post*, February 21, 2014.
http://www.huffingtonpost.com/kristen-race-phd/the-epidemic-of-stressed-parents-raising-stressed-kids_b_4790658.html

*12 S. W. Porges, *The Polyvagal Theory: Neurophysiological Foundations of Emotions, Attachment, Communication, and Self-Regulation*, Norton Series on Interpersonal Neurobiology (W. W. Norton, 2011).
*13 R. M. Sapolsky, *Why Zebras Don't Get Ulcers: The Acclaimed Guide to Stress, Stress-Related Diseases, and Coping* (Macmillan, 2004).
*14 D. Tantam, *Can the World Afford Autistic Spectrum Disorder? Nonverbal Communication, Asperger Syndrome and the Interbrain* (Jessica Kingsley, 2009) を参照のこと。

第3章　赤ちゃんに「ささいなこと」などない

*1 Stephen J. Gould, "Human Babies as Embryos," in *Ever Since Darwin* (New York: W. W. Norton, 1977), p.72.
*2 Gould, *Ever Since Darwin*.
（スティーヴン・ジェイ・グールド『ダーウィン以来：進化論への招待〈上・下〉』浦本昌紀・寺田鴻訳、早川書房、1984 年）
この考えを最初に示唆したのはスイスの生物学者アドルフ・ポルトマンで、グールドはポルトマンの著作に依っている。このことは以下に綴った。H. M. N. McCain, J. F. Mustard, and S. Shanker, *Early Years Study* 2 (2007).
*3 K. Rosenberg and W. Trevathan, "Bipedalism and Human Birth: The Obstetrical Dilemma Revisited," *Evolutionary Anthropology: Issues, News, and Reviews* 4, no.5 (1995) p.161–168.
*4 P. R. Huttenlocher, *Neural Plasticity* (Harvard University Press, 2002); C. A. Nelson, K. M. Thomas, and M. De Haan, *Neuroscience of Cognitive Development: The Role of Experience and the Developing Brain* (John Wiley & Sons, 2012).
*5 Martha Bronson, *Self-Regulation in Early Childhood* (New York: Guilford Press, 2001).
S. J. Bradley, *Affect Regulation and the Development of Psychopathology* (New York: Guilford Press, 2003).
*6 J. F. Mustard, "Experience-Based Brain Development: Scientific Underpinnings of the Importance of Early Child Development in a Global World," *Paediatrics & Child Health* 11, no.9 (2006), p.571.
J. Kagan and N. Herschkowitz, *A Young Mind in a Growing Brain* (Psychology Press, 2006).
*7 D. Maurer and C. Maurer, *The World of the Newborn* (Basic Books, 1988).
（ダフニ・マウラ／チャールズ・マウラ『赤ちゃんには世界がどう見えるか』吉田利子訳、草思社、1992 年）

Tiffany Field, *The Amazing Infant* (Wiley-Blackwell, 2007).

*8　*The Polyvagal Theory* (W. W. Norton & Company, 2011) にサマリーが収録されている S. W. Porges の新生児の研究は、革新的なものである。次の論文も参照に価する。H. J. Polan and M. A. Hofer, "Psychobiological Origins of Infant Attachment and Separation Responses," in *Handbook of Attachment: Theory, Research, and Clinical Application*, ed. J. Cassidy and P. R. Shaver (New York: Guildford Press, 1999), p.162–180; J. Kagan, *Unstable Ideas: Temperament, Cognition and Self* (Boston: Harvard University Press, 1989); M. K. Rothbart, L. K. Ellis, and M. I. Posner, "Temperament and Self-Regulation," in *Handbook of Self-Regulation: Research, Theory, and Applications*, ed. R. F. Baumeister and K. D. Vohs (New York: Guilford Press, 2004), p.357–370; M. Gunnar and K. Quevedo, "The Neurobiology of Stress and Development," *Annual Review of Psychology* 58 (2007).

*9　C. Lillas and J. Turnbull, *Infant/Child Mental Health, Early ntervention, and Relationship-Based Therapies: A Neurorelational Framework for nterdisciplinary Practice* (W. W. Norton, 2009).

*10　"知覚統合" の重要性については、以下を参照のこと。

A. C. Bundy, S. J. Lane, and E. A. Murray, *Sensory Integration: Theory and Practice* (Philadelphia: F. A. Davis Co., 2002).

（A. C. Bundy, S. J. Lane, and E. A. Murray『感覚統合とその実践』土田玲子・小西紀一監訳、岩永竜一郎・太田篤志・加藤寿宏・児玉真美・田村良子・永井洋一・日田勝子・福田恵美子・山田孝訳、協同医書出版社、2006 年）

F. A. Davis, N. Kashman, and J. Mora, *The Sensory Connection: An OT and SLP Team Approach* (Arlington, TX: Future Horizons, 2005).

*11　Laura Berk and Stuart Shanker, *Child Development* (Pearson, 2006).

M. Numan and T. R. Insel, *The Neurobiology of Parental Behavior* (Springer, 2003).

*12　S. I. Greenspan and N. Lewis, *Building Healthy Minds: The Six Experiences That Create Intelligence and Emotional Growth in Babies and Young Children* (Da Capo Press, 2000).

*13　S. I. Greenspan, *Secure Child: Helping Our Children Feel Safe and Confident in a Changing World* (Da Capo Press, 2009).

*14　Allan Schore はこの問題に関して独創的な論文を多数出版しており、以下の本の第 1 章にうまく要約されている。A. N. Schore, *The Science of the Art of Psychotherapy,* Norton Series on Interpersonal Neurobiology (W. W. Norton, 2012). また、この 2 作も参考になる。Ed Tronick, *The Neurobehavioral and Social-Emotional Development of Infants and Children* (W. W. Norton, 2007) and J. Freed and L. Parsons, *Right-Brained Children in a Left-Brained World: Unlocking the Potential of Your ADD Child* (Simon & Schuster, 1998).

*15 A. N. Schore, *Affect Regulation and the Origin of the Self: The Neurobiology of Emotional Development* (Psychology Press, 1994) を参照。

*16 S. Shanker, *Calm, Alert, and Learning: Classroom Strategies for Self-Regulation* (Pearson, 2012).
この本では、教室のなかでのストレスを緩和するためのテクニックを多数紹介しており、保護者が自宅の環境を整えるのにも役に立つと思う。特に第1章を参照のこと。

*17 *Affect Regulation and the Origin of the Self* で Allan Schore は、この研究を再検討している。

*18 E. Z. Tronick, "Emotions and Emotional Communication in Infants," *American Psychologist* 44 (1989), p.112–119.
マサチューセッツ大学ボストン校のYouTubeチャンネルでこの実験のビデオクリップが見られる。https://youtu.be/apzXGEbZht0

*19 Dan Siegel は、このことに関していくつか著作がある。*The Developing Mind* (New York: Guilford Press, 1999; second edition 2012) を特に薦めたい。

*20 A. Fogel, *Developing Through Relationships* (University of Chicago Press, 1993).
A. Sameroff, *The Transactional Model* (American Psychological Association, 2009).

第4章 絡み合ったストレスをほどく

*1 M. G. Baron, J. Groden, G. Groden, L. P. Lipsitt, *Stress and Coping in Autism* (Oxford University Press, 2006).
この本は自閉症児に限らず、すべての子どもが対処しなくてはならないさまざまなストレス因子を理解するための、とても有益な手引きとなる。著者たちが提示している「ストレス一覧表（Stress Inventory）」は特に示唆に富む。

*2 A. Fogel, B. J. King, and S. G. Shanker, eds., *Human Development in the Twenty-first Century: Visionary Ideas from Systems Scientists* (Cambridge University Press, 2007).

*3 P. Ogden, *Sensorimotor Psychotherapy: Interventions for Trauma and Attachment* (W. W. Norton, 2015).

第5章 生物学的領域——食べる・遊ぶ・寝る

*1 S. Shanker and D. Casenhiser, *Reducing the Effort in Effortful Control: A Wittgensteinian Perspective on the Use of Conceptual Analysis in Psychology* (Palgrave Macmillan, 2013) を参照。

*2 T. Lewis, F. Amini, and R. Lannon, *A General Theory of Love* (Vintage, 2007).

*3 W. B. Cannon, *The Wisdom of the Body* (W. W. Norton, 1932).
(W. B. キャノン『からだの知恵：この不思議なはたらき』舘鄰・舘澄江訳、講談社、1981年)
*4 K. Lee Raby et al., "The Enduring Predictive Significance of Early Maternal Sensitivity: Social and Academic Competence Through Age 32 Years," *Child Development* 17 (December 2014), p.695–708を参照。
*5 P. Meerlo et al., "Sleep Restriction Alters the Hypothalamic-Pituitary-Adrenal Response to Stress," *Journal of Endocrinology* 14 (2002), p.397–402.
*6 M. Edlund, *The Power of Rest: Why Sleep Alone Is Not Enough: A 30-Day Plan to Reset Your Body* (HarperCollins, 2010).
(マシュー・エドランド『パワー・オブ・レスト：究極の休息術』ボレック光子訳、飛鳥新社、2011年)
*7 S. Shanker, *Calm, Alert, and Learning: Classroom Strategies for Self-Regulation* (Pearson, 2012).
*8 A. Fogel, *The Psychophysiology of Self-awareness: Rediscovering the Lost Art of Body Sense* (W. W. Norton, 2009).
*9 クリニックの所長Chris Robinsonは、この方式の発展に尽くしている。
S. K. Greenland, *The Mindful Child: How to Help Your Kid Manage Stress and Become Happier, Kinder, and More Compassionate* (Simon & Schuster, 2010)も参照のこと。
*10 この点が、前世紀の偉大な「身体療法家」の仕事の主眼であった。たとえばJean Ayres、Moshe Feldenkrais、Elsa Gindler、Alexander Lowen、Wilhelm Reich、そしてIda Rolf。セルフ・レグをおこなうなかで、子どもや若者にはまさにこのことに気づいてほしいのだが、低エネルギーと高緊張状態が認識を阻んでいる。身体療法家は、この障害を取り除くのに有効な治療テクニックを開発し、Lowenが体の「バイオエネルギー」と呼ぶものを放出する。
*11 Robin Alter, *Anxiety and the Gift of Imagination: A New Model for Helping Parents and Children Manage Anxiety* (Createspace, 2011).
G. M. Biegel, *The Stress Reduction Workbook for Teens: Mindfulness Skills to Help You Deal with Stress* (New Harbinger, 2009).
G. Hawn and W. Holden, *10 Mindful Minutes: Giving Our Children—and Ourselves—the Social and Emotional Skills to Reduce Stress and Anxiety for Healthier, Happy Lives* (Penguin, 2011).
X. Vo. Dzung, *The Mindful Teen: Powerful Skills to Help You Handle Stress One Moment at a Time* (New Harbinger, 2015).

第６章　情動の領域――泣く・笑う・騒ぐ・怒る

＊1　過去数十年以上にわたり、発達心理学者は、情動的機能が子どもたちの安心に果たす役割に注目してきた。以下のような著作に詳しい。

C. Izard, et al., "Emotional Knowledge as a Predictor of Social Behavior and Academic Competence in Children at Risk," *Psychological Science* 12 (2001), p.18-23.

N. Eisenberg, et al., "The Relation of Effortful Control and Impulsivity to Children's Resiliency and Adjustment," *Child Development* 75 (2004), p.25-46.

S. Denham, P. Ji, and B. Hamre, *Compendium of Preschool Through Elementary School Social- Emotional Learning and Associated Assessment Measures*; Social and Emotional Learning Research Group: University of Illinois at Chicago. (2010).

最近、学力に関して、EQ（こころの知能指数）のほうが、IQ より重要であることがわかった。以下の著作に詳しい。

P. Salovey and J. D. Mayer, "Emotional Intelligence," *Imagination, Cognition, and Personality* 9 (1990), p.185-211.

D. Goleman, *Emotional Intelligence* (New York: Bantam Dell, 1995).

（ダニエル・ゴールマン『EQ：こころの知能指数』土屋京子訳、講談社、1996 年）

J. Shonkoff and D. Phillips, *From Neurons to Neighborhoods: The Science of Early Childhood Development* (Washington, D.C.: National Academy Press, 2000).

S. Denham, et al., "Assessing Social Emotional Development in Children from a Longitudinal Perspective," *Journal of Epidemiology and Community Health* 63 (Suppl II) (2009), p.37-52.

この非常に重要な分野の研究の概論として、Shanker の著作を参照のこと。"Broader Measures of Success: Social/Emotional Learning," Toronto, *People for Education* (2015).

＊2　Stuart Shanker, "A Dynamic Developmental Model of Emotions," *Philosophy, Psychiatry and Psychology* 11 (2004) p.219-233.

＊3　Carrol Izard, *The Psychology of Emotions* (Springer, 1991).

Jaak Panksepp, *Affective Neuroscience* (Oxford University Press, 1998).

Marc Lewis and Jeanette Haviland-Jones, *Handbook of Emotions*, 3rd ed. (Guilford Press, 2010).

＊4　C. E. Izard, *The Psychology of Emotions* (Springer Science & Business Media, 1991).

（C. E. Izard『感情心理学』荘厳舜哉監訳、比較発達研究会訳、ナカニシヤ出版、1996 年）

＊5　P. E. Griffiths, *What Emotions Really Are: The Problem of Psychological Categories* (Chicago: University of Chicago Press, 1997), p.114.

*6　S. I. Greenspan and J. I. Downey, *Developmentally Based Psychotherapy* (Madison, CT: International Universities Press, 1997).

*7　Stanley Greenspan with Nancy Thorndike Greenspan, *First Feelings: Milestones in the Emotional Development of Your Infant and Child from Birth to Age 4* (Viking, 1985).

*8　James J. Gross, *Handbook of Emotion Regulation*, 2nd ed. (Guilford Press, 2015).

*9　これまで、SEL を促進しようとしてつくられたプログラムの成果を評価する研究が、何百となされてきた。批評付きの一覧が以下にある。http://www.casel.org/guide/

また Shanker, "Broader Measures of Success: Social/Emotional Learning," Toronto, *People for Education*, (2015) も参照のこと。

*10　この点が「生体エネルギー療法」の分野での主眼だ（5 章の注釈 10 を参照のこと）。Bessel van der Kolk はこの分野で大きな貢献をなした。B. van der Kolk, *The Body Keeps the Score: Brain, Mind, and Body in the Healing of Trauma* (Penguin, 2014).（ベッセル・ヴァン・デア・コーク『身体はトラウマを記録する：脳・心・体のつながりと回復のための手法』柴田裕之訳、紀伊國屋書店、2016 年）

*11　この主張は以下に詳しい。S. I. Greenspan and S. Shanker, *The First Idea: How Symbols, Language, and Intelligence Evolve, from Primates to Humans* (Perseus Books, 2004).

*12　T. Ross, M. I. Fontao, and R. Schneider, "Aggressive Behavior in Male Offenders: Preliminary Analyses of Self-Regulatory Functions in a Sample of Criminals," *Psychological Reports* 100, no.3, part 2 (2007) p.1171–1185.

A. Raine, *The Anatomy of Violence: The Biological Roots of Crime* (Vintage, 2013).（エイドリアン・レイン『暴力の解剖学：神経犯罪学への招待』高橋洋訳、紀伊國屋書店、2015 年）

R. E. Tremblay, W. W. Hartup, and J. Archer, eds., *Developmental Origins of Aggression* (Guilford Press, 2005). しかしながら興味深い反論が次の著作にあるので参照のこと。J. Fallon, *The Psychopath Inside: A Neuroscientist's Personal Journey into the Dark Side of the Brain* (Penguin, 2013).

（ジェームス・ファロン『サイコパス・インサイド：ある神経科学者の脳の謎への旅』影山任佐訳、金剛出版、2015 年）

*13　J. Panksepp, *Affective Neuroscience* (New York: Oxford University Press, 1998).

第 7 章　認知的領域——記憶する・注意を払う・集中する

*1　S. I. Greenspan and N. T. Greenspan, *The Learning Tree: Overcoming Learning Disabilities from the Ground Up* (Da Capo Press, 2010) には、多大な影響を受けて

いる。

*2 以下に挙げるADHDの子どもたちに関する医療研究には、クリニックの仕事で非常に影響を受けた。

S. I. Greenspan and J. Greenspan, *Overcoming ADHD: Helping Your Child Become Calm, Engaged, and Focused—Without a Pill* (Da Capo Press, 2009).

（スタンレー・グリーンスパン／ヤコブ・グリーンスパン『ADHDの子どもを育む：DIRモデルにもとづいた関わり』広瀬宏之監訳、越後顕一訳、創元社、2011年）

E. M. M. Hallowell and J. J. Ratey, *Driven to Distraction: Recognizing and Coping with Attention Deficit Disorder from Childhood Through Adulthood* (Anchor, 2011).

M. L. Kutscher, *ADHD: Living Without Brakes* (Jessica Kingsley, 2009).

*3 すばらしい手引書が何冊かある。P. Dawson and R. Guare, *Executive Skills in Children and Adolescents: A Practical Guide to Assessment and Intervention* (Guilford Press, 2010) は特に有益。さらに理論的な理解には R. A. Barkley, *Executive Functions: What They Are, How They Work, and Why They Evolved* (Guilford Press, 2012) を参照のこと。E. Galinsky, *Mind in the Making: The Seven Essential Life Skills Every Child Needs* (HarperStudio, 2010) は並外れた資料だ。

*4 J. T. Nigg, *What Causes ADHD? Understanding What Goes Wrong and Why* (Guilford Press, 2006).

*5 Daniel Pink, *Drive: The Surprising Truth About What Motivates Us* (New York: Penguin, 2009), p.138 and 240.

（ダニエル・ピンク『モチベーション3.0：持続する「やる気！」をいかに引き出すか』大前研一訳、講談社、2010年）

*6 William James, *Principles of Psychology* (Cambridge, MA: Harvard University Press, 1981), p.462. Originally published in 1890.

*7 Stuart Shanker, *Wittgenstein's Remarks on the Foundations of AI* (London: Routledge, 1998).

とりわけこの論点では、Jerome Bruner に思想の面で多大な影響を受けた。以下を参照のこと。

J. Bruner, *Child's Talk* (Oxford: Oxford University Press, 1983).

（J. S. ブルーナー『乳幼児の話しことば：コミュニケーションの学習』寺田晃・本郷一夫訳、新曜社、1988年）

J. Bruner, "Child's Talk: Learning to Use Language," *Child Language Teaching and Therapy* 1, no.1 (1985), p.111–114.

*8 同僚とは Chris Robinson で、この章は彼女とのやりとりに負うところが大きい。

*9 自己調整について読んだ本のなかで、以下の本を薦める。ただし self-regulation という言葉は使っていない。Chris Hadfield, *An Astronaut's Guide to Life on Earth*

(Pan Macmillan, 2013).
（クリス・ハドフィールド『宇宙飛行士が教える地球の歩き方』千葉敏生訳、早川書房、2015年）
*10 Huitt, W. (2011), "Motivation to Learn: An Overview," *Educational Psychology Interactive* (Valdosta, GA: Valdosta State University).
*11 S. W. Porges, *The Polyvagal Theory: Neurophysiological Foundations of Emotions, Attachment, Communication, and Self-Regulation*, Norton Series on Interpersonal Neurobiology (W. W. Norton, 2011).
*12 S. Shanker, *Calm, Alert, and Learning: Classroom Strategies for Self-Regulation* (Pearson, 2013).
*13 B. J. Zimmerman and D. H. Schunk, eds., *Self-Regulated Learning and Academic Achievement: Theoretical Perspectives* (Routledge, 2001).
（バリー・J. ジマーマン／ディル・H. シャンク『自己調整学習の理論』塚野州一編訳、伊藤崇達・中西良文・中谷素之・伊田勝憲・犬塚美輪訳、北大路書房、2006年）
*14 Terje Sagvolden は、ADHDの子どもたちはしばしば特異な時間感覚を持っていると報告している。Gilden Lab of the University of Texas at Austin の科学者は、ADHDの子どもたちの多くが、定型発達児よりも速い時間の尺度で行動していることを示した。
T. Sagvolden et al., "A Dynamic Developmental Theory of Attention-Deficit/Hyperactivity Disorder (ADHD) Predominantly Hyperactive/Impulsive and Combined Subtypes," *Behavioral and Brain Sciences* 28, no.3 (2005), p.397–418.
*15 S. I. Greenspan, *Secure Child: Helping Our Children Feel Safe and Confident in a Changing World* (Da Capo Press, 2009).
J. Bowlby, *A Secure Base: Clinical Applications of Attachment Theory*, vol.393 (Taylor & Francis, 2005).
*16 R. Louv, *Last Child in the Woods: Saving Our Children from Nature- Deficit Disorder* (Algonquin Books, 2008).
（リチャード・ループ『あなたの子どもには自然が足りない』春日井晶子訳、早川書房、2006年）
R. Louv, *The Nature Principle: Reconnecting with Life in a Virtual Age* (Algonquin Books, 2012).
なぜ自然に接すると、脳が非常に落ち着くのかを考えていくと、「生命愛」という理論に行きつく。E. O. Wilson, *Consilience: The Unity of Knowledge*, vol.31 (Vintage, 1999).
この分野での神経科学の重要な概論が以下の著作にあるので参照されたい。E. M. Sternberg, *Healing Spaces: The Science of Place and Well-being* (Harvard Univer-

sity Press, 2009).
（エスター・M. スターンバーグ『ボディマインド・シンフォニー：心身の再統合へ向かう先端医学』日向やよい訳、日本教文社、2006年）

*17 S. Olfman and B. D. Robbins, eds., *Drugging Our Children: How Profiteers Are Pushing Antipsychotics on Our Youngest, and What We Can Do to Stop It* (ABC-CLIO, 2012) を参照のこと。

*18 Stephen Tonti によるすばらしい TED の講演を聞いてほしい。
TEDx talk by Stephen Tonti (April 10, 2013), "ADHD as a Difference in Cognition, Not a Disorder," https://youtu.be/uU6o2_UFSEY
そして Jim Jacobson のブログも読んでほしい。
"Living Amongst Humans," http://www.amongsthumans.com

第8章　社会的領域――友達をつくる・学校に通う・グループ活動に参加する

*1 S. W. Porges, *The Polyvagal Theory: Neurophysiological Foundations of Emotions, Attachment, Communication, and Self-Regulation*, Norton Series on Interpersonal Neurobiology (W. W. Norton, 2011).

*2 A. Fogel, *Developing Through Relationships* (University of Chicago Press, 1993).

*3 Stuart Shanker and Jim Stieben, "The Roots of Mindblindness," in *Against Theory of Mind*, ed. Ivan Leudar (London: Palgrave Macmillan, 2009).

*4 E. Tronick, "Why Is Connection with Others So Critical?" in *Emotional Development*, ed. J. Nadel and D. Muir (Oxford University Press, 2004). この研究助手が Lisa Bohne だ。

*5 A. N. Schore, *Affect Regulation and the Origin of the Self: The Neurobiology of Emotional Development* (Psychology Press, 1994).

*6 S. Savage-Rumbaugh, S. G. Shanker, and T. J. Taylor, *Apes, Language, and the Human Mind* (Oxford University Press, 1998).

*7 M. D. Lewis, "Bridging Emotion Theory and Neurobiology Through Dynamic Systems Modeling," *Behavioral and Brain Sciences* 28, no.2 (2005), p.169–194.

*8 J. D. Ford and J. Wortmann, *Hijacked by Your Brain: How to Free Yourself When Stress Takes Over* (Sourcebooks, 2013).

*9 D. M. Casenhiser, S. G. Shanker, and J. Stieben, "Learning Through Interaction in Children with Autism: Preliminary Data from Asocial-Communication-Based Intervention," *Autism* 17, no.2 (2013), p.220–241.

*10 T. Grandin, *Thinking in Pictures: My Life with Autism*, expanded ed. (New York: Vintage, 2006).

第９章　向社会的領域——共感する・思いやる・敬う

*1　Jason Cowell と Jean Decety のすばらしい研究を参照のこと。
"Precursors to Morality in evelopment as a Complex Interplay Between Neural, Socioenvironmental, and Behavioral Facets," *Proceedings of the National Academy of Science* (University of Chicago, May 2015).

*2　N. Eisenberg and P. H. Mussen, *The Roots of Prosocial Behavior in Children* (Cambridge University Press, 1989).
（ナンシー・アイゼンバーグ／ポール・マッセン『思いやり行動の発達心理』菊池章夫・二宮克美訳、金子書房、1991 年）

*3　T. Hobbes, *Leviathan* (New York: Oxford University Press, 1651; 2009, XIII. 9), p.581–735.
（邦訳複数あり。ホッブズ『リヴァイアサン 1 〜 4』水田洋訳、岩波書店、1992 年ほか）
現代のものとしては以下を参照のこと。W. Golding, *Lord of the Flies* (New York: Penguin, 1954; 1983).
（邦訳複数あり。ウィリアム・ゴールディング『蠅の王』平井正穂訳、新潮社、1975 年ほか）

*4　2005 年に Jorge Moll が、寄与行為は、他人と親しくなることを促す神経伝達物質を放出するのと同じ脳の部位を活性化させることを発見した。これは現在、「ヘルパーズハイ」として知られている現象だ。
J. Moll et al., "The Neural Basis of Human Moral Cognition," *Nature Reviews Neuroscience* 6, no.10 (2005), p.799–809.

*5　B. J. King, *The Dynamic Dance: Nonvocal Communication in African Great Apes* (Harvard University Press, 2009).
F. De Waal, *The Age of Empathy: Nature's Lessons for a Kinder Society* (Broadway Books, 2010).
（フランス・ドゥ・ヴァール『共感の時代へ：動物行動学が教えてくれること』柴田裕之訳、紀伊國屋書店、2010 年）
M. Bekoff and J. Goodall, *The Emotional Lives of Animals: A Leading Scientist Explores Animal Joy, Sorrow, and Empathy—and Why They Matter* (New World Library, 2008).
（マーク・ベコフ『動物たちの心の科学：仲間に尽くすイヌ、喪に服すゾウ、フェアプレイ精神を貫くコヨーテ』高橋洋訳、青土社、2014 年）

*6　Stanley Greenspan and Stuart Shanker, *Toward a Psychology of Global Interdependency: A Framework for International Collaboration* (Washington, DC: ICDL Press, 2002).

*7　Arthur Brooks は、寄与者の 42 %以上が自分のことを「非常に幸せ」だと感じており、25 %以上が「健康状態がとてもいい」と感じていることを発見した。以下を参照のこと。

A. Brooks, *Who Really Cares* (New York: Basic Books, 2006).

Canadian Institute for Health Information, *The Role of Social Support in Reducing Psychological Distress* (Canadian Institute for Health Information, 2012).

*8　Esther Sternberg, *The Balance Within* (New York: Times Books, 2001).

（エスター・M. スターンバーグ『ボディマインド・シンフォニー：心身の再統合へ向かう先端医学』日向やよい訳、日本教文社、2006 年）

*9　J. T. Cacioppo and J. Decety, "Social Neuroscience: Challenges and Opportunities in the Study of Complex Behavior," *Annals of the New York Academy of Sciences* 1224, no.1 (2011), p.162–173 を参照のこと。Decety の共感の神経科学に関する研究は、この分野の草分けだ。ほかにも以下の論文を参照のこと。J. Decety and C. D. Batson, "Social Neuroscience Approaches to Interpersonal Sensitivity" (2007) in *Suffering and Bioethics,* ed. R. M. Green and N. J. Palpant (New York: Oxford University Press, 2014), p.89–105.

*10　D. Goleman, *Social Intelligence* (Random House, 2007).

（ダニエル・ゴールマン『SQ 生きかたの知能指数』土屋京子訳、日本経済新聞出版社、2007 年）

*11　R. W. Wrangham and D. Peterson, *Demonic Males: Apes and the Origins of Human Violence* (Houghton Miff lin Harcourt, 1997).

（リチャード・ランガム／デイル・ピーターソン『男の凶暴性はどこからきたか』山下篤子訳、三田出版会、1998 年）

この本は、ホッブズの信奉者の人間性の見方を裏付ける。本文で触れた「共感はすべての高等霊長類に備わっている能力である」という Frans de Waal の研究は、人類の祖先はチンパンジーよりもボノボに近いことを認識させてくれる。ボノボは、共感の育成が基盤になっている種だ。子どもたちの生まれついての共感がテーマの本で、私が好きなのは、Mary Gordon, *Roots of Empathy: Changing the World Child by Child* (Workman, 2009).

*12　Stanley Greenspan and Stuart Shanker, *Toward a Psychology of Global Interdependency: A Framework for International Collaboration* (Washington, D.C.: ICDL Press, 2002) を参照のこと。

*13　この知識は「直感的」なものである。なぜなら、私の指導教官のひとり Northrop Frye が説明したように、聖書に基づいた考えであり、ここでは旧約聖書の詩篇 15 からきている。詩篇 15 はこのような作品だ。

まずダビデが訊く。「主よ、あなたの幕屋に宿るべき者は誰ですか」。それからこの質問を自分で引き取り、「次のような人たちだけ」だと説く。「やましいところがな

く、高潔な人」、「真実のみを話し、心に曇りのない人」、「言葉でも行動でも人を傷つけたことのない人」、「どんな代償を払っても約束を守る人」、「邪な者を疎んじ、高潔な者を抱きしめる人」。そしてダビデは締めくくる。「こういうことをなす人は誰でも、けっして揺らぐことはない」

この詩の前半でのダビデの主眼は、大事なことを説くことだけでなく、このように生きなさいと示すことにある。後半では、このように生きるのは、天国の門に入る資格を得るためだけでなく、現世でただちに恩恵があるからだと説明する。このような生き方をすることで、本当に安らいで落ち着いた時を楽しむことができるからである。

第10章　思春期の力と危機

*1　G. E. Weisfeld, *Evolutionary Principles of Human Adolescence* (Basic Books, 1999).

*2　だがもうひとつ今日「流行」しているのは、National Institute on Drug Abuse が "Rx Generation" と呼ぶ薬だ。実際には不安の兆候でしかない症状を抑えるために、痛み止めや咳止め、風邪薬を使っている10代の子どもたちは非常に多い。年月とともに不安は悪化するだろうし、処方薬中毒になる懸念もある。

*3　P. W. Gold, "The Organization of the Stress System and Its Dysregulation in Depressive Illness." *Molecular Psychiatry* (2015) p.20 and 32–47 を参照のこと。

*4　Dan Siegel の *Brainstorm* は、この話題についてきわめて洞察に満ちているだけでなく、親やティーンズにとっては大きな助けになる。D. J. Siegel, *Brainstorm: The Power and Purpose of the Teenage Brain* (Hachette UK, 2014) を参照のこと。

*5　P. Gluckman and M. Hanson, *Mismatch: Why Our World No Longer Fits Our Bodies* (Oxford University Press, 2006).

*6　Jay Giedd の作品をすべて薦める。最初は特に Jay Giedd "The Teen Brain: Primed to Learn, Primed to Take Risks," *Cerebrum* (February 26, 2009)。また L. Steinberg, *Age of Opportunity: Lessons from the New Science of Adolescence* (Houghton Mifflin Harcourt, 2014) も参照のこと。

*7　L. Steinberg, "A Dual Systems Model of Adolescent Risk Taking," *Developmental Psychobiology* 52, no.3 (2010), p.216–224.

*8　Jay Giedd が *Frontline* に寄稿した "Inside the Teenage Brain," (January 31, 2002) を参照のこと。

*9　Steinberg, "Dual Systems Model of Adolescent Risk-Taking."

*10　Walter Hess は、視床下部のさまざまな部位を刺激してその効果を調べる研究に基づき、"ergotropic" と "tropotrophic" という語彙を紹介した。彼がこれらの語彙を用いたのは、脅威にさらされたときに有機体が使うエネルギー (ergotropic) と、修復とエネルギーの回復を促進するメカニズム (tropotrophic) を区別するためであ

る。

*11 Y. Zhao, *Who's Afraid of the Big Bad Dragon: Why China Has the Best (and Worst) Education System in the World* (John Wiley & Sons, 2014).

*12 Daniel Lieberman, *The Story of the Human Body: Evolution, Health, and Disease* (Penguin, 2014).
（ダニエル・E. リーバーマン『人体 600 万年史〈上・下〉: 科学が明かす進化・健康・疾病』塩原通緒訳、早川書房、2015 年）

*13 同上。また J. J. Ratey and E. Hagerman, *Spark: The Revolutionary New Science of Exercise and the Brain* (Little Brown, 2008) も参照のこと。
（ジョン・J. レイティ／エリック・ヘイガーマン『脳を鍛えるには運動しかない！: 最新科学でわかった脳細胞の増やし方』野中香方子訳、NHK 出版、2009 年）

*14 J. Abbott, *Overschooled but Undereducated: How the Crisis in Education Is Jeopardizing Our Adolescents* (A&C Black, 2010).
R. Epstein, *The Case Against Adolescence: Rediscovering the Adult in Every Teen* (Quill Driver Books, 2007).

第 11 章　子どもたちを虜にする刺激

*1 これはヨーク大学の同僚 John Eastwood が論証した。
Eastwood et al., “The Unengaged Mind: Defining Boredom in Terms of Attention,” *Perspectives on Psychological Science* 7, no.5 (2012), p.482–495.
Kimberley B. Mercer-Lynn, Rachel J. Bar, and John D. Eastwood, “Causes of Boredom: The Person, the Situation, or Both?” *Personality and Individual Differences* 56 (2014), p.122–126 を参照のこと。

*2 ここ 10 年ほど、報酬系の神経生物学の研究が非常に盛んだ。以下にすばらしい要約が載っている。
Marc Lewis, *The Biology of Desire: Why Addiction Is Not a Disease* (Penguin Random House Canada, 2015).
G. Wilson, *Your Brain on Porn: Internet Pornography and the Emerging Science of Addiction* (Commonwealth, 2014).

*3 Matthias Koepp et al., “Evidence for Striatal opamine Release During a Video Game,” *Nature* 393 (1998), p.266–68.

*4 M. Lewis, *Memoirs of an Addicted Brain: A Neuroscientist xamines His Former Life on Drugs* (Doubleday Canada, 2013).

*5 D. Grossman, *On Killing: The Psychological Cost of Learning to Kill in War and Society* (Little, Brown, 1995).
（デーヴ・グロスマン『「人殺し」の心理学』安原和見訳、原書房、1998 年）

*6 Scott Brown, "How Movies Activate Your Neural G-Spot," *Wired* (January 25, 2010).

*7 Samuel T. Coleridge, *Biographia Literaria*, chapter XIV (West Sussex, UK: Littlehampton Book Services, 1817 and 1975).

*8 D. A. Kessler, *The End of Overeating: Taking Control of the Insatiable American Appetite* (Rodale, 2010).
（デイヴィッド・A. ケスラー『過食にさようなら：止まらない食欲をコントロールする』伝田晴美訳、エクスナレッジ、2009 年）

*9 臨床家はこの状態を「アロスタティック過負荷」と呼ぶ。第 1 章で見たように、自律神経系はストレスに反応し、エネルギーを消費する代謝プロセスを作動させ、それから回復と成長を促進する代償プロセスを作動させる。この恒常性システムへの要求が「アロスタティック負荷」と呼ばれる。回復メカニズムに負荷がかかりすぎて傷ついたときに、アロスタティック過負荷が起こる。

*10 R. E. Thayer, *The Origin of Everyday Moods: Managing Energy, Tension, and Stress* (Oxford University Press, 1997).
（ロバート・E. セイヤー『毎日を気分よく過ごすために』本明寛監訳、三田出版会、1997 年）

*11 Marc Berman et al., "Interacting with Nature Improves Cognition and Affect for Individuals with Depression," *Journal of Affective Disorders* 140, no.3 (2012), p.300–305.

*12 ユニセフ『世界子供白書 2012　都市に生きる子どもたち』、2010 U.S. census data（米国勢調査）より

*13 都会での生活が精神疾病者数の増加の大きな要因かもしれないという示唆は、1965 年から 1984 年のあいだに、英国のキャンバーウェルでなされている。その時期にこの行政区において、統合失調症と診断された人々の数は倍になったが、田舎では実質的に増えていなかったのだ。統合失調症の発現にはストレスが大きな要因であることはわかっているので、都市生活への憂慮を示す研究が出てきた。たとえば Jane Boydell は、「都会が私たちを病気にしている」と述べている。もちろん都会の住民のほうが田舎に住んでいる人よりも診察を受ける機会が多いことも影響しているだろう。あるいは、移住者の影響もここに絡んでくるだろう。つまりよりよいサービスを求めて、精神疾患を持つ人々が都会に移住してくることも考えられる。ほかにも、生まれ育った場所から引っ越すことに伴うストレスが関係していること、森のなかを歩くことや小川で釣り糸を垂れる機会のないこと、都会化と手を組んでいる、DV と子どもの虐待の増加が犯人かもしれない。そもそもキャンバーウェルという土地に特別なストレス要因があるのかもしれない。
Noel Kennedy et al., "Gender Differences in Incidence and Age at Onset of Mania and Bipolar Disorder Over a 35-Year Period in Camberwell, England," *American*

Journal of Psychiatry, 162 (2005), p.257–262.
*14 Florian Lederbogen et al., "City Living and Urban Upbringing Affect Neural Social Stress Processing in Humans," *Nature* 474, no.7352 (2011) p.498–501.
*15 G. W. Evans, J. Brooks-Gunn, and P. K. Klebanov, "Stressing Out the Poor," *Pathways* (2011), Community Investments 23(2), p.22–27.

第 12 章　親にもセルフ・レグが必要だ——5 つのストレス

*1 この問題を扱っている本のなかでも、非常に助けになったのはこの 2 作。
Ann Douglas, *Parenting Through the Storm* (HarperCollins, 2015).
R. Weissbourd, *The Parents We Mean to Be* (Houghton Mifflin Harcourt, 2009).
そして非常に啓発された本はこれだ。
Sharna Olfman and Raffi Cavoukian, *Child Honouring: How to Turn This World Around* (APG Books, 2015).
*2 D. Baumrind, "Effects of Authoritative Parental Control on Child Behavior," *Child Development* 37, no.4 (1966) p.887–907.
D. Baumrind, "Childcare Practices Anteceding Three Patterns of Preschool Behavior," *Genetic Psychology Monographs* 75, no.1 (1967), p.43–88.
*3 E. E. Maccoby and J. A. Martin, "Socialization in the Context of the Family: Parent-Child Interaction," *Handbook of Child Psychology*, vol.4, *Socialization, Personality, and Social Development*, 4th ed., ed. P. H. Mussen and E. M. Hetherington (New York: Wiley, 1983).